AtV

ELAINE SHOWALTER lehrt an der Princeton University und ist Autorin zahlreicher kulturwissenschaftlicher Bücher.

Hystorien erzählt die verschiedenen Geschichten der Hysterie. Der klassische medizinische Hysteriebegriff, der aus der Psychoanalyse des 19. Jahrhunderts stammt, verlor seine Bedeutung, als sich herausstellte, daß der Arzt selbst Urheber der angeblich hysterischen Symptome war, die er an seinen überwiegend weiblichen Patienten zu erkennen glaubte. Dieses Modell der Beziehung zwischen Arzt und Patient überträgt Showalter auf das aktuelle Verhältnis zwischen den Massenmedien und deren Konsumenten. Bulimie, chronische Müdigkeit, Kontakte mit Außerirdischen und andere Syndrome, die auf den ersten Blick nicht zusammenzugehören scheinen, entlarvt die Autorin als unmittelbare Wirkungen der modernen Medien am eigenen Geist und Körper.

Elaine Showalter

Hystorien

Hysterische Epidemien im Zeitalter der Medien

Aus dem Englischen
von Anke Caroline Burger

Aufbau Taschenbuch Verlag

Die Originalausgabe erschien 1997 unter dem Titel *Hystories. Hysterical Epidemics and Modern Media* bei Columbia University Press in New York

ISBN 3-7466-7022-5

1. Auflage 1999
Aufbau Taschenbuch Verlag GmbH, Berlin

Umschlaggestaltung Torsten Lemme
unter Verwendung eines Fotos von SuperStock Bildagentur GmbH
Druck Clausen & Bosse, Leck
Printed in Germany

Für English, Vinca und Michael

INHALT

GESCHICHTEN

KULTUREN

EPIDEMIEN

GESCHICHTEN

DIE BRUTSTÄTTE DER HYSTERIE

Im amerikanischen Mittelwesten begeht eine Krankenschwester mit Chronischem Müdigkeitssyndrom Selbstmord, ihr Arzt hilft ihr dabei. In Yorkshire kämpft ein junger Golfkriegsteilnehmer gegen eine rätselhafte Krankheit, die seine Ehe und seine Karriere zerstört. In Kalifornien ist der gute Ruf eines Geschäftsmanns nachhaltig beschädigt: seine Tochter, die von ihrem Psychotherapeuten mit dem Hypnosemedikament Natriumamytal behandelt wurde, hat ihn beschuldigt, sie als Kind sexuell mißbraucht zu haben. In Massachusetts behauptet ein namhafter wissenschaftlicher Autor, kleine graue Außerirdische seien in den USA gelandet und führten mit Tausenden Amerikanern sexuelle Experimente durch. In Oklahoma teilt der Bombenattentäter Timothy McVeigh seinen Anwälten mit, die Regierung habe ihm während des Golfkriegs einen Überwachungs-Mikrochip ins Gesäß eingepflanzt. In Montana verkündet eine rechtsextreme Miliz, daß die mit Bomben und schwarzen Hubschraubern ausgerüstete Regierung das Blutbild der US-Bürger im Rahmen der Schaffung einer Neuen Weltordnung chemisch verändere.

Diese besonders aufsehenerregenden Fälle zeigen deutlich, wie sich individuelle Hysterien mit gesellschaftlichen Strömungen der Moderne zu psychischen Epidemien verbinden. Die einschlägige Literatur hat uns eingehend über flächendeckende Virusepidemien informiert und Killermikroben aus dem Regenwald als Ursache benannt. Vor fünfzig Jahren ging man in der Wissenschaft davon aus, daß Antibiotika die Ansteckungskrankheiten bezwungen hätten – Epidemien schienen der Vergangenheit anzugehören. Doch der »Optimismus der Zukunftsgläubigen in den fünfziger und den frühen sechziger Jahren baute auf ihrer Ignoranz auf: Sie wußten vergleichsweise wenig über Genetik, mikrobielle Evolution, das menschliche Immunsystem oder Krankheitsökologie«.[1] Die Infektionskrankheiten wurden nicht besiegt; sie blieben gegen die Triumphe der Medizin so erstaunlich resistent wie gegen die ärztliche Eitelkeit. Vom toxischen Schocksyndrom über AIDS bis zum Ebola-Virus gefährden neue und wiederkehrende Krankheiten Gesellschaften, die sich gegen Pandemien bereits immun glaubten.

Wie die Medizin das Ende der Ansteckungskrankheiten verfrüht verlautbarte, so verkündeten Psychiater vorzeitig das Ende der Hysterie. 1965 wunderte sich Ilza Veith über »das fast völlige Verschwinden« dieser Störung.[2] »Wo ist die ganze Hysterie geblieben?« fragte ein Jahrzehnt später die Psychologin Roberta Satow.[3] Von ärztlicher Seite wurde erklärt, die diagnostischen Möglichkeiten der modernen Medizin hätten die Hysterie bezwungen, sie könne heute als verborgene organische Erkrankung identifiziert werden. Verschiedene Historiker und Soziologen vertraten den Standpunkt, Hysterie sei im wesentlichen eine viktorianische Erscheinung gewesen, eine weibliche Reaktion auf die sexuelle Unterdrückung und den begrenzten Handlungsspielraum der Frau, die mit dem Aufkommen des modernen Feminismus alle Relevanz verloren habe. Psychiater nahmen häufig an, daß die allgemeine Bekanntheit der Freudschen Psychoanalyse somatische Konversionshysterien (Hinken, Stottern, Lähmungserscheinungen, mit denen Ängste ausgedrückt wurden) unmöglich gemacht habe. Wenn heute Konversionshysterien auftreten, schrieb 1978 der britische Analytiker Harold Mersky, dann nur noch in psychoanalytisch unaufgeklärten Regionen wie Ostafrika, Südkorea, Sri Lanka oder Nigeria.[4] Die Hysterie sei tot, wird heute behauptet, und habe ihre Geheimnisse mit ins Grab genommen.[5]

Dabei ist die Hysterie mit Sicherheit nicht tot. Sie trägt allerdings neue Namen. Während Ebola-Virus und Lassa-Fieber vergleichsweise hypothetisch bleiben, sind die psychologischen Seuchen des ausgehenden zwanzigsten Jahrhunderts nur allzu real. In den neunziger Jahren wurden die Vereinigten Staaten zu einer wahren Brutstätte psychogener Krankheiten: laufend mutierender neuer Formen der Hysterie, die von den modernen Kommunikationsmitteln und allerlei Ängsten des Fin de siècle multipliziert werden. Heutige Hysteriepatienten – weibliche und männliche – suchen die Ursachen ihrer psychischen Probleme in äußeren Quellen, in einem Virus, sexueller Belästigung, chemischer Kriegsführung, in teuflischen Verschwörungen, außerirdischer Infiltration. Ein Jahrhundert nach Freud lehnen viele Menschen die psychologische Erklärung ihrer Krankheitssymptome noch immer ab; halten noch immer psychosomatische Störungen für anrüchig und unberechtigt und suchen nach körperlichen Beweisen, die sowohl die Ursache als auch die Behandlung der Beschwerden strikt außerhalb des Selbst verorten.

Erscheinen hysterische Syndrome im Zusammenhang mit sozialen Krisen und werden entsprechende Theorien über die modernen Kommunikations-Netzwerke verbreitet, kann es zu regelrechten Epidemien und paranoischen Ängsten und Schuldzuweisungen kommen. Von solchen apokalyptischen Gefühlen »werden vor allem solche Menschen [...] angezogen«, schreibt der Historiker Norman Cohn, »die eine Rechtfertigung für seelische Bedürfnisse suchen, die aus eigenen unbewußten Konflikten herrühren. Es ist, als würden bis dahin in der Bevölkerung verstreute paranoische Einheiten sich plötzlich neu formieren und verbinden: zu einem kollektiven paranoiden Fanatismus. Diese ursprünglichen Anhänger verleihen jedoch, gerade weil sie wahre Gläubige sind, ihrer neuen Bewegung so viel Selbstvertrauen, Energie und Skrupellosigkeit, daß sie Heerscharen von Menschen in ihren Bann ziehen, die keineswegs paranoid sind, sondern ganz einfach zermürbt, hungrig oder verängstigt.«[6] Wenn eine solche paranoide Massenbewegung zur politischen Macht wird, warnt Cohn, sei die Katastrophe absehbar.

Cohn spricht hier von der letzten Jahrtausendwende, aber es könnte auch ein aktuelleres Datum gemeint sein. Im Zusammenspiel der Endzeitstimmung der 1990er Jahre mit neuen Psychotherapien, einem vor allem in den USA verbreiteten christlichen Fundamentalismus und einer tiefen politischen Verunsicherung erleben wir die Zerstörungskraft virulenter Hysterien in der eigenen Zeit. Die Protagonisten dieser aktuellen Hysterie nennen sich Traumatiker und Traumatologen, Ufologen und Entführte, Auserwählte, Überlebende. Die Syndrome wuchern, und aus den Mikrogeschichten individueller Erkrankungen werden Paniken, in deren Umkreis weitere Gerüchte über medizinische Gefahren und gesellschaftliche oder politische Verschwörungen entstehen. Hat eine Panik erst epidemische Ausmaße angenommen, dann sucht die hysterische Reaktion sich Sündenböcke und Feinde, die unter verständnislosen Ärzten, mißbrauchtreibenden Vätern, berufstätigen Müttern, satanischen Sadisten, neugierigen Außerirdischen oder böswilligen Regierungen gefunden werden.

Hystorien

Hysterie ist in den neunziger Jahren unseres Jahrhunderts nicht nur äußerst lebendig, sie ist auch viel ansteckender als früher. Infektionskrankheiten werden durch verschiedene Faktoren verbreitet: durch Umweltveränderungen, moderne Technologie, Urbanisierung, Flugreisen, grundsätzlich durch zwischenmenschliche Kontakte. Hysterie-Epidemien werden durch Geschichten verbreitet, die wiederum durch die Ratgeberliteratur, Artikel in Zeitungen und Zeitschriften, Fernsehserien und Talkshows, Spielfilme, das Internet, ja sogar durch die Literaturwissenschaft in Umlauf gebracht werden. Die kulturellen Narrationen der Hysterie, die ich »Hystorien« nenne, vervielfältigen sich im Zeitalter der modernen Massenmedien, der Telekommunikation und des E-Mail schnell und unkontrollierbar.

Wir nähern uns der Jahrtausendwende, und hysterische Beschwerden, eingebildete Krankheiten und durch Hypnose erzeugte Pseudo-Erinnerungen, mit denen die Medien seit einiger Zeit überflutet werden, scheinen einen Höchststand zu erreichen. Solche Hystorien fließen mit unspezifischeren Formen der

Paranoia, mit religiösen Erweckungsbewegungen und ebenso dumpfen wie vor allem in Amerika schon immer allgegenwärtigen Verschwörungstheorien und mit jenen apokalyptischen Ängsten zusammen, die jede Jahrhundertwende freisetzt. Heute breiten sie sich weltweit aus und infizieren auch weniger vorbereitete Kulturen.

Ich bin Literaturwissenschaftlerin und Medizinhistorikerin, keine Psychiaterin. Hysterie erzählt vor allem eine Geschichte, die verstanden, interpretiert, überhaupt gelesen werden kann. Als die Hysterie vom Behandlungszimmer in die Bibliothek zog und die Krankengeschichte Roman wurde oder auf Bühne und Leinwand spielte statt in der wissenschaftlichen Studie, hat sie eigene Prototypen, Archetypen und Handlungsmuster, *plots*, hervorgebracht. Ihre Motive entstammen den Mythen des Alltags, der Populärkultur und Folklore, den Fernsehnachrichten und der Literatur. Ich greife auf die Literatur- und Medizingeschichte zurück, um einige der Fäden zu entwirren, aus denen die Narrationen epidemischer Hysterie heute gesponnen sind.

Hystorien weisen untereinander Ähnlichkeiten auf oder entwickeln sie beim Wiedererzählen – was viele Ärzte und Wissenschaftler zu der Überzeugung gebracht hat, diese Geschichten müßten wahr sein. Vor einem Jahrhundert bestand Freud darauf, daß das, was seine Patientinnen ihm unter Hypnose erzählten, wegen der »Uniformität in gewissen Einzelheiten«[7] wirklich geschehen sein mußte. Bei der Arbeit mit an Chronischer Müdigkeit Erkrankten stellte sich immer wieder die grundlegende Frage: »Können so viele Menschen – die alle, von wenigen Abweichungen abgesehen, dieselbe Geschichte zu erzählen haben – sich diese ausgedacht haben?«[8] Menschen, die von der Wirklichkeit von Entführungen durch Außerirdische überzeugt sind und dafür öffentlich eintreten, stützen sich ebenfalls auf narrative Übereinstimmungen. »Die wichtigsten Berichte über Entführungen [...] weisen gemeinsame Charakteristika auf und bestätigen sich somit gegenseitig«, schreibt der Ufologe David Jacobs. »Selbst das kleinste Detail dieser Ereignisse wurde wieder und wieder bestätigt. Es gab eine chronologische Abfolge, Struktur, Logik – die Ereignisse ergaben einen Sinn. Jede wissenschaftliche oder geschichtliche Untersuchung [solcher Entführungen durch Ufos] weist eine außergewöhnliche innere Einheit auf.«[9]

In der Literaturwissenschaft hat man natürlich oft genug die Erfahrung gemacht, daß Ähnlichkeiten zwischen zwei Geschichten keineswegs bedeuten, daß beiden eine gemeinsame Realität zugrunde liegt oder die Autoren auch nur den Text des jeweils anderen gelesen haben. Wie alle Texte haben auch Hystorien eigene Konventionen, Stereotypen und Strukturen. Schriftsteller finden gemeinsame Themen vor, »erben« Kompositionstechniken, Charaktere und Bilder; diese gemeinsamen Elemente bilden als eine Form der Überschneidung die *Intertextualität.* Keineswegs muß also davon ausgegangen werden, daß Patienten entweder eine organische Erkrankung beschreiben oder aber lügen, wenn sie frappierend ähnliche Beschreibungen ihrer Symptome liefern. Sie haben aus den Medien von den Krankheiten erfahren, entwickeln unbewußt Symptome und ziehen erneut die Aufmerksamkeit der Medien auf sich – ein endloser Kreislauf. Die menschliche Vorstellungskraft ist begrenzt, und wir werden täglich mit den besagten *plots* bombardiert. Die unvermeidliche Folge ist, daß wir die gesellschaftlich vorgegebenen Geschichten unserer Zeit ausleben.

Die Neuen Hysterianer

Während Medizin und Psychiatrie schon seit langem nur noch Nachrufe auf die Hysterie verfassen, haben die Geistes- und Sozialwissenschaften sie wieder zum Leben erweckt. Sozialgeschichte, Philosophie, Anthropologie, Literaturwissenschaft und Kunstgeschichte haben das Thema der Hysterie aufgegriffen, denn sie ist in allen Zeiten und Räumen in allerdings unterschiedlicher Gestalt präsent, wirft grundlegende Fragen zur sozialen Geschlechtsidentität *(gender)* und deren kulturellem

Kontext auf und macht einen bestimmten Funktionstyp der Sprache und Repräsentation sichtbar. Auf diesem weiten Gebiet hat sich eine internationale Wissenschaftlergemeinschaft gebildet, die ich die »Neuen Hysterianer« nennen möchte.

Hysterie fokussiert die Fragestellung der Neuen Hysterianer. Der Medizin- und Wissenschaftshistoriker Roy Porter nennt die Geschichte der Hysterie eine »Geschichte, in der die grundlegenden Vorstellungen von Geist und Körper und die Grenzen und Gemeinsamkeiten zwischen beiden ständig in Frage gestellt und neu konstituiert werden«.[10] Anders formuliert, ist Hysterie »keine Krankheit; es handelt sich vielmehr um eine andere körperliche, verbale und gestische Sprache, eine bildhafte soziale Kommunikation«.[11]

Zu allen Zeiten der Geschichte hat Hysterie als Form des Ausdrucks gedient, als eine Körpersprache jener Menschen, die ihre Gefühle anders nicht auszusprechen oder sich einzugestehen in der Lage waren. Hysterie ist eine »Protosprache«, und ihre Symptome sind »ein Code, in dem ein Patient eine Nachricht übermittelt, die aus den unterschiedlichsten Gründen nicht verbalisiert werden kann«.[12] Sie tritt bei jungen Menschen genauso auf wie bei alten, bei Männern wie bei Frauen, bei Schwarzen wie bei Weißen. Sie erfaßt Menschen in Machtpositionen und solche, die ihr Leben lang unsichtbar bleiben. Nachdem die japanische Kaiserin im Oktober 1993 in der Presse kritisiert worden war, verlor sie ihre Stimme und sprach drei Monate lang nicht: »Es ist möglich«, so lautete die offizielle japanische Sprachregelung, »daß eine Person, die unter starken Kummergefühlen leidet, ein Symptom entwickeln kann, bei dem die Person vorübergehend keine Worte hervorzubringen vermag.«[13] Soldaten erleben extreme Streßzustände, die sie buchstäblich außer Gefecht setzen. Ganz unabhängig von ihrem Rang oder ihrer Stellung bringen bestimmte Umstände Menschen zum Verstummen.

Die neuen Studien zur Hysterie können selbst als Ausdruck unserer Zeit gelesen werden – nicht anders als die Krankheitserscheinungen, die sie untersuchen. Mark Micale beschreibt die

Neuen Hysterianer als Kinder der »*Gender*-Revolution«; eingeleitet wurde sie von der »Metakritik des *gender*, die im Rückblick ganz sicher als eines der prägenden Merkmale der Philosophie, Kultur und Gesellschaft des ausgehenden zwanzigsten Jahrhunderts angesehen werden wird«. Die heutige Wissenschaftlergeneration sei von AIDS geprägt, jener Epidemie, die »die plötzliche und traumatische Wiederherstellung der Realität einer seuchenartigen Krankheit« in ihrem Denken bedeutete. Da massenhaft auftretende psychogene Störungen die Tiefenstrukturen unserer Gesellschaft auf einer Metaebene symbolisieren, bedeutet für die Neuen Hysterianer »die Neuschreibung der Geschichte der Hysterie eine Möglichkeit [...], uns und unsere soziale Welt zu verstehen und aus einer neuen Perspektive zu sehen«.[14]

Feminismus und Hysterie

Vermutlich werden viele Menschen, die überzeugt sind, an verborgenen organischen Krankheiten oder den Folgen traumatischer Erlebnisse zu leiden, empört sein, wenn ich ihre Wiedergewonnenen Erinnerungen, ihre Chronische Müdigkeit oder auch das Golfkriegssyndrom als zeitgenössische Form der Hysterie definiere und neben unglaubliche Geschichten über Entführungen durch Außerirdische und düstere Verschwörungstheorien stelle. Natürlich sollen die Gefühle der Betroffenen nicht verletzt werden. Mir ist nur allzu bewußt, daß der Begriff Hysterie auch heute noch einen sehr diskriminierenden, beleidigenden Klang hat. »Hysterisch« ist, wer sich übertrieben emotional benimmt, wer unberechenbar und wer ganz allgemein weiblich ist. »Hysterisch« nennt man im Streit herablassend seinen Gegner, wenn der die Fassung verliert. Es ist ein Begriff, der Feministinnen aufbringt, weil er jahrhundertelang benutzt wurde, um die körperlichen Leiden und die politische Kritik von Frauen zu bagatellisieren und lächerlich zu machen.

Ich sehe Hysterie nicht als Schwäche, moralischen Mangel, weibliche Verstellung oder als Rückzug in die Verantwortungslosigkeit an, sondern als ein kulturell determiniertes Streß- und Angstsymptom. Die Konflikte, die hysterische Beschwerden verursachen, sind real und universell; Hysteriker sind keine Lügner, Therapeuten keine Bösewichte. Vielmehr werden Hystorien *konstruiert* – von leidenden Patienten, engagierten Psychologen, fürsorglichen Geistlichen, liebenden Eltern, hart arbeitenden Polizisten, betroffenen Feministinnen und besorgten Gemeinschaften. Wenn ich bestimmte Formen der Therapie, die Anwendung mancher Medikamente zur Wiedergewinnung von Erinnerungen und so manches Selbsthilfebuch in der Tat kritisiere, sehe ich doch auch die Notwendigkeit von Psychotherapie, Psychopharmaka und psychologischen Ratgebern im täglichen Leben.

Aber wenn die Psychoanalyse auch gerne totgesagt wird, so hat doch Freud die allermeisten Menschen noch gar nicht erreicht, die darum dem Unbewußten und seiner Macht noch immer höchst mißtrauisch begegnen. Sie leiden darum unnötig. Klassenzugehörigkeit, ethnische Zugehörigkeit, *gender* und kulturelle Eigentümlichkeiten spielen oft eine dramatische Rolle für die Legitimation der Psychotherapie. Eine Umfrage der Zeitschrift *New York* von 1995 ergab, daß 44 Prozent aller in Manhattan lebenden Einwohner von New York schon einmal psychologische Hilfe in Anspruch genommen hatten – mehr als doppelt so viele wie im unterprivilegierten Brooklyn, in Staten Island oder Queens.[15] Schwarze Amerikaner mißtrauen der Psychoanalyse mehr als weiße, und Frauen fällt es überall leichter als Männern, psychologische Hilfe zu suchen.

Zwangsläufig ist Hysterie ein feministisches Thema, denn die Medizin hat sie jahrhundertelang als Erkrankung der weiblichen Geschlechtsorgane beschrieben. Die Patientinnen, mit denen Charcot und Freud arbeiteten, sind als die klassischen oder kanonischen Hysterikerinnen in die Geschichte eingegangen. Heute vermutet mancher Psychoanalytiker, daß das goldene

Zeitalter der Hysterie mit den großen hysterischen Diven des neunzehnten Jahrhunderts untergegangen sei. Schon Jacques Lacan fragte: »Wohin sind sie entschwunden, die Hysterikerinnen von einst, die wunderbaren Frauen wie Anna O. und Emmy von N.?«[16] Doch auch noch in den neunziger Jahren gibt es in praktisch jeder Kategorie unerklärlicher Erkrankungen oder auch bei der Wiedergewonnenen Erinnerung an sexuellen Mißbrauch sehr viel mehr weibliche als männliche Patienten. Eine Studie der Harvard Medical School ergab, daß 80 Prozent der an Chronischem Müdigkeitssyndrom Erkrankten Frauen sind. Mehr als 90 Prozent der Personen, die die Erinnerung an einen frühen sexuellen Mißbrauch später wiedergefunden haben, sind Frauen. Man kann davon ausgehen, daß neun von zehn Patienten, bei denen multiple Persönlichkeiten festgestellt werden, Frauen sind – und ebenso, daß der Satanistische Ritualmißbrauch vornehmlich von Frauen beklagt wird. Selbst auf dem Gebiet der Ufos und der Entführung durch Außerirdische, wo Science-fiction-Elemente und Technologie ineinander übergehen, treten etwa dreimal soviel Frauen wie Männer in Erscheinung – Ufologen gehen deshalb davon aus, daß sie »häufiger und in komplexere Entführungen verwickelt sind«.[17]

Das Thema Hysterie beschäftigt Feministinnen so nachhaltig, weil sie immer wieder benutzt wurde, um den politischen Protest von Frauen zu diskreditieren. Nach altem Muster wird noch immer alle weibliche Frustration als sexuell bedingt zum einen und irrational zum anderen gedeutet und wird der Erfahrungsaustausch von Frauen untereinander grundsätzlich als eine Form des hysterischen Geständnisses gebrandmarkt. Eine Untersuchung von 1995 gibt zum Beispiel den feministischen Studien an den Universitäten die Schuld am plötzlichen Wirbel um die Wiedergewonnenen Erinnerungen. Die Studie erblickt einen unheilvollen Gleichklang zwischen der wissenschaftlichen Diskussion im Bereich der feministischen Studien und Formen des therapeutischen Zwangs: »Tatsächlich gibt es viele Parallelen zwischen der Bewegung der Wiedergewonnenen Erinnerung und dem Feminismus, wie er heute an den Universitäten praktiziert wird. Wie feministische Seminare die Teilnehmerinnen ermutigen – um nicht zu sagen nötigen –, persönliche Glaubensbekenntnisse abzulegen und ihre Traumata zu beichten, das schafft ein Klima, wie es ähnlich auch in Opfer-Selbsthilfegruppen anzutreffen ist.«[18] Aktive Feministinnen empören sich verständlicherweise über derartige Attacken auf ihre Auseinandersetzung mit Themen wie Kindesmißbrauch, Vergewaltigung durch Angehörige oder Bekannte und Gewalt in der Familie und in der Ehe. Solche Vergehen würden ohnehin viel zu selten angezeigt, und nur in einem jahrelangen Kampf habe man eine Atmosphäre schaffen können, in der die Aussagen von Frauen ernst genommen werden.

Trotzdem haben seit 1970 eine Reihe von feministischen Psychoanalytikerinnen und Autorinnen die Hysterie mit einer überraschenden Kehrtwendung auf die Fahnen des Feminismus geschrieben. Zum Teil halten sie Hysterie sogar für den allerersten Schritt auf dem Weg zum Feminismus, für ein Zeichen weiblichen Protests gegen das Patriarchat. Damit übernahm die Hysterie »die Rolle einer Art rudimentären Feminismus und Feminismus die Rolle einer Art beredter Hysterie«.[19] Aber wenn die epidemische Hysterie ein Extrem des Feminismus darstellt, eine Körpersprache des weiblichen Aufbegehrens gegen die patriarchalische Unterdrückung, ist ihre Form doch verzweifelt und letzten Endes selbstzerstörerisch.[20] Für viele feministische Autorinnen bilden die hysterischen »Archetypen« des neunzehnten Jahrhunderts, die großen Hysterikerinnen, allerdings einfach eine universelle weibliche Unterdrückung ab. Sie tragen damit ungewollt zur Verbreitung neuer hysterischer Krankheitsbilder bei.

Wenn die feministische Deutung die Hysterie als Produkt weiblicher Lebensbedingungen sichtbar macht, hat sie damit unser Verständnis der weiblichen Psyche wesentlich vertieft. Es ist jedoch fatal, daraus eine Opferrolle abzuleiten – etwa mit dem unreflektierten Glauben an Phänomene wie den Satanistischen

Mißbrauch, der rasch zum festen Bestandteil eines bestimmten Flügels des feministischen Denkens geworden ist. Mit einer feministischen Fragestellung will ich herausfinden, was hinter den beobachteten Syndromen, Anschuldigungen und Verschwörungstheorien steht. Welche Bedürfnisse befriedigen Frauen, wenn sie Krankheit und gefühlsträchtige Hystorien zur eigenen, eigentlichen Lebensform machen? Und gibt es keine konstruktiveren Antworten auf diese Bedürfnisse als die epidemische Paranoia, die letztlich jeden bedroht? Ist eine Hysterie, deren Begriff den menschlichen Gefühlen weniger Gewalt antut, tatsächlich undenkbar?

Die Anatomie hysterischer Epidemien

In diesem Buch untersuche ich die Kräfte, die hysterische Epidemien erzeugen. Der erste Teil, »Geschichten«, gibt einen Überblick über das Aufkommen der modernen Hysterie und über den kulturellen und religiösen Hintergrund, vor dem sich dieser Prozeß abspielt. Hysterie verlangt einen Arzt oder Theoretiker, sie braucht eine Autoritätsfigur, die sie benennt und ihr eine Geschichte zuschreibt. Roy Porter nannte das neunzehnte Jahrhundert »das goldene Zeitalter der Hysterie, da die moralische Institution des Arztes zu dieser Zeit wie nie zuvor in die Regulierung des Intimlebens eingriff«.[21] Die größten dieser ärztlichen Autoritäten und Vertreter der Hysterie waren Jean-Martin Charcot, Sigmund Freud und Jacques Lacan. Hysterie verläuft jedoch immer als Dialog: es bedarf bestimmter Bedürfnisse auf seiten der Patienten und bestimmter Entscheidungen von seiten der Ärzte. Bis zum Ersten Weltkrieg waren die berühmten Hysteriepatienten in der Mehrzahl Frauen. Historiker wie Analytiker weisen heute immer wieder darauf hin, daß Hysterie das Produkt einer Kollaboration zwischen der hysterischen Frau und dem Medizin-Mann ist. Männliche Ärzte haben die Existenz einer männlichen Hysterie nur widerstrebend zur Kenntnis genommen und die Rolle, die hysterische Männer in der Geschichte dieser Erkrankung durchaus spielen, systematisch unterschätzt. Ich verfolge Theorien und Prototypen männlicher Hysterie vom neunzehnten Jahrhundert bis in die Gegenwart und widme auch der gängigen Annahme, hysterische Männer müßten Homosexuelle sein, einige Aufmerksamkeit.

Im zweiten Teil, »Kulturen«, sehen wir, wie Hysterie sich mit Literatur, Theater und Film überschneidet. Modelle und Metaphern hysterischer Leiden wurden und werden auch heute in Romanen, Erzählungen und Bühnenstücken in Umlauf gebracht – Freud definierte Hysterie sogar durch eine narrative Inkohärenz, durch »falsche Verknüpfungen«.[22] Viele ihrer neueren Syndrome sind heute genau mit einem bestimmten literarischen Genre verklammert – die Multiple Persönlichkeitsstörung mit der Beichte, der Satanistische Ritualmißbrauch mit der Horrorgeschichte, die Entführung durch Außerirdische mit Sciencefiction. Film und Fernsehen streuen die narrativen Muster dieser Syndrome wirkungsvoll, und am Ende können sogar die Textanalysen der Literaturwissenschaft die Vermengung von Fiktion und Realität noch verstärken.

Im dritten Teil, »Epidemien«, stelle ich sechs große psychogene Syndrome der neunziger Jahre vor: die Chronische Müdigkeit, das Golfkriegssyndrom, die Multiple Persönlichkeit, die Wiedergewonnenen Erinnerungen vor allem an sexuellen Mißbrauch, den Satanistischen Ritualmißbrauch und die bereits erwähnte Entführung durch Außerirdische. Die Hystorien dieser Syndrome hängen untereinander zusammen und überschneiden sich. Ärzte führen das Golfkriegssyndrom auf Chronische Müdigkeit zurück, Therapeuten erklären Magersucht und Bulimie als Ausdruck des sexuellen Mißbrauchs, den die Patienten in der Kindheit erlitten haben und der in der Therapie erinnert werden muß. Die Wiedergewonnene Erinnerung an einen sexuellen Mißbrauch kann zur Multiplen Persönlichkeit, aber auch zu der Überzeugung führen, man sei Opfer eines Teufelskults gewesen. Traumatologen sind überzeugt, daß Berichte von Entführungen durch Außerirdische raffinierte Deckerinnerungen darstellen, hinter denen sich ein sexueller Mißbrauch in der Kindheit verbirgt, während Ufologen behaupten, daß hinter Geschichten vom sexuellen Mißbrauch in der Kindheit häufig eine Entführung durch Außerirdische steht. Diese Syndrome haben jedoch eines gemeinsam: Sie schüren ein paranoides Mißtrauen und führen zu Panik und regelrechten Hexenjagden.

Die Frage bleibt, wie diese Epidemien aufgehalten werden können. Vermutlich bilden wir heute nicht nur einen besonders fruchtbaren Nährboden für epidemische Hysterien, sondern haben auch entsprechend differenzierte Mittel, um sie wieder unter Kontrolle zu bekommen, können unklaren Gerüchten und Ängsten besser begegnen und vor allem die Realität psychosomatischer Wechselwirkungen anerkennen und hysterische Syndrome als Psychopathologie des täglichen Lebens verstehen. Damit können bestimmte Formen der Stigmatisierung von vornherein ausgeschaltet werden. Gegen undifferenzierte Angriffe antifreudianischer Eiferer auf Psychoanalyse und Psychiatrie können wir Teilbereiche der Lehren Freuds verteidigen und so versuchen, das Vertrauen in glaubwürdige Psychotherapien wiederherzustellen. Sie werden gebraucht, um den Menschen der neunziger Jahre bei der Bewältigung ihrer oft unlösbaren Konflikte, Depressionen, Zwänge und Ängste zu helfen. Psychiatrie und Pharmapsychologie bieten hier neue, wirksame Behandlungsmethoden. Und das Angebot der Selbsthilfeliteratur ist zwar Zielscheibe sehr herablassender Formen der Kritik, erreicht und informiert aber ein breites, meist weibliches Publikum, das zu anderen Hilfen keinen Zugang hat.

Wissenschaftlich sollte Hysterie im größtmöglichen historischen und kulturellen Kontext betrachtet werden. Mit den Medien können Gerüchte genausogut bekämpft wie in die Welt gesetzt werden. Moderne Formen der Individual- und Massenhysterie offenbaren uns viel über die Ängste und Phantasien der westlichen Kultur, insbesondere der Vereinigten Staaten und Europas. Unser historisches Wissen kann uns helfen zu verstehen, was heute geschieht. Es kann zum Beispiel eine lange Geschichte der Kriegsneurosen aufklären und damit auch die ungläubige Verachtung erhellen, die Männer mit psychogenen Symptomen trifft.

Feministinnen haben eine besondere intellektuelle Verantwortung, die aktuellen Narrationen genau zu durchleuchten. Sie erzählen von Krankheit, Trauma, Verschwörung, zugefügtem Leid. Wir müssen uns darum nicht nur der Textförmigkeit der Hysterie, sondern auch den Problemen widmen, die den Epidemien zugrunde liegen – unter anderem dem realen sexuellen und körperlichen Mißbrauch von Kindern. Die Differenz zwischen Metaphern und Realitäten ist weiter auszuleuchten, zwischen therapeutisch wirksamen Narrationen und der Destruktivität der Hystorien. Wenn Hysterie eher Protosprache als Krankheit ist, müssen wir hören, was sie uns sagen will.

Da ich die Geschichten der Hysterie erforsche, möchte ich unterstreichen, daß Hysterie ein fester Bestandteil des täglichen Lebens ist. Ich selbst fange während meiner Vorlesungen über Hysterie jedesmal an zu husten. Der französische Psychoanalytiker und Freudianer André Green sagte einmal im Scherz, daß wir alle Hysteriker seien, außer wenn wir schreiben. Doch weiß jeder Wissenschaftler, daß wir alle Hysteriker sind, und zwar besonders wenn wir schreiben. Nicht gegen die Symptome der Hysterie, sondern gegen die Art, wie sie gesellschaftlich eingesetzt und angeeignet werden, will ich vorgehen. Ich hoffe in diesem Buch den Unterschied aufzuzeigen.

DIE WIRKLICHKEIT DER HYSTERIE

Wie wird aus der Hysterie des Individuums eine soziale Epidemie? Inwiefern unterscheiden sich solche Epidemien von Massenhysterien? Und wie führen hysterische Epidemien oder Massenhysterien zur Diskriminierung und Verfolgung bestimmter Gruppen?

Was ist Hysterie?

Hysterie stellt keine einfache, einheitliche Erkrankung wie Malaria oder Tuberkulose dar. Zuerst wurde Hysterie »als Krankheit angesehen – als eine körperliche Störung, die den Geist angreift«.[1] Später wurden die Begriffe vertauscht, und Hysterie »wurde von vielen Ärzten für eine Geisteskrankheit gehalten, die sich durch körperliche Beschwerden äußert«[2] und bei der unbewußte Wünsche durch Vorgänge im Nervensystem in pathologische Veränderungen und körperliche Symptome umgewandelt werden. Inzwischen meint Hysterie »ein Verhalten, welches den *Anschein* von Krankheit hervorruft«[3], obgleich der Patient nicht weiß, warum er sich krank fühlt.

Hysterie hat als Bezeichnung für ein so umfassendes Feld wechselnder Verhaltensweisen und Symptome gedient – für Hinken, Lähmungen, Krämpfe, Husten, Sprachstörungen, Kopfschmerzen, Depressionen, Schlaflosigkeit, Erschöpfung, Eßstörungen –, daß die Ärzte an ihrer Eingrenzung verzweifelt sind. 1878 erklärte der französische Arzt Charles Lasègue: »*Eine* Definition der Hysterie hat es nie gegeben und wird es nie geben. Die Symptome sind weder konstant genug noch in ihrer Erscheinung hinreichend ähnlich oder in ihrer Dauer und Intensität übereinstimmend, um durch einen Typus, sei es auch nur beschreibend, erfaßt zu werden.«[4] Ein Jahrhundert später konnte man das noch zuspitzen: »Eine Geschichte von etwas so Formlosem zu schreiben, dessen Bedeutung und Inhalt sich beständig ändert, ist, als wolle man eine Geschichte des Schmutzes schreiben.«[5]

Einen anderen Zugang zur Geschichte der Hysterie schafft ihre eher fragmentarische und zyklische als lineare Beschreibung – nicht als »eine einfache, ungebrochene Erzählung, sondern in Form bruchstückhafter Vorkommnisse: als Geschichten von Hysterien«.[6] Hysterie ist eine mimetische Störung: sie ahmt kulturell zugängliche und statthafte Ausdrucksformen des Leidens nach. Ein Engländer kann auf legitime Weise über Kopfschmerzen oder Erschöpfung klagen, aber nicht darüber, daß sich sein Penis in den Körper zurückzieht – in Malaysia und Südchina ein vollständig akzeptables Symptom. Edward Shorter bezeichnet die legitimen Symptome einer bestimmten Kultur zu einer bestimmten Zeit als ihren »Symptompool«. »Indem sie bestimmte Symptome als illegitim qualifiziert«, schreibt er, »vermittelt eine Kultur ihren Kranken einen nachhaltigen Anreiz, diese Symptome nicht zu produzieren, weil sie andernfalls Gefahr laufen, für jemanden gehalten zu werden, der ›keine Anteilnahme verdient‹, weil er keine wirklichen gesundheitlichen Probleme hat. Infolgedessen wirkt auf das Unbewußte ein starker Druck, nur legitime Symptome zu produzieren.«[7]

Sowohl der Symptompool im ganzen als auch die Legitimität seiner einzelnen Teile sind natürlich Gegenstand einer permanenten kulturellen Auseinandersetzung. Im neunzehnten Jahrhundert bot »die Allgegenwärtigkeit echter medizinisch-neurologischer Störungen« wie Hinken, Paralysen und partielle Lähmungen in Folge von Geburtsfehlern, Fabrikunfällen, Alkoholismus, Geschlechtskrankheiten und anderem mehr »ein Krankheitsmuster, um Schmerzempfindungen zum Ausdruck zu bringen«.[8] Zwar sind viele dieser Symptome im zwanzigsten Jahrhundert bedeutungslos geworden oder verschwunden und durch andere, neue ersetzt worden; die hysterische Gesamtenergie aber nimmt nicht ab, sondern fließt in neue Kanäle und nimmt neue Namen an.

Im Lauf ihrer medizinischen Geschichte ist Hysterie fast immer mit Frauen assoziiert worden. Ihr Name geht auf *hystera* zurück, das griechische Wort für Gebärmutter. Die Heiler des Altertums beschrieben eine weibliche Erkrankung, die von Krämpfen, plötzlich auftretenden Schmerzen und Erstickungsgefühlen gekennzeichnet war. Sie glaubten, die Gebärmutter wandere ungehindert und hungrig durch den Körper – befinde sich am Montag im Fuß, am Dienstag im Hals, am Mittwoch in der Brust und so weiter – und produziere in ihrem Gefolge eine Unmenge von Symptomen: ein würgendes Gefühl, als ob eine Kugel im Rachen aufstiege, den *globus hystericus*; Husten und Verlust der Stimme; Schmerzen in verschiedenen Körperteilen; Zuckungen und Stiche; Paralysen; Taubheit; Blindheit; Weinkrämpfe; Ohnmacht; Krampfanfälle; sexuelle Begierden.

Als Anatomen bewiesen, daß der Uterus gar nicht wandert, verlagerten die Ärzte die Zentren der Hysterie in das Nervensystem. Frauen wurden nun als das nervöse Geschlecht beschrieben, das an seinen Launen und Verstimmungen, an *vapeurs*, *spleens* und Ohnmachtsanfällen litt, oder sie wurden als hysterische Nymphomaninnen imaginiert. In Wirklichkeit war Hysterie allzuoft eine Verlegenheitsdiagnose. In seinem *Essay on the Pathology of the Brain* gestand Thomas Willis 1684 bereitwillig ein, daß Hysterie derjenige Begriff war, den Ärzte benutzten, wenn sie nicht wußten, was es war, was sie sahen, aber trotzdem etwas dazu sagen wollten: »Wann immer eine Krankheit ungewöhnlicher Art oder okkulter Herkunft in einem Frauenkörper auftritt, deren Ursachen im verborgenen liegen und bei der die angezeigte Behandlung gänzlich ungewiß ist, [...] erklären wir sie zu etwas Hysterischem [...], was oft nichts anderes ist als die Zuflucht der Unwissenheit.«[9]

Als im 18. Jahrhundert den Nerven oder dem Gehirn die Verantwortung für hysterische Symptome zugeschrieben wurde, kamen zum ersten Mal auch Männer als mögliche Opfer in Betracht – auch wenn Frauen noch immer die Mehrzahl der Patienten stellten. Ihnen standen weniger Möglichkeiten zur Verfügung, ihre nervösen Energien abzubauen. So betrafen damals 98 Prozent der in der Klinik von Edinburgh beobachteten Hysteriefälle Frauen. Entsprechend schrieb der englische Mediziner Henry Maudsley 1879: »Der Bereich der Tätigkeiten für Frauen ist so begrenzt, und die ihnen offenstehenden Berufszweige sind, verglichen mit denen der Männer in der gegebenen Gesellschaftsordnung, so wenige, daß sie nicht wie die Männer ihre Gefühle stellvertretend in einer Vielfalt heilsamer Ziele und Beschäftigungen auszuleben vermögen.«[10]

Im späten achtzehnten und frühen neunzehnten Jahrhundert behandelten einige fortschrittliche Ärzte hysterische Symptome mit Mesmerismus und tierischem Magnetismus. Unter diesen Namen traten frühe Experimente mit der Hypnose an. Franz Anton Mesmer wurde zur Berühmtheit, als er in der Zeit nach 1780, als Aberglaube mit Aufklärung und Rationalismus konkurrierte, seine Techniken an französischen und Wiener Damen vorführte. Mitte des neunzehnten Jahrhunderts geriet der Mesmerismus in Verruf, und die Hysterie blieb weiterhin eine undurchsichtige Angelegenheit. Obwohl die Zahl der hospitalisierten Patientinnen mit der Diagnose Hysterie klein war, zeigten sich die Ärzte von ihren Symptomen nach wie vor fasziniert und schrieben über Hysterie mehr als über jede andere pathologische Störung. Die Journalisten zeigten sich ebenfalls angetan und griffen das Thema der Hysterie bereitwillig auf, um mit ihr die Gesellschaft zu beschreiben. Um das Jahr 1900 war Hysterie in den Vereinigten Staaten und Westeuropa allgemein verbreitet. Die Ärzte erklärten die Epidemie zur bedenklichen Degenerationserscheinung.

Seit Freud hat die Psychologie in der unbeständigen, theatralischen (oder »histrionischen«) Persönlichkeit eine theoretische Formel für die Hysterie gesucht; in der Psychoanalyse wird sie ödipalen Konflikten zugeschrieben. Auch wenn inzwischen nicht mehr behauptet wird, daß Hysterie eine spezifisch weibliche Erkrankung sei, steht Weiblichkeit doch nach wie vor im Zentrum der psychoanalytischen Theorie der Hysterie. Der britische Psychoanalytiker Gregorio Kohon nahm an, daß alle Frauen in ihrer psychosexuellen Entwicklung eine hysterische Phase durchlaufen, während der das Begehren von der Mutter abgezogen und auf den Vater gerichtet werde: »Eine Frau bleibt im Grunde ihres Herzens immer eine Hysterikerin.«[11] Die französische Psychoanalytikerin Janine Chasseguet-Smirgel geht von einem weiblichen »Hang zur Somatisierung« aus. Frauen manifestieren demnach Gefühle körperlich, da ihre Sexualität diffuser sei als die der Männer. Statt in einem einzigen, sichtbaren Organ zentriert, sei in der weiblichen Sexualität der gesamte Körper zur sexuellen Symbolisierung fähig.[12]

In den letzten Jahren ist die Hysterie aus den Sprechzimmern, Krankenhäusern und psychiatrischen Lehrbüchern verschwunden, da viele ihrer traditionellen Symptome als Angstneurosen, Zwangsneurosen, manische Depressionen oder Borderline-Syndrome neu klassifiziert wurden. »In Wahrheit«, schrieb der französische Medizinhistoriker Georges Guillain, »sind es nicht die Patienten, die sich verändert haben [...], sondern die auf sie angewandte Terminologie.«[13] Was früher Hysterie genannt wurde, wird jetzt als Somatisierungssyndrom, Konversionsreaktion oder dissoziative Identitätsstörung diagnostiziert.

Trotz der neuen Terminologie empfinden viele Ärzte und Forscher das Konzept der Hysterie noch immer als irreführend, moralisierend und keineswegs wertfrei – entweder werde damit die Kompetenz des behandelnden Arztes aufgebauscht oder aber das Leiden des Patienten verharmlost. Richard Webster schlägt statt dessen vor, sie als »imaginäre Krankheit« zu beschreiben und von »imaginären Symptomen« zu sprechen oder aber eine abschließende Lösung ganz aufzuschieben, indem man von »ungeklärten körperlichen Symptomen« spreche. Vielleicht, fügt er noch hinzu, sollte man die Symptome besser »geistig« als »imaginär« nennen, um ihnen mehr Glaubwürdigkeit und Gewicht zu verleihen.[14] Ich sehe natürlich die terminologischen Schwierigkeiten, halte es aber dennoch für sinnvoll, die Worte »Hysterie« und »hysterisch« beizubehalten, um die vielen bestehenden Berichte leichter nutzen zu können und verschiedene Kontinuitäten zwischen Vergangenheit und Gegenwart freizulegen. Es trägt weiter, Hysterie als allgemeine menschliche Reaktion auf emotionale Konflikte zu definieren, als ihre Wirklichkeit zu verleugnen.

Moderne Epidemien

Zumindest drei Ingredienzen sind zu einer hysterischen Epidemie nötig: enthusiastische Ärzte und Theoretiker, unglückliche, verletzliche Patienten und ein geeignetes kulturelles Umfeld. Ein Arzt oder eine vergleichbare Autoritätsfigur muß die Störung zunächst definieren, benennen und bekannt machen und sodann Patienten in seinen Bannkreis ziehen. »Wie eine unsichtbare Tinte, die erwärmt wird«, so schreibt Roy Porter, wurde die Hysterie durch die Medizin sichtbar gemacht.[15] Die einflußreichsten Ärzte der Hysterie sind zugleich Theoretiker, die eine Art allgemeiner Feldtheorie eines unscharfen Syndroms formulieren und eine vollständig kohärente Erklärung für seine verwirrende Symptomatik anbieten. Ausgehend von einer Handvoll Patienten, diagnostizieren diese Ärzte eine rätselhafte Störung und geben ihr einen Namen. Dieser Vorgang verläuft in zwei Richtungen; die Diagnose ist »ein vorweggenommener und notwendiger Bestandteil des Heilungsrituals, der das Unwohlsein der Patienten gewissermaßen legitimiert und gleichzeitig den Anspruch des Diagnostikers auf gesellschaftliche Autorität befestigt«.[16] Ärzte befürworten systematische Behandlungsmethoden und versprechen dafür die Aussicht auf Heilung.

Einflußreiche Diagnostiker haben Verbindungen zu Institutionen – zu Krankenhäusern und Universitätskliniken –, die ihre Theorien lehren und verbreiten. Die berühmtesten und erfolgreichsten Ärzte sind charismatische Persönlichkeiten und gründen Schulen voll treuer Anhänger. Mit den Medien einer modernen Kultur werden sie zu Legenden – satirisch karikiert, verspottet, aber auch in Romanen, Theaterstücken und Filmen vielfach verherrlicht.

Haben sie ein neues Syndrom diagnostiziert, stellen Ärzte prototypische Patienten vor. So rät zum Beispiel ein Psychiater, der sich auf die Multiple Persönlichkeit spezialisiert hat, seinen Schülern, die Vorstellung der Patienten »mit einem Lebenslauf« zu beginnen. Sie erhalten von ihm ein Skript über das Leben einer achtundzwanzigjährigen Frau und dazu die Empfehlung, »die Geschichte bewußt und gefühlvoll vorzulesen und an den geeigneten Stellen innezuhalten, um den Zuhörern zu ermöglichen, das Gesagte aufzunehmen«.[17] Die Ratgeber- und Selbsthilfeliteratur verwendet ebenfalls echte oder kompilierte Prototypen, um einer Erkrankung ein persönliches Gesicht zu geben. Ähnlich wie Horoskope sind diese Prototypen oft allgemein genug, um verblüffend zutreffend zu erscheinen. Die Medien verbreiten Informationen über den jeweiligen Prototyp und ermutigen damit Patienten, an die Öffentlichkeit zu treten. Insgesamt tragen klinische Zentren, Fachblätter und -zeitschriften sowie die ärztlichen Repräsentanten einer Erkrankung zu dem Gesamtaufwand bei, den eine Kultur treibt, um das Syndrom zur echten Krankheit werden zu lassen.

Aber so überzeugend die medizinischen Wegbereiter auch sein mögen, ohne die Mitarbeit der Patienten könnten hysterische Epidemien nie zum Ausbruch gelangen. Edward Shorter stellt fest, daß Patienten Symptome aufweisen, wie ihre Kultur sie erwartet bzw. wie die Ärzte sie von ihnen erwarten.[18] Zu Anfang dieses Jahrhunderts entdeckten Physiologen, daß eine Hysterie auch *iatrogen* sein konnte, das heißt, durch den Arzt oder durch die gegenseitige Beeinflussung von Arzt und Patient erzeugt.

»Nicht nur ist die Hypothese des Arztes dazu angetan, seine unvoreingenommene Betrachtung eines Falles zu beeinträchtigen«, schrieb der englische Arzt S. A. K. Wilson 1901, »sondern die Patienten gelangen auch auf eine rätselhafte und noch wenig verstandene Art und Weise dazu, seiner Hypothese zu entsprechen.«[19] Die Historikerin Joan Jacobs Brumberg beobachtet, daß der »wechselseitige, ständig fortschreitende Prozeß« einer Krankheit mit einer gesellschaftlichen und kulturellen Rekrutierung der Patienten beginnt, wenn nämlich leidende Einzelpersonen auf vorgegebene Prototypen reagieren.[20]

Patienten sind zunächst Menschen mit einer verwirrenden Gruppe beunruhigender Symptome, für die eine ganze Palette von Erklärungen vorliegt. Sobald sie ihre Probleme in einem Prototyp wiederzuerkennen meinen – sobald sie also die Gesetzmäßigkeit einer bestimmten Störung in ihrem Leben wirksam glauben – und deshalb die Hilfe eines Therapeuten suchen, schreiben manche Patienten ihre persönliche Geschichte neu. Manche entwickeln eine förmliche Abhängigkeit von ihren Symptomen, sie durchlaufen dann fast immer die typische Karriere eines bestimmten Patiententyps. Für einige bleibt die Patientenlaufbahn ein dauernder Lebensstil mit einer spezifischen Infrastruktur aus Freunden, Ärzten, Behandlungen, Tätigkeiten.

In der Psychiatriegeschichte wurde oft angenommen, daß das symbiotische Verhältnis zwischen männlichen Ärzten und weiblichen Patientinnen das überwältigend häufige Auftreten der Hysterie unter Frauen erklärt. In *Sexualität und Wahrheit* beschreibt Michel Foucault, wie Frauen zu Objekten des medizinischen Machtwissens wurden. Die Körper der Frauen wurden gegen Ende des neunzehnten Jahrhunderts durch den Ärztestand »hysterisiert«[21] – das heißt, sie wurden in einen Komplex körperlicher und psychischer Symptome verwandelt. Die Wissenschaftsgeschichte hat allerdings das Verhältnis zwischen jungen Psychiatern und hysterischen Patientinnen oft auch weniger asymmetrisch beschrieben. Wie Henri Ellenberger ausführt, begegneten die Frauen ihrem Arzt oft gerade zu jenem Zeitpunkt, als sein intellektueller Werdegang entscheidend geprägt wurde. Sie dienten somit nicht selten als klinische Modelle der theoretischen Arbeit des Arztes. Die hysterischen Frauen waren gewissermaßen Musen ihrer Ärzte; und die Ärzte sprachen an ihrer Stelle.[22]

Die dritte Seite des hysterischen Dreiecks ist umwelt- und kulturabhängig. Hysterie-Epidemien scheinen um die Jahrhundertwende zu kulminieren, als würden die Menschen durch die sich ankündigenden gesellschaftlichen Veränderungen massiv beunruhigt. Die Hexenprozesse von Salem zogen sich durch die 1690er Jahre, die Mode des Mesmerismus grassierte nach der Französischen Revolution in den 1790ern. In den 1890er Jahren verbanden sich der Widerstand gegen die imperialistische Klassengesellschaft, die Debatte über Prostitution und Homosexualität, der Aufstieg des Feminismus und die venerische Seuche Syphilis mit endzeitlichen Phantasien zum Vollbild einer hysterischen Epidemie. Einmal in einem kulturellen Umfeld in Erscheinung getreten, werden hysterische Syndrome durch die Wechselwirkung mit gesellschaftlichen Kräften potenziert – religiösen Stimmungen, politischen Programmen und unklar bedrohlichen Gerüchten. Alte Feindbilder, bewährte Sündenböcke der Gesellschaft werden dann plötzlich Teil des aktuellen Szenarios. Je länger die Epidemie andauert, desto unverbrüchlicher *muß* von den Beteiligten an einen realen Hintergrund geglaubt werden, denn ihre Glaubwürdigkeit und Integrität steht auf dem Spiel. Dieser fatale Kreislauf ist schwer zu durchbrechen, denn die Öffentlichkeit und Reichweite solcher Vorgänge rekrutiert wieder neue Patienten, die sich um so mehr zur Suche nach äußeren Ursachen und einem Allheilmittel gegen die Krankheit aufgerufen sehen.

Magersucht und Bulimie

Magersucht und Bulimie gehören zu den bekanntesten modernen Hysterie-Epidemien. Zwar wurde die *Anorexia nervosa* schon 1874 festgestellt und sind extreme Formen des Fastens schon Jahrhunderte zuvor beobachtet worden; doch verdoppelte sich zwischen 1960 und 1976 der Prozentsatz der Magersüchtigen, und die Bulimie begann in den achtziger Jahren ihren Siegeszug. Ende der achtziger Jahre waren in den USA bis zu einer Million junger Frauen betroffen.

Auslöser ist zunächst das kulturelle Umfeld. Seit den sechziger Jahren sind die westlichen Gesellschaften zunehmend von den Themen Schlankheit, Diät und Fitneß besessen; entsprechend zeigen die in Krankenhäusern beobachteten Magersüchtigen einen viel gravierenderen Gewichtsverlust als Magersüchtige früherer Generationen. Zweitens bilden heranwachsende Mädchen eine sehr anfällige Patientengruppe. Und schließlich rief die *Anorexia nervosa* eine begabte Sprecherin des Ärztestandes auf den Plan, die mit einer kohärenten Theorie dieser Erkrankung aufwarten konnte. Hilde Bruch, gelegentlich auch »Lady Anorexia« genannte Professorin der Psychiatrie, machte in den siebziger Jahren einen theoretischen und soziologischen Kontext der Nahrungsverweigerung sichtbar.[23] Bei jugendlicher Magersucht geht es nach Bruchs Ansicht um die »verzweifelte Suche nach Einfluß, nach einem Gefühl von Identität, Kompetenz und Effektivität« in einer Gesellschaft, die von ihren Töchtern eine schlanke Linie, gutes Aussehen und eine reibungslose Anpassung verlangt. Bruch beschrieb das »lähmende Gefühl der Einflußlosigkeit« der Magersüchtigen und definierte die idealtypische Patientin:

»Die Patientinnen werden als besonders gute, brave Kinder beschrieben, gehorsam, sauber, bemüht, es jedermann recht zu machen, im Haushalt hilfsbereit und zuverlässig, in der Schule hervorragend. Sie sind der ganze Stolz ihrer Eltern, große Dinge werden von ihnen erwartet. Das Bedürfnis nach Selbständigkeit und Unabhängigkeit, mit dem sich jeder Heranwachsende auseinandersetzen muß, scheint nach einer solchen Kindheit robotergleichen Gehorsams einen unlösbaren Konflikt zu verursachen. Sie sind sich ihrer eigenen Fähigkeiten nicht ausreichend bewußt, und sie verlassen sich nicht auf ihre Gefühle, Gedanken und körperlichen Empfindungen.«[24]

Oft haben diese jungen Mädchen ausgesprochen dominante Mütter und identifizieren Essen mit einer wenig wünschenswert erscheinenden weiblichen Geschlechtsreife.

Bruchs Darstellung vermenschlichte das Gesicht der Magersucht, denn sie berichtete erstmals aus dem Innenleben der Magersüchtigen. Sie brachte Anorexie mit der »pubertären Entwicklungskrise« in Verbindung und »präsentierte ein beinahe komplettes Skript« der familiären Spannungen, die das Umfeld der Störung bilden.[25] Doch obwohl *Der goldene Käfig* in den USA 150000mal verkauft wurde und auf junge Leserinnen einen enormen Einfluß ausgeübt hat, kann populäre medizinische Literatur allein der Epidemie nicht den Weg bereitet haben. Seit den siebziger Jahren zirkulieren Informationen über die Magersucht auch durch die Massenmedien; ihr werden Artikel in Zeitschriften, Fernsehberichte, Filme und ganze Romane gewidmet.

Zwischen 1980 und 1985 kamen dann außerdem mehrere Autobiographien von Magersüchtigen und entsprechende Bekenntnisse von Prominenten auf den Markt. 1983 gestand Jane Fonda öffentlich ihre frühere Bulimie ein und konfrontierte dadurch Mädchen, die bis dahin etwa noch nichts davon gehört hatten, mit Erbrechen als einer Form der Gewichtskontrolle. Ein Jahrzehnt später erfuhren ihre Nachfolgerinnen durch die Leidensgeschichte von Prinzessin Diana alles über die Bulimie.

Um die Innenwelt des magersüchtigen Mädchens und ihre endliche Heilung zu beschreiben, bildete sich in der Jugendliteratur eine Reihe erzählerischer Konventionen heraus. Die Handlungsentwürfe ähnelten einander erstaunlich und legten formelhaft das Gewicht auf »familiäre Spannungen und den pubertären Wunsch nach Unabhängigkeit und Kontrolle über das eigene Leben«. Die typische Protagonistin ist ein attraktives, ehrgeiziges Schulmädchen, sie ist einen Meter und dreiundsechzig groß und stammt aus einer Familie mit zwei berufstätigen Elternteilen. Wie praktisch alle Mädchen der westlichen Gesellschaften »übernimmt sie das herrschende gesellschaftliche Ideal des Schlankseins. [...] Aus unterschiedlichsten, jedoch stets mit den

Schwierigkeiten der Pubertät verquickten Gründen wird die anfangs gewöhnliche Diät allmählich zum vorherrschenden Muster ihrer Eßgewohnheiten.«[26]

Als derlei Erzählungen die Runde machten, wurde damit ganz allgemein den Müttern die Schuld an der Magersucht ihrer Töchter zugeschrieben. Jugendromane über die *Anorexia nervosa* zeigten die strenge, oft berufstätige Mutter als Ursache für die Eßstörungen ihrer Tochter. »Da die Protagonistinnen noch zur Schule gehen und bei den Eltern wohnen«, erklärt Brumberg, »spielen die Mütter in diesen Geschichten eine wichtige Rolle. Die Anorektikerin verabscheut und liebt ihre Mutter zugleich, sie fühlt sich ständig schuldig und fürchtet, sie zu verletzen und zu hintergehen.«[27] Im Roman so gut wie in der Wirklichkeit sind es eher die Mütter als die Väter, die nach professioneller Hilfe für ihre magersüchtigen Töchter Ausschau halten. Aber trotz ihrer Sorge um die Töchter scheinen immer die Mütter deren Widersacher in der Familie zu sein.

Ende der siebziger Jahre wurde Magersucht durch Betroffenengruppen, Selbsterfahrungszirkel und Beratungsgespräche gesellschaftsfähig. Viele dieser Gruppen vertraten hinsichtlich der Ursachen und der Begleitumstände der Erkrankung eine feministische Position. Statt nach einer individuellen oder mütterlichen Verantwortung zu fahnden, hinterfragten sie das gesellschaftliche Ideal der extrem schlanken Frau. Zur selben Zeit interpretierten feministische Autorinnen Magersucht als eine Form des sozialen Protests und verglichen sie mit den Hungerstreiks verhafteter Frauenrechtlerinnen oder IRA-Terroristen. Magersucht wurde als Geste der Verweigerung und als Parodie der patriarchalischen Sozialisierung begriffen. Andere Feministinnen warfen die Frage auf, ob Schriftstellerinnen wie Emily Brontë, Emily Dickinson und Virginia Woolf an Magersucht gelitten haben könnten. Brumberg wies in diesem Zusammenhang auf eine andere Dimension der *Anorexia nervosa* hin: sie habe jungen Frauen oft allererst einen Lebenssinn verschafft: »Traurigerweise ist der Diät- und Sportkult das naheliegendste, was unsere säkulare Gesellschaft Frauen an zusammenhängender Philosophie des Selbst zu bieten hat.«[28]

Als sie so viel Aufmerksamkeit erntete, wurde die Magersucht epidemisch. In den neunziger Jahren wurde bereits von verschiedenen Seiten davor gewarnt, daß der Medienwirbel um Magersucht und Bulimie im Begriff war, eine zweite Erkrankungswelle auszulösen – diesmal seien allerdings auch Männer von den Eßstörungen betroffen. Die Abteilung für Eßstörungen im Cornell Medical Center in New York nahm 1988 den ersten männlichen Patienten auf. 1995 machte der Anteil der Männer bereits 13 Prozent aller Fälle aus.[29]

Massenhysterie

Eine psychogene Epidemie wie die *Anorexia nervosa*, die sich über Jahre hinweg entwickelt und ausbreitet, ist keineswegs dasselbe wie eine Massenhysterie. Wenn mehrere Menschen zum gleichen Zeitpunkt in Panik geraten und dabei körperliche oder geistige Symptome ohne jede organische Ursache entwickeln, dann handelt es sich um eine Massenhysterie. Sie ist ansteckend, greift von einer betroffenen Person auf die nächste über, verschwindet aber für gewöhnlich ebenso plötzlich, wie sie auftaucht.

Massenhysterie ist seit Jahrhunderten bekannt. Der Londoner Journalist Charles Mackay beschrieb 1841 die, wie er sie nannte, »moralischen Epidemien« – unter anderem »Tulpenmanie« und Hexerei.[30] Nach hundertfünfzig Jahren ist Mackays Buch noch immer von Bedeutung. »Das einzige, was sich geändert hat, sind Einzelheiten der falschen Erklärungen. Damals wurde den Dämonen, dem Geisterglauben oder der Besessenheit die Schuld für eine Massenhysterie gegeben. Heute werden wir von nicht minder unsichtbaren Gasen, Viren und Giften schikaniert«, heißt es in einem Artikel der *Times*. Der Professor der medizinischen Psychologie Simon Wessely verweist hier auf schlagzeilenträchtige Ereignisse der letzten Zeit, etwa auf die Panik unter japanischen Pendlern und Einkäufern nach einem Giftgasattentat auf die Tokioter U-Bahn oder auf gehäufte Fälle von Übelkeit bei Schulkindern in Rhode Island, London, Osaka, der palästinensischen West Bank, Albanien und Portsmouth.[31]

Massenhysterien treten in Gemeinschaften auf. Sie werden oft durch Nichtigkeiten ausgelöst – jemand fällt wegen erstickender Hitze in Ohnmacht oder gerät aus irgendeinem Grund in Panik. Normalerweise nehmen Augenzeugen davon kaum Notiz, aber wenn sich die Gruppe bereits in einem angespannten Zustand befindet, entsteht leicht ein Gerücht des Typs: »Wir werden vergiftet«. Wenn ein solches Gerücht einer größeren Gruppe plausibel erscheint, breitet es sich rasend schnell aus. Wird dann noch ein zweiter ohnmächtig oder bricht zusammen, dann beschleunigt das die Ausbreitung der Panik; die sozialen Netzwerke tragen sie weiter. »Wenn man den Menschen, den man zusammenbrechen sieht, nicht kennt oder nicht mag«, schreibt Wessely, »ist es weniger wahrscheinlich, daß man selbst kollabieren wird. Deswegen dauern Panikanfälle in überschaubaren, engen Gemeinschaften, etwa in abgelegenen Dörfern, am längsten.«[32] Schwerwiegend werden die Vorfälle, wenn es bereits ein klares Feindbild gibt; ein Beispiel wären die irakischen Scud-Missile-Angriffe auf Israel während des Golfkriegs, als etliche Israelis überzeugt waren, sie seien vergast worden, und daher mit Übelkeits- und Ohnmachtsanfällen reagierten. Die Art der Verwaltung solcher Vorkommnisse ist dann entscheidend. Wenn Krankenwagen mit Signalhorn am Schauplatz vorfahren, wenn Horror-Schlagzeilen folgen und die Suche nach Giftstoffen energischer betrieben wird als die Beruhigung von Ängsten, ist die Situation schnell außer Kontrolle.[33]

Solche Vorfälle betreffen Männer ebenso wie Frauen und Kinder, Mediziner ebenso wie Laien. Im Februar 1994 fiel ein Teil des Personals in der Notaufnahme der Klinik von Riverside in Kalifornien nach der Behandlung einer Patientin in Ohnmacht: sie hatte sich erbrochen, hatte einen Herzstillstand erlitten und war gestorben. Obwohl Komplikationen wegen einer Krebserkrankung den Tod der Patientin verursacht hatten, war das Krankenhauspersonal davon überzeugt, daß es mit einer von der Patientin ausgeschiedenen Substanz vergiftet worden sei. Der Rechtsanwalt eines der Krankenhausangestellten legte Einspruch gegen einen Bericht des Gesundheitsministeriums ein, der den Vorfall einem »Ausbruch soziogener Massenerkrankung« zuschrieb. »Unbestreitbar sind die Betroffenen an diesem Abend vergiftet worden«, versicherte er. »Es handelt sich hier ausschließlich um erfahrenes Ambulanzpersonal. Solche Leute werden wegen eines Herzinfarkts nicht hysterisch.«[34] Im Januar 1996 behaupteten Dutzende Menschen aus Canovanas in Puerto Rico, sie hätten ein riesiges, vampirartiges Ungeheuer beim Reißen von Ziegen, Schafen, Hasen, Hühnern, Katzen und Hunden beobachtet. »Es war ungefähr einen Meter zwanzig bis fünfzig groß und hatte riesige, längliche, rote Augen«, berichtete ein Zeuge. Obwohl die Gesundheitsämter unermüdlich verlautbaren ließen, daß die Autopsie der Tiere verschiedenste Todesursachen ergeben hatte – von Parasiten bis zu streunenden Hunden –, nahm die Panik wegen des mutmaßlichen Monsters rasch überhand. Zu diesem Zeitpunkt erinnerten skeptische Beobachter bereits daran, daß »Puertoricaner offenbar zyklisch von kollektiven Angstanfällen erfaßt werden, die durch reißerische Presseberichte ausgelöst werden«.[35] Wenig später wurde das Ungeheuer dann allerdings auch in Miami gesichtet.

Feindbilder, Hexenjagden

Wenn im Brennpunkt hysterischer Epidemien oder Massenhysterien Feindbilder erscheinen, wenn sie sich mit religiösem Fundamentalismus, politischer Paranoia oder einer apokalyptischen Panik verquicken, können sie jederzeit in die pogromartige Verfolgung bestimmter Gruppen umschlagen. Der Historiker Richard Hofstadter skizzierte in einem Essay von 1965 die paranoide Erwartung des Tausendjährigen Reichs, eine politisch verbrämte Massenhysterie. Eine gewisse paranoide Disposition habe die amerikanische Politik zwar von jeher gekennzeichnet, doch bestehen gesellschaftliche Bewegungen, die sich durch paranoide Verhaltensmuster durchsetzen, nicht dauerhaft, sondern treten schubförmig auf; damit liegt es nahe, daß »die paranoide Disposition vor allem von sozialen Konflikten aktualisiert wird, bei denen unkündbare Wertvorstellungen auf dem Spiel stehen und eher tiefsitzende Ängste und Haßgefühle als verhandlungsfähige Interessen politisch wirksam werden«.[36]

Viele Untersuchungen haben gezeigt, wie sich allgemeine Befürchtungen, die ein sozialer und wirtschaftlicher Wandel erzeugt, vor allem in früheren Gesellschaften in Übergriffen auf sogenannte Hexen Bahn gebrochen haben. »Die Hexenjagd war eines der Mittel, mit deren Hilfe Menschen in Zeiten größter Anspannung ihr inneres Gleichgewicht zu wahren versuchten.«[37] Sie garantierte das eigene Seelenheil, ungeachtet aller religiösen oder geistigen Ungewißheit. Norman Cohn hat die weitverbreiteten psychischen Störungen beschrieben, die mit der letzten Jahrtausendwende auftraten: es gab zahlreiche Menschen, »die von ihrer wirtschaftlichen Anfälligkeit und Hilflosigkeit nicht weniger gequält wurden als durch den Mangel an sozialen Bindungen, auf die sich die Bauern selbst in den schlechtesten Zeiten stützen konnten. Das waren die Menschen, die in ihren Ängsten messianische Führer suchten und am ehesten bereit waren, dämonische Sündenböcke zu erfinden.« Einmal mit alten Prophezeiungen vermengt, wurde der Verfolgungswahn »zu einem geschlossenen Sozialmythos, dem die daran Glaubenden mit Haut und Haar verfielen. Er erklärte ihre Leiden, versprach ihnen Wiedergutmachung, hielt ihre Ängste in Schach und gab ihnen die Illusion von Sicherheit – und das, während sie, von gemeinsamer Begeisterung zusammengeschmiedet, einem Ziel nachjagten, das stets eitel und oftmals selbstmörderisch war.«[38]

Die Umstände, die zu einer Hexenverfolgung führen mußten,

blieben stets die gleichen, ob sie nun in Schottland oder in Salem stattfand. Die Gemeinschaft mußte eine Vorstellung von den Praktiken und der Lebensweise einer Hexe haben. Auch die Richter mußten an Hexerei glauben, sie hatten das Verfahren in der Hand und konnten die Verfolgungen jederzeit steuern. Damit eine solche »Strafverfolgung« erfolgreich sein konnte, waren besondere Gesetze gegen Hexerei und eine institutionalisierte Rechtsprechung erforderlich. Hexenverfolgungen hielten sich in deutlich kleinerem Rahmen, wo – wie im England des siebzehnten Jahrhunderts – Inquisition und Folter verboten waren.

Eine weitere Voraussetzung der Hexenjagden war immer eine gewisse explosive Stimmung. Den Ausschlag konnten dann Predigten geben, oft auch Gerüchte. Diese gingen häufig auf eine bestimmte Anschuldigung zurück, die wiederum von einer ganz persönlichen Feindschaft herrührte. Pure Bosheit spielte eine Rolle, besonders wenn die verwirrten Angeklagten vorschnell Geständnisse ablegten. In England blieb die Hexenverfolgung normalerweise auf die ursprünglich Angeklagten beschränkt. In der Schweiz, in Deutschland und Schottland überwog das, was Brian Levack »kleine Paniken«[39] nennt, mittlere Hexenjagden: die Angeklagten wurden gefoltert und verrieten ihre angeblichen Komplizen. Solche Panik erschöpfte sich von selbst, sobald es im näheren Umkreis keine Verdächtigen mehr gab.

Wirklich große Hexenverfolgungen, die »in einem Klima höchster Panik oder Hysterie abliefen«, gab es in Frankreich, Schweden und natürlich in Salem. In ihnen wurden verschiedene Formen der Hysterie, individuelle Besessenheit wie »Kollektivhysterie« wirksam. Levack unterscheidet

»zwischen der mit manchen Hexenjagden verbundenen Massenhysterie und den individuellen psychologischen Problemen einzelner Beteiligter [...]. Menschen wie der sadistische Richter oder Henker, der zwanghaft agierende Hexenjäger oder die verwirrte oder ›melancholische‹ Hexe legten abnorme Verhaltensweisen an den Tag, die mit der kollektiven Stimmung [...], von der hier die Rede ist, nichts zu tun haben. Auch darf man die gesamte europäische Hexenjagd nicht mit dem vereinfachenden Etikett ›Hexenwahn‹ oder ›Massenwahn‹ versehen. Aber im Zusammenhang mit einzelnen Verfolgungswellen kann man mit Sicherheit, wenn auch nur als Hypothese, von Massenhysterie sprechen.«[40]

In den Anmerkungen zu seinem Theaterstück *Hexenjagd* beschrieb Arthur Miller die historische Analogie der psychologischen und politischen Ursachen der großen Hexenverfolgung in Salem auf der einen Seite und des amerikanischen McCarthyismus auf der anderen. Salem war, schreibt Miller, »eine perverse Äußerung der Angst, die in allen Klassen auftrat, als die individuelle Freiheit größer wurde«. Die Hexenverfolgung war ein Ventil unterdrückter Gefühle, eine Gelegenheit für jeden, der »unter dem Deckmantel der gegen die Opfer erhobenen Anklage öffentlich seine Schuld und seine Sünden bekennen wollte«. Sie bot Gelegenheit, den »lang gehegten Haß gegen Nachbarn« öffentlich auszusprechen und Rache zu nehmen – trotz aller »biblischen Lehren der Nächstenliebe«. Die Hexenverfolgung in Salem wurde durch politische, soziale und wirtschaftliche Ursachen ausgelöst; ihre Ausbreitung hatte andere Gründe: »In der Religion dieser Menschen gab es keine Sündenreinigung. Dies ist ein weiterer Zug, den sie uns vererbt haben, und er hat sowohl zu unserer Erziehung wie zur Züchtung von Heuchelei unter uns beigetragen.«[41]

Konspirative Kulturen

Die amerikanische Kultur war für hysterische Zustände schon immer besonders anfällig. Hysterien betrafen bisher vor allem die Freimaurer, den Katholizismus und Kommunismus, die Ermordung von John F. Kennedy und die Vergiftung des Trinkwassers durch Fluor. In den neunziger Jahren hat sich ein besonders gefährliches Gemisch aus paranoider Verängstigung und halbartikuliertem Zorn gebildet. Beobachter sehen das Amerika der Jahrtausendwende einer »unvorstellbar totalen Verschwörungstheorie«[42] ausgeliefert. »In seiner extremen Form ist Verfolgungswahn immer noch eine Domäne der Minderheiten; deren Ethos – der Protest gegen das Establishment, eine Politik der Wut – hat jedoch mittlerweile die politische Kultur so weitgehend erfaßt, daß die paranoide Gedankenführung zur übergreifenden Idee einer pluralistischen Koalition geworden ist, die aus allen Teilen des politischen Spektrums ihre Anhängerschaft rekrutiert.«[43] Die paranoide Phantasie schützt die wahren Übeltäter: Eine Mutter, deren zwei kleine Söhne bei dem Bombenattentat auf das Regierungsgebäude in Oklahoma City umkamen, beharrt darauf, daß der Anschlag Teil einer mysteriösen Verschwörung war: »Ich habe ein Gefühl, als ob ich in einem schlechten Film wäre«, erklärte sie den Journalisten. »Bevor das alles hier passiert ist, bin ich nie zur Wahl gegangen und habe nie Nachrichten geguckt. Und jetzt bin ich mittendrin in einer Regierungsverschwörung. Ich kann es gar nicht fassen.«[44]

Manche Wissenschaftler warnen, daß die paranoide Angst vor einer totalen Verschwörung mittlerweile zu einem in Medizin und Psychiatrie allgegenwärtigen Phänomen geworden sei. Verschwörungstheorien halten in diesen Bereichen zur Erklärung jedes nicht unmittelbar verständlichen Symptoms und Syndroms her. Hinter der medizinischen Debatte, in der es vordergründig um Fragen der Erinnerung geht, liegt ein tieferes Problem verborgen: es bildet sich ein dauerhaftes klinisches Interpretationsmuster heraus, in dessen Kern die Verschwörungstheorie erscheint. Auf diese Weise sind Medizin und Psychiatrie in den USA zur Geburtsstätte einer »sich gesellschaftlich durchsetzenden Verschwörungsmentalität geworden, die maßgebliche Teile der psychologisch-psychiatrischen Betreuung und des Strafrechtssystems untergräbt«.[45]

Was solche Denkmuster anbelangt, mag Amerika weltweit führend sein; doch fallen hysterische Epidemien auch in anderen Ländern auf fruchtbaren Boden. Als Arthur Miller in den fünfziger Jahren seine *Hexenjagd* schrieb, war er überzeugt, daß einzig

England »den Versuchungen eines zeitgenössischen Teufelskultes widerstanden« habe, und dies nicht nur in der Frage der religiösen Toleranz, sondern auch durch den Verzicht auf politische Verfolgung.[46] Daß Hysterie dank der so praktischen wie vernünftigen Prägung der englischen Kultur und Tradition in England seltener als anderswo in Europa auftrete, glaubten britische Ärzte auch im neunzehnten Jahrhundert. »Die gallische Veranlagung«, notierte T. S. Dowse 1889, »scheint weniger belastbar zu sein als die der Angelsachsen, sie neigt eher zu exaltierten hysterischen Manifestationen.«[47] »Bestimmte Völker sind für die Krankheit anfälliger als andere«, schrieben auch Edward Bramwell und John Tuke 1910. »Daher neigen die latinischen Völker sehr viel mehr zur Hysterie als die von teutonischer Abkunft und überdies zu ihren noch schwerwiegenderen und komplizierteren Formen.«[48] Die englischen Ärzte empfanden die Hysterie nicht nur als »unenglisch«, sondern auch als unchristlich. »Keine Rasse bleibt von der Hysterie verschont, aber bei einigen ist sie häufiger als bei anderen«, hieß es dort 1904, und so sei »die jüdische Rasse besonders anfällig für das Leiden, und es scheint – zumindest in schlimmer Form – in Frankreich weiter verbreitet als in Deutschland oder England«.[49] Während in Frankreich zwischen 1880 und 1900 einhundertdreiunddreißig Abhandlungen in Buchlänge zum Thema der Hysterie veröffentlicht wurden, brachten England und Schottland zusammen nur vier zustande.

Heute greifen Engländer stets dann auf die Metapher der Hysterie zurück, wenn sie sich in einer hitzigen politischen Auseinandersetzung befinden oder sich mit einem nationalen Ehedrama herumplagen. Hysterie ist das Gegenstück zur allseits geschätzten englischen Ironie. Sie äußert sich eher als Übertreibung denn in der Form des Understatement: sie schlägt exzessiv über die Stränge. Unter englischen Journalisten dient der Begriff »Hysterie« zur Disqualifizierung jedes übermäßigen Engagements. Hysterie kompromittiert die Nichtraucherlobby wie die Tabakindustrie, AIDS-Aktivisten wie Schwulenhasser, Feministinnen wie Frauenfeinde.

Noch der flüchtigste Blick in die englische Presse der neunziger Jahre verdeutlicht, daß unverblümt offenbarte Leidenschaften, Motive und Ambitionen in England schnell hysterisch anmuten. Als es im Juli 1995 nach dem plötzlichen Rücktritt John Majors vom Parteivorsitz der Tories in aller Öffentlichkeit zu einem kurzen und heftigen Gerangel unter seinen möglichen Nachfolgern kam, reagierte die britische Presse mit Entsetzen. Eine typische Karikatur in der *Times* zeigte einen sehr gesetzten John Major mit der Aufschrift »Englishman« und seinen innerparteilichen Herausforderer John Redwood, der sich mit Schaum vor dem Mund als »tollwütiger Hund« darstellt. In einem Artikel wurde das »hysterische Gerede der kriegsneurotischen Politiker« beklagt: »Die gesamte Tory-Partei ist in ein *crime passionnel* verstrickt. Wenn das kaltblütige Engländer sind, dann würde Großbritanien wohl besser von einer Gang mafioser Gigolos regiert. Wir sind an einem jener alarmierenden Augenblicke in der Geschichte unserer Insel angelangt, in denen jemand (und zwar kein geringerer als der Premierminister) die Würde seines Amtes lüftet, um damit – keineswegs die hingebungsvolle Erfüllung seiner öffentlichen Pflichten oder eine gute Regierungsführung aufzudecken, sondern eine wüste Mischung aus nackter Unsicherheit und bloßem Machtstreben.«[50] Auch der britische Umgang mit dem 1996 ventilierten Thema des Rinderwahns BSE verdankte sich unter anderem der britischen Furcht vor und vehementen Verleugnung von allem Wahnsinnigen.

Andererseits stellte 1995 David Bell, ein Analytiker in der Kleinschen Tradition, auf einer Konferenz mit dem Thema »Hysterie heute« fest, daß eine hysterische Symptomatik in englischen psychiatrischen Kliniken nach wie vor massiv vertreten und die ganze Bandbreite der hysterischen Symptome im übrigen sehr viel häufiger anzutreffen sei als allgemein angenommen.[51] Auch in England kam es nach verschiedenen Fällen von Satanistischem Ritualmißbrauch zu einer hysterischen Panik, und die Zahl der in England an Chronischer Müdigkeit Erkrankten wurde für das Jahr 1992 auf einhunderttausend geschätzt. Die englische Literatur und die englische Bühne schließlich bilden in der Erforschung der zeitgenössischen männlichen und weiblichen Hysterie die Avantgarde.

Eine Tradition des kartesianischen Rationalismus, des Skeptizismus und Antiklerikalismus hat Frankreich selbst vor den ansteckendsten unter den jüngsten Panikwellen weitgehend geschützt. Paris bildet darum noch immer ein geeignetes Residuum, von dem aus hysterieanfällige Gesellschaften und konspirative Kulturen beobachtet werden können. Doch auch Frankreich hat seine eigene, lange Hystorie. Während des ganzen zwanzigsten Jahrhunderts, als die meisten Psychiater sie in die hintersten Regale ihrer Bibliothek verbannten, präsentierten französische Ärzte Hysterie unter geistreichen neuen Namen und nahmen sich ihrer und ihrer Geschichtsschreibung auf enthusiastische und wegweisende Art an. »Wenn ein ausländischer Professor einem fremden Land seine Ideen näherbringen soll, dann wird erwartet, daß er eines der charakteristischen Forschungsgebiete seines Heimatlandes darstellt, geradeso wie wir – in einem neuen Land angelangt – diejenigen Gerichte zu probieren wünschen, die für seine Kochkunst typisch sind«, bemerkte Pierre Janet 1920 am Abend vor seiner Antrittsvorlesung an der Harvard Medical School. »Mir will scheinen«, fuhr er fort, »daß das, was seit etlichen Jahren am bezeichnendsten für Frankreich ist, [...] die Entwicklung der Psychopathologie ist«, ein Gebiet, das »sich eine spezielle Krankheit zum Gegenstand nimmt: die Hysterie.«[52] Viele französische Psychoanalytiker denken auch heute noch wehmütig an die Blütezeit der Hysterie zurück und pflegen landeseigene Varianten wie etwa die *Spasmophilie*, um sie auch weiter am Leben zu erhalten.

Schließlich war es – auch wenn die heutigen hysterischen Epidemien von den Vereinigten Staaten ausgehen – doch ein Pariser Arzt und Schwärmer des neunzehnten Jahrhunderts, der die Hysterie aus den medizinischen Lehrbüchern holte und ihr in der Moderne ihren Marktwert verschaffte. Um moderne hysterische Epidemien zu verstehen, müssen wir zunächst auf Jean-

Martin Charcot und die in ihm verkörperte Synthese von medizinischer Autorität, institutionellem Renommee und kultureller Performanz zurückgehen, die das goldene Zeitalter der Hysterie einläutete.

EINE GESCHICHTE DER HYSTERIE: DIE GROSSEN ÄRZTE

Jean-Martin Charcot: die Erfindung der modernen Hysterie

Die moderne Medizingeschichte der hysterischen Epidemien beginnt vor wenig mehr als einem Jahrhundert mit Jean-Martin Charcot und seiner Klinik in der Pariser Salpêtrière. In diesem spezifischen Umfeld kam es zu einer folgenträchtigen Konstellation zwischen Arzt und Patienten. Vom Ende der 1870er Jahre bis zu seinem Tod im Jahre 1893 war Charcot seinem schwedischen Schüler Axel Munthe zufolge »der berühmteste Arzt seiner Zeit. Aus aller Welt strömten die Patienten in sein Sprechzimmer im Faubourg St. Germain und warteten oft wochenlang, ehe sie ins innere Heiligtum Einlaß fanden, wo er in seiner riesigen Bibliothek am Fenster saß. [...] Ein Wort der Empfehlung von Charcot genügte, um das Ergebnis eines jeden Examens oder Wettbewerbs zu entscheiden; tatsächlich herrschte er bedingungslos über die gesamte medizinische Fakultät.«[1] Zeitungen und Romane machten Charcots Theorien populär, die Ärztewelt Europas und der Vereinigten Staaten lag ihm zu Füßen. Seine französischen Kollegen sahen in ihm den unerschrockenen Herrscher über die Hysterie. Beim Bankett zur Feier von Charcots Wahl ins Institut de France rief Professor Charles Bouchard: »Das Studium der Hysterie hätte Sie triumphierend nach Rom führen oder aber in den Schmutz werfen können. Sie haben gewagt, und Fortuna hat Ihren Wagemut belohnt.«[2]

Charcot definierte Hysterie als ein körperliches Leiden, das durch Erbschäden oder eine traumatische Verletzung im zentralen Nervensystem verursacht werde und epilepsieartige Anfälle zur Folge habe. Seine Definitionen und Prototypen gewannen ihm Tausende Klientinnen; auf dem Gipfel seiner Macht trafen in seiner Klinik Tag für Tag durchschnittlich zehn hysterische Frauen zur Diagnose und Behandlung ein. Während Charcots Amtszeit als Direktor der Salpêtrière stieg der Prozentsatz der Frauen, bei denen die Störung diagnostiziert wurde und die deswegen hospitalisiert werden mußten, dramatisch an: von 1 Prozent im Jahr 1841 auf 17 Prozent 1883. In Paris wurde im Überschwang der *Charcoterie* seiner Anhänger und Patientinnen eine spezifische Variante der *grande hystérie* epidemisch; andernorts war das Syndrom selten, was bei manchen Ärzten den Verdacht erweckte, Charcot habe eine iatrogene Krankheit erschaffen oder aber, schlimmer, die Hysterie tatsächlich erfunden.

Charcot war als Persönlichkeit wie intellektuell überaus beeindruckend. Er betrieb das Studium hysterischer Körper mit dem Blick des Künstlers – mit jener Beobachtungsgabe, die Freud später »visuell« nennen sollte. Zeitgenossen beschrieben seinen hypnotisierenden Blick, und der Arzt Alexandre Souques konnte seine »durchdringenden Augen [...], die tief im Schatten ihrer Höhlen lagen, nie mehr vergessen«.[3] Charcot, der ursprünglich Künstler hatte werden wollen, beherbergte in seinem Haus zu allen Zeiten ein Atelier, in dem er malte. Mit seinen Assistenten zeichnete er hysterische Patientinnen während ihrer Anfälle und ließ sogar ein komplettes Fotoatelier einrichten. Er stellte den Berufsfotografen Albert Londe an, um Bewegungen und Gesichtsausdruck der Frauen festzuhalten. Diese Fotografien erschienen als *Iconographies* in drei Bänden; Skizzen, Zeichnungen und Gemälde aller Bilder wurden reproduziert und verkauft. Das bekannteste Bild, eine Radierung von André Brouillet, die Charcot mit seiner berühmtesten hysterischen Patientin Blanche Wittman zeigt, hing im Vorlesungssaal der Salpêtrière. Freud hatte immer eine Reproduktion in seinem Behandlungszimmer.

Ende der siebziger Jahre des letzten Jahrhunderts veranstaltete Charcot, der ein begnadeter Selbstdarsteller mit großem dramaturgischen Gespür war, zweimal in der Woche öffentliche Auftritte in der Salpêtrière. Jeden Freitagmorgen hielt er eine Vorlesung mit Falldemonstration, bei der ihm seine hysterischen Patientinnen regelmäßig zur Hand gingen. Dienstags, in den berühmten *leçons du mardi*, stellte er Patientinnen, die er nie zuvor gesehen hatte, in aller Öffentlichkeit die Diagnose. Er glich einem Zauberkünstler oder Akrobaten, der ohne Netz arbeitet. Solche Kühnheit und Virtuosität lockten eine große Zuhörerschaft an – oft waren es bis zu fünfhundert Interessierte, die ihm gebannt lauschten. »Alles in seinen Vorlesungen war darauf angelegt, Aufmerksamkeit zu erregen und das Publikum auf visuellem wie akustischem Wege in seinen Bann zu ziehen«[4], erinnerte sich Pierre Janet, und Henri Ellenberger beschreibt die Vorlesungen folgendermaßen: »Das Podium schmückten stets Bilder und anatomische Tafeln, die sich auf den Anschauungsunterricht des Tages bezogen. Charcot [...] trat pünktlich um zehn Uhr ein, oft in Begleitung eines distinguierten ausländischen Besuchers sowie einer Gruppe von Assistenten, die in der ersten Reihe Platz nahmen.«[5] Er begleitete seine Vorlesungen mit erläuternden Kreidezeichnungen an der Tafel und ahmte gerne selbst das Verhalten der Patientinnen nach, die er gerade vorstellte. Charcot zeigte immer wieder Sinn für das Dramatische; als er einmal Formen des Tremor besprechen wollte, ließ er drei Frauen hereinkommen, die Hüte mit langen Federn trugen, und jede von ihnen zitterte sichtbar auf die für ihre Krankheit typische Art und Weise.

Die Zeit war günstig für Charcots Forschungen. Da die medizinischen Leiter öffentlicher Krankenhäuser von Ministern ernannt wurden, waren Gesundheitswesen und Politik eng miteinander verflochten. Liberale Politiker und Wissenschaftler waren sich in ihrer antiklerikalen Gesinnung einig; es war Charcots erklärtes Ziel, den religiösen Glauben durch seine medizinische Tätigkeit zu widerlegen und »die Hysterie den vormaligen religiösen Deutungen – entweder Besessenheit durch den Teufel oder aber mystische Verzückung – zu entreißen«.[6] Er und seine Assistenten schrieben Aufsätze, in denen sie die angeblichen Wunder der Kirche entzauberten, und sogar die heilige Jungfrau von Orleans wurde von ihnen als Hysterika beschrieben. Dabei verwendete Charcot selbst Techniken, die an die teuflischen Praktiken der Hexenverfolgungen erinnern: sei es die Suche nach hysterischen »Stigmata« oder das Stechen oder Beschreiben der überreizten Haut seiner Patientinnen. Auch Charcots Beschreibungen hysterischer Anfälle zeigen sich durchaus von einer religiösen Bildlichkeit beeinflußt, und die epidemischen Hysterien in der Salpêtrière fielen mit dem Wiedererwachen des Wunderglaubens gegen Ende des neunzehnten Jahrhunderts zusammen. Ende der achtziger und Anfang der neunziger Jahre schickte Charcot persönlich Patientinnen auf Pilgerfahrt nach Lourdes – ein eigentümlicher Vorgang, denn »Lourdes hatte im Europa des ausgehenden neunzehnten Jahrhunderts im Verhältnis zur Hysterie den Stellenwert einer Art volkstümlicher, nichtmedizinischer Gegenkultur«.[7]

Charcot genoß den Vorteil, in einer bedeutenden medizinischen Institution zu arbeiten, die er zudem seinen eigenen Interessen gemäß umgestalten konnte. Die Salpêtrière war ein riesiges, altes, verschachteltes Frauenspital im 13. Arrondissement, eher Armenhaus und medizinische Verwahrungsanstalt als Klinik. Doch schon als Assistenzarzt hatte Charcot in den Tausenden Langzeitfällen ein lebendes medizinisches Labor erkannt, ein »Reservoir an Beobachtungsmaterial«, an dem er seine Theorien mittels der »anatomisch-klinischen Methode« ausprobieren konnte; er nahm Autopsien vor und suchte nach Zeichen organischer Erkrankungen, die er durch die genaue Beobachtung lebender Patientinnen zu den entsprechenden körperlichen Symptomen zurückverfolgte. Das altertümliche Krankenhaus stellte für die Erzeugung und Vermarktung von Hysterien ein ideales Umfeld dar, und Charcot machte es zu einem zeitgemäßen »Tempel der Wissenschaft«.[8] Am Ende des neunzehnten Jahrhunderts war die Salpêtrière zu einer Hauptsehenswürdigkeit der Stadt geworden, die jeder anspruchsvolle Parisbesucher aufsuchen mußte.

Als Chefarzt der Salpêtrière machte Charcot nach 1862 mit Hilfe der anatomisch-klinischen Methode eine Reihe wichtiger Entdeckungen. Er unterschied die multiple Sklerose von der Parkinsonschen Krankheit, er definierte die Symptome der Poliomyelitis, stellte den tabischen Typ der Neurosyphilis dar und beschrieb die Pathologie der myatrophischen Lateralsklerose, heute Lou-Gehrigs-Krankheit genannt.[9] In den 1870er Jahren entschloß sich Charcot zur Anwendung derselben Techniken, um mit ihnen die organischen Gesetzmäßigkeiten der Hysterie zu bestimmen. Nach seiner Theorie war Hysterie eine erbliche Erkrankung des Nervensystems, die durch ein emotionales oder körperliches Trauma bei anfälligen Männern und Frauen zum Ausbruch gelangen konnte. Die Bandbreite ihrer Symptome reichte von Stigmata, Überempfindlichkeit der Eierstöcke, von Schmerzen und Sehstörungen bis zu lokalen Taubheitsgefühlen oder Anästhesien besonders im Bereich der linken Körperhälfte sowie konvulsivischen Anfällen. Charcot verpaßte der anarchischen Formlosigkeit und Heterogenität der hysterischen Symptome – Paralysen, Muskelkrämpfe, Konvulsionen und Somnambulismus – ein stabiles Korsett aus Gesetzmäßigkeiten. Weiter suchte er zu beweisen, daß die dramatischen Anfälle der *grande hystérie* durch Hypnose ausgelöst oder beendet werden konnten, was wiederum den Ärzten erlaubte, ihre verschiedenen Phasen zu untersuchen und ihre »Gesetzmäßigkeiten« festzustellen. Charcot ersetzte so »das alte, ungestalte Sammelsurium an Symptomen durch eine kohärente, konzeptionell elegante Ordnung«.[10]

Auch wenn Charcot mindestens neunzig männliche Hysteriker behandelte, wurde doch in der Salpêtrière bei ungefähr zehnmal soviel Frauen eine Hysterie diagnostiziert. In seinen Autopsien hysterischer Frauen konzentrierte Charcot sich auf die Eierstöcke, die nach den damals geläufigen Reflextheorien über das Rückenmark Signale an andere Organe aussandten. Bei der Untersuchung seiner Patientinnen stellte er eine ovariale Überempfindlichkeit besonders auf der linken Seite fest, so daß er fortan durch Druck auf die Eierstöcke die Anfälle auslösen oder abbrechen konnte. Bald darauf erfand er das Ovarienkompressorium, eine Apparatur mit einem schweren Gürtel aus Leder und Metall, der umgeschnallt wurde und den die Patientin oft bis zu drei Tage lang trug. Später versuchte er, entsprechende hysterogene Zonen am Körper des Mannes ausfindig zu machen, indem er etwa durch Druck auf die Hoden den Verlauf eines Anfalls günstig beeinflussen wollte. (Kaum überraschend, half die Prozedur nicht immer. Andere Ärzte stellten fest, daß das Quetschen der Hoden die Konvulsionen des Patienten sogar verstärkte.)

Charcot sah die Anfälle als Hauptmerkmal hysterischer Störungen an. Er skizzierte vier Stadien: eine Frühphase, während der Sehstörungen oder der klassische *globus hystericus* auftreten konnte; dann unwillkürliche Bewegungen, die sich zu akrobatischen Kunststücken steigerten; danach theatralische Posen, die Charcot *attitudes passionnelles* nannte und mit den vielsagenden Namen Aufruf, Liebesflehen, Gespött, Drohung, Erotik und Ekstase belegte; schließlich die Lösung. Wie zu erwarten war, verkündete er seine zusammengefaßte Theorie der Hysterie mit allem theatralischen Aufwand und duldete keinerlei Widerspruch.

1878 führte Charcot die Hypnose wieder ein, die seit der Mode des Mesmerismus und des animalischen Magnetismus diskreditiert gewesen war. Er behauptete sogar, die Fähigkeit, sich hypnotisieren zu lassen, sei selbst ein Merkmal von Hysterie. Bei den Dienstagsvorlesungen im halbrunden Amphitheater der Klinik wurden Frauen mit Hysteriediagnose vorgeführt und von Charcots Assistenten hypnotisiert. Der Arzt Axel Munthe erinnerte sich: Manche »krochen auf allen vieren, bellten wütend, wenn man ihnen suggerierte, sie seien Hunde [...]. Ein anderes Medium ging umher, einen Zylinderhut im Arm, wiegte ihn und küßte ihn zärtlich, wenn man sagte, es sei sein Baby.«[11] Durch hypnotische Suggestion wurden die hysterischen Anfälle dann auch wieder beendet.

Charcots dramatische Inszenierungen wurden kontrovers diskutiert. Von seiten anderer Ärzte wurde die hypnotische Suggestion als wirkungsvolles therapeutisches Mittel akzeptiert, ihre besondere Beziehung zur Hysterie aber bestritten. Auch

Munthe hatte Bedenken: »Wäre die These der Salpêtrière richtig, daß man nur Hysteriker hypnotisieren kann, so würde das heißen, daß mindestens fünfundachtzig Prozent der Menschheit hysterisch sind.«[12]

Obwohl Charcot darauf beharrte, daß die Hysterie weder eine sexuelle Störung noch auf Frauen beschränkt sei, fielen er und seine Angestellten doch wiederholt in die stereotype Assoziation von hysterischer und weiblicher Persönlichkeit zurück. Hysterikerinnen galten als eitel und besonders auf ihr Äußeres bedacht, ihnen wurde ein Hang zu Verstellung und Selbstdarstellung zugeschrieben. Charcots Assistent Charles Richet sah diese Eigenschaften als »Spielarten des weiblichen Charakters« an. »Man könnte sogar sagen, daß Hysterikerinnen fraulicher als andere Frauen sind.«[13]

Zwei Drittel der Hysteriepatientinnen an der Salpêtrière waren Frauen der Arbeiterklasse. Die gerade erst entstandene französische Frauenrechtsbewegung forderte politische, soziale und erzieherische Reformen, erntete allerdings auch besonders heftige frauenfeindliche Reaktionen. Arbeitende Frauen wurden außerdem von den feministischen Vordenkerinnen vernachlässigt und von der Arbeiterbewegung ignoriert, ja sogar betrogen. Viele Frauen aus der Arbeiterschicht zog es in die Städte, wo sie bis 1866 ein Drittel der Arbeitskräfte stellten. Ihre Lebensumstände waren fast immer katastrophal. »Arme Frauen wurden in die ungekannte und oft verwirrende Freiheit urbaner Zentren katapultiert. Allein, ohne die gewohnte familiäre Unterstützung, oft noch unter dem Mindestlohn bezahlt, hatten sie ein schweres Los. Daß die Zahl der Prostituierten im damaligen Paris in geradezu astronomische Höhen kletterte, ist ein trauriges Zeugnis für das Schicksal vieler dieser entwurzelten jungen Arbeiterfrauen.«[14]

Einige von Charcots aus der Unterschicht stammenden Patientinnen wurden dann zu regelrechten Stars seiner öffentlichen Vorlesungen, ihre Bilder zu den Höhepunkten seiner Fotoalben. Blanche Wittman, die als Königin der Hysterikerinnen galt, und

Augustine, später Kultfigur der Surrealisten, gehörten zu den bekanntesten von ihnen. Blanche Wittman kam 1877 im Alter von fünfzehn Jahren in die Salpêtrière. Die Tochter eines Zimmermanns, der selbst in die Psychiatrie eingewiesen worden war, hatte als Wäscherin, Kürschnerlehrling und als Krankenschwester gearbeitet. Ihre Beschwerden – Konvulsionen und »nervöse Krisen« – traten zum ersten Mal auf, als der Kürschner versucht hatte, sie zu vergewaltigen. In der Salpêtrière erwies sich Wittman für die Hypnose so überaus empfänglich, daß von ihren »erstaunlichen kataleptischen, lethargischen und somnambulistischen Kunststücken in der gesamten westlichen medizinischen Welt en détail berichtet wurde«.[15] Sie wurde gemalt, vorgeführt und fotografiert und verbrachte den Rest ihres Lebens im Krankenhaus. Nach Charcots Tod wurde sie Labortechnikerin und schließlich Röntgenschwester. Noch auf dem Totenbett beharrte sie darauf, daß ihre Anfälle echt gewesen seien.

Augustine verbrachte nur fünf Jahre in der Salpêtrière, vom Oktober 1875, als sie fünfzehn und eine Hausangestellte war, bis zum September 1880 – während dieser Zeit wurde sie zur meistfotografierten aller hysterischen Patientinnen. Als Dreizehnjährige war sie vom Liebhaber ihrer Mutter vergewaltigt und dabei mit einem Messer bedroht worden; kurz danach begannen die Krampfanfälle, während deren sie sich einbildete, von wilden Hunden oder Ratten gebissen und von einem messerschwingenden Mann verfolgt zu werden. In der Klinik wurde sie nicht nur mit Medikamenten, Zwangsjacken und Isolation traktiert. Sie wurde auch mit Hypnose behandelt und stand Londe häufig Modell. Nach einer Reihe von Fluchtversuchen gelang es ihr, als Mann verkleidet zu entkommen.

Charcots Darstellungen hypnotisierter hysterischer Frauen inspirierten Romane und Theaterstücke, und diese prägten wiederum das allgemeine Verständnis der hysterischen Trance. Kunststudenten, die in den 1880er Jahren die Vorstellungen in der Salpêtrière besucht hatten, hypnotisierten ihre Modelle. »Der schlimmste aller Missetäter«, berichtete ein Zeitgenosse,

»war ein junger Kerl, der den Vorlesungen des verstorbenen Dr. Charcot über einen beträchtlichen Zeitraum hinweg beigewohnt hatte und der, statt sein neuerworbenes Wissen zu vergeuden, es nun ohne Unterschied auf alle möglichen Personen anwandte – gleich ob auf Modelle oder Kollegen. [...] Unser Amateur-Charcot fuhr mit den Experimenten fort und erkor sich schließlich als ›Versuchsperson‹ ein Mädchen von bezaubernder Statur [...], die weithin bekannte Élise Duval, Lieblingsmodell der Herren Gérôme und Benjamin Constant. [...] Eines Tages fiel sie zu Beginn einer Séance in einen Trancezustand, der vier Stunden andauerte und aus dem sie am Ende mehr tot als lebendig geweckt wurde.«[16] Gérômes Atelier blieb wegen des Skandals über einen Monat lang geschlossen.

Das Motiv des schutzlosen Modells, das in Trance fällt, um stundenlang in seiner Pose zu verharren, tauchte in George Du Mauriers Bestsellerroman *Trilby* (1894) wieder auf, der später um die Jahrhundertwende zum erfolgreichen Bühnenstück wurde. Das junge Modell Trilby leidet an quälender Migräne; sie wird durch die mesmeristische Behandlung des jüdischen Musikers Svengali geheilt und entwickelt sich unter seiner hypnotischen Therapie schließlich zu einer berühmten Sängerin. Von *Trilby* wurden im ersten Jahr mehr als zweihunderttausend Exemplare verkauft, das Buch erweckte die »Trilby-Manie«, eine unwiderstehliche Gier nach Fortsetzungen und Adaptionen. Die Bühnen- und Leinwandversionen unterstrichen Svengalis Judentum und dämonisierten zugleich den Mesmeristen; Trilby wurde zur Ikone der hysterischen Anfälligkeit und weiblichen Erotik.

Gerade zu Charcots Lebzeiten wurde Frauen mit diesen theatralischen Posen und fiktiven Figuren beigebracht, wie Hysterikerinnen auszusehen hatten. Die Vorstellungen fanden sozusagen in einem Spiegelkabinett statt, denn die Hysterikerinnen wurden von den Bildern der *grande hystérie* umgeben und angeleitet. Einige der Frauen aus der Salpêtrière entwickelten Symptome, die sich auf die Fotografie selbst bezogen; eine sechzehnjährige Näherin, Hortense, erkrankte an »Fotophobie«, einem durch das Blitzlicht ausgelösten Krampf mit Lähmung eines Auges – womit sie nichts anderes tat, als das Gesicht des Kameramanns nachzuahmen.[17] Bei Charcots Lieblingsmodell Augustine trat phasenweise Farbenblindheit auf, sie sah dann alles in Schwarzweiß. Tatsächlich scheint die »›Ikonographie‹ der Hysterie in ihrer Charcotschen Gestalt – mit all ihren lebhaft theatralischen Verrenkungen und Grimassen [...] – sowohl in bildlicher wie in verbaler Form so weit verbreitet gewesen zu sein, daß sie zu diesem historischen Zeitpunkt zu einem beherrschenden kulturellen Modell des wahnsinnigen Verhaltens wurde«.[18]

So brillant seine Arbeit sonst war: Charcot beging eine Reihe von Fehlern. Nach Ellenberger beschränkte er sich einerseits auf die komplexesten Formen der Hysterie und vereinfachte andererseits die Krankenberichte so lange, bis sie in sein Schema paßten. Seine Patienten interessierten ihn nur als Fälle. »Charcot machte praktisch nie selbst die Visiten; statt dessen empfing er seine Patientinnen im Untersuchungsraum der Klinik und ließ sich von seinen Studenten berichten, die sie zuvor auf der Abteilung untersucht hatten. Charcot kam es nie in den Sinn, daß seine Patientinnen auf ihren Stationen regelmäßig von Pfuschern aufgesucht und wiederholt magnetisiert wurden.«[19] Die Brüder Goncourt berichteten in ihrem Tagebuch, Charcot plaudere die persönlichen Geheimnisse seiner Patientinnen aus.

Angefangen hatte Charcot mit dem Vorhaben, eine objektive wissenschaftliche Forschung über Hysterie zu betreiben; zuletzt zwängte er all seine Patienten in ein starres Modell, eine Art theoretischen Käfig. Im überaus ansteckungsförderlichen Milieu der Klinik entwickelte die Hysterie eine enorme Suggestionskraft. Die Menschen kamen mit ihren psychosomatischen Konversions- und Streßsymptomen und anderen verhältnismäßig unmittelbaren emotionalen Reaktionen auf ihr hartes Leben. Charcot stellte ihnen die Diagnose; er legitimierte ihr Leid bis zu einem gewissen Grad; einigen verhalf er sogar zu einer spezifischen Berühmtheit. Aber ihre Würde und Hoffnung nahm er ihnen – mutete er ihnen doch allen dasselbe diagnostische Schema zu, steckte sie in Einzelarrest und verwandelte sie in chronisch und lebenslänglich Kranke. Allein durch die hypnotische Suggestion, schreibt Martha Noel Evans, wurden »die hysterischen Patientinnen zu iatrogenen Monstern«.[20]

Gegen Ende seines Lebens äußerte Charcot zunehmend Bedenken der Art, daß seine Theorien mangelhaft sein könnten und er den psychischen und sozialen Komponenten im Leben seiner Patientinnen mehr Aufmerksamkeit hätte schenken sollen. Zugleich veränderte sich Anfang der 1890er Jahre das vormals liberale, für Charcot ausgesprochen förderliche politische Klima in Frankreich zugunsten der Rechten. Nach seinem Tod im Jahre 1893 verblaßte Charcots Ruhm rasch. Das Reich der Hysterie, das Frankreich »eine einzige, glorreiche Generation lang [...] zum internationalen Zentrum der Hysterie-Industrie«[21] gemacht hatte, begann auseinanderzubrechen. Wissenschaftliche Rivalen Charcots wie Hippolyte Bernheim in Nancy fochten seine Theorien an, und einige seiner eigenen Assistenten gaben jetzt zu verstehen, er habe seine Patientinnen womöglich zu ihren Darbietungen angeleitet. In seinem Roman *Les Morticoles* von 1894 stellte Léon Daudet Charcot in der Figur des finsteren Arztes Foutange dar, der seine Patientinnen wie Marionetten manipuliert. Der Schweizer Neurologe Paul Dubois hielt zu Anfang des Jahrhunderts fest: in der Salpêtrière »sind alle Hysteriefälle einander ähnlich. Der Oberarzt oder die Assistenzärzte brauchen nur das Kommando zu geben, und schon führen sie sich auf wie Marionetten oder wie Zirkuspferde, wenn sie in einem fort die gewohnten Runden drehen.«[22]

Mit dem Jahr 1900 »war das Zeitalter Charcots und mit ihm die Belle Époque der französischen Hysterie endgültig vorbei«[23]; es hatte eine Gegenbewegung eingesetzt. Der deutsche Arzt Armin Steyerthal sagte voraus, es werde »binnen weniger Jahre der Begriff der Hysterie der Historie angehören«. Was Charcot Hysterie genannt hatte, sei »ein aus tausend Fäden gesponnenes Gewebe, kein morbus, sondern eine cohors morborum, eine bunte Schar der verschiedensten, aus allen Regionen der Pathologie zusammengesuchten Krankheitstypen, denen nichts gemeinsam ist als eben jene hysterischen Stigmata. Und diese sind nicht für eine einzige bestimmte Krankheit charakteristisch, sie finden sich überall da, wo Menschenleid besteht.«[24]

Ein Jahr später saß Charcots ehemaliger Schüler Joseph Babinski einer Tagung der Pariser Neurologischen Gesellschaft vor, die alle Hypothesen des Charcotschen Hysteriemodells systematisch zerlegte. In einem Artikel für eine medizinische Fachzeitschrift kündigte Babinski die »Auflösung der traditionellen Hysterie«[25] an. In den dreißiger Jahren wurde dann an den medizinischen Fakultäten Frankreichs nur eine einzige Doktorarbeit über hysterische Störungen verfaßt.[26]

Sigmund Freud: die talking cure

Charcot verbreitete die Vorstellung, Hysterie sei eine einheitliche organische Krankheit; Sigmund Freud, der 1885 und 1886 an der Salpêtrière studiert hatte, definierte sie als Neurose, die durch Verdrängung und sexuelle Konflikte und Phantasien hervorgerufen werde. Freud wußte, daß sein intellektueller und beruflicher Werdegang nachhaltig durch Charcot beeinflußt worden war; hochbegabt und überaus gebildet, besaß Freud eine außergewöhnliche Fähigkeit, sich Thesen und Theorien anzueignen oder sie selbst aufzustellen. Unter den vielen Bewunderern und Schülern Charcots war Freud der einzige, der das Charisma und auch den Willen hatte, ein eigenes theoretisches System und eine Schule zu begründen. Kritiker monieren, er habe sich sogar »bewußt mit Moses und den prophetischen und messianischen Dimensionen seines Charakters identifiziert«.[27]

Wie Charcot war Freud ein Selbstdarsteller, der die Psychoanalyse durch seine Schriften und Vorlesungen in weiten Kreisen bekannt machte. Aber im Gegensatz zu Charcot, der die extravaganten, auffälligen Verhaltensweisen der *grande hystérie* behandelt und womöglich auch erschaffen hatte, wandte sich Freud den subtileren, unauffälligeren Symptomen der *petite hystérie* zu: Husten, Hinken, Kopfschmerzen, Verlust der Stimme – also den weniger dramatischen Konversionshysterien. In den 1890er Jahren, als Charcot den Zenit bereits überschritten und Freuds Karriere begonnen hatte, traf das Konzept der Hysterie auf die unbewußten Ängste und Phantasien des Fin de siècle – es blieb eine bis zum Ende unseres Jahrhunderts beispiellos explosive Mischung. Freuds Gedanken zur Hysterie sind in seinen Schriften verstreut, gehen aber hauptsächlich auf die 1890er zurück, als sie »sich zu großartigen Systemen, beeindruckenden Strukturen, atemberaubenden spekulativen Gedankensprüngen«[28] entwikkelten. Alle Deutungen der Hysterie, die im Lauf des zwanzigsten Jahrhunderts formuliert wurden, sind nur vor dem Hintergrund dieser Konzeptionen zu verstehen.

Mit seinem Kollegen Josef Breuer vollzog Freud den entscheidenden Schritt, den hysterischen Frauen tatsächlich zuzuhören und ihren Geschichten die größte Aufmerksamkeit zu widmen. In ihren ausführlichen *Studien über Hysterie* schlagen Freud und Breuer 1895 eine neue Erklärung für den Ursprung der Hysterie und neue therapeutische Behandlungsformen vor; sämtliche Hysterien, männliche wie weibliche, haben für sie traumatische Ursachen, wobei die Traumata nicht auf äußere Verletzungen zurückgehen oder in Erbschäden begründet sein müssen. Oft handelt es sich um beunruhigende und von den Kranken verdrängte sexuelle Erfahrungen – die aktuellen Symptome erklären sich durch einen Prozeß der Symbolisierung. Die ursprünglichen traumatischen Verletzungen müssen dem Kranken während eines »hypnoiden Zustandes«[29] zugefügt worden sein, in Momenten der Schmerzunempfindlichkeit oder während eines Tagtraums. Die betreffenden Erinnerungen sind daraufhin aus dem Bewußtsein verbannt und in körperliche Symptome verwandelt worden, in »Erinnerungssymbole«[30] oder physische Metaphern des verdrängten Traumas. Kann der Patient durch Hypnose seine Erinnerungen zusammen mit den zugehörigen Affekten gänzlich zurückgewinnen, dann werden, so Freud und Breuer, die Symptome verschwinden.

1880 glaubte Breuer die Beschwerden seiner ersten Patientin Bertha Pappenheim (1859–1936), von ihm »Anna O.« genannt, geheilt zu haben, und zwar durch eine Kombination von Hypnose und Analyse, dem sie den Namen *talking cure* gab. Nach Breuers Beschreibung war Anna O. »von bedeutender Intelligenz, erstaunlich scharfsinniger Kombination und scharfsichtiger Intuition; ein kräftiger Intellekt, der auch solide geistige Nahrung verdaut hätte und sie brauchte, nach Verlassen der Schule aber nicht erhielt«.[31] Obwohl sie ein »Mädchen von überfließender geistiger Vitalität« war, führte Anna O. »in der puritanisch gesinnten Familie ein höchst monotones Leben«.[32] Ihre hysterischen Konversionssymptome – unter anderem ein schwerer Husten, Kopfschmerzen, Kontrakturlähmungen des rechten Armes und Beines, Schlafwandeln und Stimmverlust – schienen zum Teil Ausdruck ihrer intellektuellen Frustration zu sein. In ausgedehnten Sitzungen, oft unter Hypnose, ließ Breuer sie über ihre Erinnerungen, Träume und Hoffnungen sprechen. Seine Aufmerksamkeit schien ihr gutzutun; die Therapie endete jedoch abrupt, als Anna O. halluzinierte, sie bringe Breuers Kind zur Welt. Sie war inzwischen schmerzmittelabhängig und verbrachte zwischen 1883 und 1887 etliche Monate in Sanatorien. In den neunziger Jahren engagierte sich Bertha Pappenheim für jüdische Immigranten aus Osteuropa und fand im feministischen Journalismus, in Politik und Philanthropie ein befriedigendes Betätigungsfeld.[33]

In seiner anfänglichen Arbeit mit Hysterikerinnen wandte Freud die Techniken an, die ihm seine Lehrer, insbesondere Charcot, vermittelt hatten. Durch Druck auf die »hysterogenen« Ovarialzone wollte er bei seinen Patientinnen hysterische Anfälle auslösen. Und wie Breuer setzte er Hypnose ein, um den Patientinnen zu helfen, ihre – wie er glaubte – vergessenen oder verdrängten Kindheitserinnerungen wiederzufinden. Diese Technik, die Freud später als »kathartische Methode« erläuterte, unterschied sich von der hypnotischen Suggestion und zielte auf die »Ausforschung des Kranken über die Entstehungsgeschichte seines Symptoms, die er im Wachzustand oft gar nicht oder nur sehr unvollkommen mitteilen konnte«.[34] Nicht anders als die Theoretiker der Neurasthenie führte Freud Symptome wie Erschöpfung, Verstopfung und Bettnässen auf Masturbation zurück. Unter dem Einfluß der Theorien eines exzentrischen Freundes, des Berliner Arztes Wilhelm Fließ, nahm er lange Jahre an, daß sexuelle Probleme von der Nase ausgingen.

Von zentraler Bedeutung für eine Heilung war nach Freuds Überzeugung, daß der Arzt die Erinnerungen auf ihre Ursprünge zurückführte. Im Jahre 1895, als er die siebenundzwanzigjährige Emma Eckstein wegen unklarer Beschwerden – unter anderem wegen Bauchschmerzen und unregelmäßiger Menstruation – behandelte, glaubte Freud ihre Hysterie zunächst durch Masturbation verursacht und verordnete eine Nasenoperation. Fließ nahm die Operation vor, verpfuschte sie jedoch, da er ein Stück Gaze in ihrer Nasenhöhle vergaß, das eine gefährliche postoperative Infektion auslöste. Inzwischen war Freud überzeugt, daß Emmas postoperative Beschwerden und Blutungen nichts weiter als hysterische Manifestationen seien. Als es nicht half, mit ihr über kindliche Masturbation zu sprechen, drängte Freud sie, andere »Erinnerungen« zu produzieren – schon bald berichtete sie ihm über sexuellen Mißbrauch, den sie mit acht Jahren erlitten habe, und erzählte sogar von ihrer Beschneidung, zu der es im Rahmen einer Teufelsbeschwörung gekommen sei.

1896 war Freud zu der Überzeugung gelangt, daß Hysterie durch die später verdrängte kindliche oder frühkindliche Erfahrung eines sexuellen Mißbrauchs verursacht werde; dieses frühe Hysteriemodell nannte er »Verführungstheorie«. Vor dem Wiener Verein für Psychiatrie und Neurologie gab Freud im April 1896 seine Ansichten zur Ätiologie der Hysterie in einem Vortrag bekannt, der auf den Erfahrungen mit achtzehn hysterischen Patienten und Patientinnen aufbaute. »Zugrunde jedes

Falles von Hysterie befinden sich«, sagte er, »durch die analytische Arbeit reproduzierbar, trotz des Dezennien umfassenden Zeitintervalls – *ein oder mehrere Erlebnisse von vorzeitiger sexueller Erfahrung*, die der frühesten Jugend angehören.«[35] Hysterische Symptome seien »*Abkömmlinge unbewußt wirkender Erinnerungen*«.[36] Im Dezember 1896 schreibt er Fließ, daß es seiner Ansicht nach zumeist die Väter sind, welche die Kinder verführen und mißbrauchen.[37]

Anders als Charcot, der starb, bevor er seine allzu grobe Theorie der Hysterie revidieren konnte, durchlief Freud mehrere Stadien. Ende 1897 opferte er die Verführungstheorie einem Konzept, das sich sehr viel mehr auf das Unbewußte der Patienten und auf ihre sexuellen und ödipalen Phantasien stützte. Freud stellte seine neue Theorie in einem anderen Brief an Fließ vor, in dem er auch Gründe dafür anführte, die ihn zwangen, seine Verführungshypothese zu widerrufen: Erstens war seiner Theorie kein therapeutischer Erfolg beschieden. Zweitens müsse es sonst unermeßlich viele Fälle von Kindesmißbrauch durch den Vater geben, da diese ja die Fälle von Hysterie quantitativ übertreffen mußten. Drittens könne bei Erzählungen, die dem Unbewußten entlockt werden mußten, niemand zwischen Wahrheit und Phantasie unterscheiden. Und schließlich wurde Mißbrauch nur dann – wenn auch delirant – erinnert, wenn seine Patienten unter Hypnose standen. Deshalb lautete Freuds folgenreiche Schlußfolgerung: Hysteriepatienten erinnern sich nicht an wahre Vorfälle inzestuösen Mißbrauchs; sie bringen vielmehr Phantasien zum Ausdruck, die auf ihre unbewußten ödipalen Wünsche zurückgehen.

Daß Freud die Verführungstheorie widerrufen hat, stand lange im Zentrum aller hitzigen Kontroversen um die Hysterie, die Psychoanalyse und die Persönlichkeit Freuds. Der Psychoanalytiker Jeffrey Masson war 1980 Projektleiter des Freud-Archivs: »Und so durfte ich mich nach Belieben in Maresfield Gardens umsehen, in jenem Haus, in dem Freud seine letzten Lebensjahre verbracht hat. Dort befindet sich Freuds imposante Bibliothek. Viele Bände, vor allem die aus den frühen Jahren, sind mit seinen Anmerkungen versehen.«[38] Masson machte hier eine Reihe von Entdeckungen, fand vor allem Briefe zum Thema der Verführung Minderjähriger und erkannte auch, wie dieses Material für Anna Freuds gekürzte Ausgabe der Korrespondenz zwischen Freud und Fließ systematisch ausgeschieden worden war. Masson untersuchte dieses Vertuschungsmanöver weiter, und im August 1981 berichtete die *New York Times* über seine Funde, was zum Eklat und zu Massons Entlassung aus dem Freud-Archiv führte.

Die zum Teil wütende Debatte um die Person Freuds hat allerdings niemals aufgehört. Freud sei ein gewöhnlicher Betrüger, beschuldigt ihn so manche Feministin. Daß Freud »die Töchter statt der Väter beschuldigte«, schrieb Judith Lewis Herman in ihrem Buch über Inzest zwischen Vätern und Töchtern, »war für ihn ungemein erleichternd, selbst wenn es ihn später zu dem öffentlichen Eingeständnis zwang, daß er sich geirrt hatte«.[39] Von seiner neuen Idee beflügelt, so hält sie ihm vor, habe Freud die Inzestwünsche der Eltern übersehen, was »bei den Jungen nicht viel ausmacht, schließlich werden sie, wie sich herausgestellt hat, nur selten von ihren Eltern belästigt. Aber für die Mädchen, die die Hauptopfer sind, macht es sehr viel aus.«[40]

Für Masson hat Freud sich zur eigenen Rechtfertigung sowie aus beruflichen Erwägungen von der Verführungstheorie abgewandt. »Doch indem er den Schwerpunkt von der wirklichen, von Trostlosigkeit, Elend und Grausamkeit geprägten Welt auf eine innere Bühne verlegte«, schrieb Masson, »auf der Schauspieler vor einem selbstgeschaffenen, unsichtbaren Publikum erfundene Dramen darstellen, markierte er den Beginn einer Entwicklung, die sich von der Realität entfernt hat« – vom wirklichen Leiden seiner Patientinnen – »und dadurch meines Erachtens Ursache für die Sterilität geworden ist, unter der die Psychoanalyse und die Psychiatrie heute weltweit leiden.«[41]

Viele andere Kritiker Freuds haben in jüngster Zeit überzeugend nachgewiesen, daß Freud seine Patienten zu Erzählungen genötigt hat, die mit seinen Theorien im Einklang standen. Mit anderen Worten: Freuds Patientinnen wurden von ihren Vätern nicht belästigt und phantasierten auch keine Beziehung zu ihnen. Statt dessen ersannen sie Geschichten, die an Freuds eigenen Hypothesen zur Hysterie orientiert waren. »Die Kranken wissen vor Anwendung der Analyse nichts von diesen Szenen«, räumte Freud ein.[42] Ihre »Reminiszenzen« an den Mißbrauch waren eine Reaktion auf die Andeutungen, Unterstellungen und Überzeugungsversuche des Arztes. Tatsächlich hätte Freud selbst zur Diagnose der Ursachen der Hysterie einen anderen Weg vorgezogen, »auf dem er sich von den Angaben der Kranken unabhängiger gewußt hätte«. Wenn die Erinnerungen des Patienten nicht auf die angenommene traumatische Verursachung hindeuteten, erklärte Freud, dann »sagen wir dem Kranken, dieses Erlebnis erkläre nichts, es müsse sich aber hinter ihm ein bedeutsameres, früheres Erlebnis verbergen, und lenken seine Aufmerksamkeit nach derselben Technik auf den Assoziationsfaden, welcher beide Erinnerungen, die aufgefundene und die aufzufindende verknüpft«.[43]

Freud tritt bei seiner Vernehmung hysterischer Frauen als hartnäckiger Inquisitor auf. In den *Studien über Hysterie* legte er dar, wie der Therapeut gegen die Verteidigungsmechanismen der Patientinnen ankämpfen muß, denn »die Aufgabe des Therapeuten bestand darin, diesen Assoziationswiderstand durch psychische Arbeit zu überwinden«.[44] Freud wies dann im März 1896 darauf hin, daß die auf diese Weise gewonnenen Geschichten gerade *deshalb* wahr sein mußten, *weil* die Behandelten sich nicht bewußt waren, sie zu erinnern, und darum stammelten oder weinten, wenn sie sie unter Hypnose beschrieben. Einen Monat später verwahrte er sich gegen die Unterstellung, daß »der Arzt dem Patienten derartige Reminiszenzen aufdränge«, und wies auf die »Uniformität« der Erzählungen hin.[45]

Die Briefe und Aufsätze Freuds aus dieser Zeit deuten allerdings darauf hin, daß er seinen Patienten tatsächlich Erinnerungen aufgedrängt und damit im Grunde Konfabulationen zutage gefördert hat: »Freud selbst gab den Rahmen der Verführungsszenarien vor, denen erst durch ›Indizien‹ Leben eingehaucht wurde, die von den verwirrten und eingeschüchterten Patientinnen geliefert wurden; deren augenfällige Qualen nahm er dann als Beweis der Richtigkeit seiner Konstruktionen«[46], schreibt Frederick Crews, und der englische Literaturprofessor Richard Webster fügt hinzu, daß sich Freuds Hypothesen mit der Rücknahme der Verführungstheorie zunehmend weniger auf tatsächliche Fakten gründeten: »Als Freud seine Verführungstheorie widerrief, hieß das nicht, daß er die wirkliche Welt menschlicher Empfindungen für eine unsichtbare Welt innerbiologischer Prozesse aufgab. [...] Vielmehr stand diese unsichtbare Welt am Ende fast völlig losgelöst von den Begrenzungen der empirischen Realität.«[47]

Wie sich diese Verlagerung auf innere, unsichtbare Dramen auswirkte, wird ersichtlich an Freuds Fallstudie über Ida Bauer oder »Dora«, die er im Jahre 1900 behandelte. Im Alter von achtzehn Jahren wurde Dora von ihrem Vater in Freuds Wiener Sprechzimmer gebracht; sie war eine intelligente junge Jüdin, die ihre Rolle der heiratsfähigen Tochter einer großbürgerlichen Familie als beklemmend empfand. Sie war die Wiener Variante zum neuen Frauentyp der 1890er: der Feministin, die ein höheres Ausbildungsniveau anstrebt und die Ehe zu vermeiden wünscht; aber gleichzeitig war sie dem wachsenden Antisemitismus der österreichischen Gesellschaft ausgesetzt. Freud lernte Doras Mutter nie kennen, hielt sie aber für einen Hausdrachen. Dora selbst hatte für das monotone Hausfrauendasein ihrer Mutter nur Verachtung übrig, doch wartete auf sie das gleiche Schicksal. Weder bei ihrer Mutter, »die sie durchaus zur Teilnahme an der Wirtschaft heranziehen wollte«[48], noch bei ihrem Vater fand Dora Unterstützung für ihre intellektuellen Interessen. Zwar war ihre Gouvernante »ein älteres, sehr belesenes Mädchen von freien Ansichten«[49], aber Dora fühlte sich von ihr vernachlässigt und unterstellte ihr, sie sei eigentlich nur in ihren, Doras, Vater verliebt. Deshalb veranlaßte sie ihre Entlassung, setzte ihre Lektüren selbständig fort und besuchte Vorlesungen für Frauen. Ihr älterer Bruder Otto verließ das Elternhaus, um zu studieren, und wurde später ein bekannter österreichischer Politiker.

Dora wurde von ihrem Vater wie sein persönlicher Besitz behandelt; sie hatte kein Recht auf eine Privatsphäre oder persönliche Freiheiten. Schon sechs Jahre hatte ihr Vater eine Affäre mit Frau K., deren Ehemann versucht hatte, die vierzehnjährige Dora zu verführen. Dora hatte das Gefühl, daß sie von ihrem Vater »Herrn K. ausgeliefert worden war«[50], und zwar im Tausch gegen dessen Schweigen zum Ehebruch. Angeblich über ihren depressiven Gemütszustand besorgt, nach Doras Überzeugung aber nur aus der Befürchtung heraus, verraten zu werden, übergab ihr Vater sie zur psychotherapeutischen Behandlung an Freud. Freud sollte Dora davon überzeugen, daß ihre genauen Wahrnehmungen nichts weiter als jugendliche Hirngespinste seien. Er beauftragte Freud in der Hoffnung auf Unterstützung bei seinem Vorhaben, »sie jetzt auf bessere Wege zu bringen«.[51]

Wie Jeffrey Masson feststellt, hatte Dora allen Grund zu einer ungewöhnlichen Erregung: »Sie hatte das Gefühl, man habe sich gegen sie verschworen – und es gab eine solche Verschwörung. Sie glaubte, belogen zu werden – und sie wurde belogen. Sie meinte, sie werde benutzt – und sie wurde benutzt.«[52] Daß Freud sie mit aller Entschlossenheit zur Hysterikerin stempeln wollte, konnte in den wenigen und vergleichsweise harmlosen Symptomen schwerlich seinen Grund haben; sie litt an chronischem Husten, Kopfschmerzen und Depressionen. Auch wenn Freud eingestand, daß bei Dora nicht mehr als eine *petite hystérie* vorlag, hielt er sie doch gerade wegen der Durchschnittlichkeit ihrer Symptome für das ideale psychoanalytische Objekt. Von Anfang an auf die Hysteriediagnose festgelegt, interpretierte er jedes Detail ihres Verhaltens und jede ihrer Äußerungen im Sinne seiner Theorie. Er erzählte ihr, daß sie sich in Wirklichkeit zu Herrn K. hingezogen fühle und in ihren Vater und in Freud selbst verliebt sei. Er ignorierte Doras untragbare familiäre Situation, und nach nur elf Wochen brach sie die Therapie ab.

Im Gegensatz zu den verarmten Arbeiterfrauen in der Salpêtrière, die Charcot in allem folgen mußten, was er von ihnen verlangte, war Dora durch ihre finanzielle und gesellschaftliche Situation in der Lage, sich gegen ihren Therapeuten zu wehren. Doch auch Dora konnte sich nicht behaupten. Sie war keine willige Mitspielerin und kollaborierte nicht mit Freud, aber es gelang ihr trotzdem nicht, ihre eigene Geschichte zu erzählen. Statt dessen wurde sie von Freud benutzt, um die Psychoanalyse, die sich gerade durchzusetzen begann, einer größeren Öffentlichkeit bekannt zu machen. Freuds Fallbericht »Bruchstück einer Hysterie-Analyse« wurde 1905 veröffentlicht und zur bislang berühmtesten Studie über eine Hysterika.

Heute glauben Analytiker vielfach, daß die Psychoanalyse nur in der Auseinandersetzung mit den Hysterikerinnen entstehen konnte: indem diese gegenüber ihren Ärzten eine starke Übertragung entwickelten und artikulierten, lieferten sie eine Vielzahl von Beispielen für Formen der Projektion und sexuelle Konflikte. Womöglich wäre »die Entdeckung der Psychoanalyse sehr stark behindert, verzögert oder sogar unmöglich gemacht worden, wenn die vorherrschende Neurose in der zweiten Hälfte des neunzehnten Jahrhunderts nicht die Hysterie gewesen wäre«[53], nahm Kurt Eissler an, und nach Juliet Mitchell muß das Verständnis der Psychoanalyse bei den Hysterikern anfangen: »Sie hätte sich nicht auf der Grundlage einer der anderen Neurosen oder Psychosen entwickeln können. Die Hysterie führte Freud zu dem, was am psychischen Apparat universal zu nennen ist, und sie führte ihn auf einem ganz bestimmten Wege dorthin – nämlich über die langwierige und zentrale Beschäftigung mit dem Unterschied der Geschlechter. [...] Die Frage der Geschlechterdifferenz – der Weiblichkeit und Männlichkeit – ist der Struktur dieser Krankheit eingeschrieben.«[54] Freud stützte sich bei seiner Konzeption der Hysterie allerdings auf kulturspezifische Annahmen über die männliche und die weibliche Identität. Hätte er eine Studie über Dorian statt über Dora geschrieben, sähe die Geschichte der Psychoanalyse wohl ganz anders aus.

Im allgemeinen unterscheiden Freudianer strikt zwischen hysterischen und psychosomatischen Symptomen. Wie Evans zusammenfaßt, ist Hysterie »primär eine pathologische Persönlichkeitsstruktur, die aus einem inneren psychischen Konflikt herrührt«.[55] Das Konversionssymptom der Hysterie ist eine Sonderform der symbolischen Somatisierung; es stellt eine Übertragung der Libido auf ein Organ dar, die einen verbotenen Wunsch und zugleich die gefürchteten Konsequenzen seiner Erfüllung ausdrückt. Ein ohne ersichtliche organische Ursache gelähmtes Bein ist für Freudianer ein hysterisches Symptom, Erektion und Kastration zugleich; hysterische Blindheit entspricht in diesem Modell gleichermaßen dem Wunsch, etwas Verbotenes anzusehen, und der Strafe für diese Übertretung. Migräne oder Bauchschmerzen können aber auch rein somatisch sein und ohne jeden Symbolwert. Wo Psychiater die Grenze zwischen hysterischen und psychosomatischen Beschwerden tatsächlich verlaufen lassen, ist für den Laien kaum nachvollziehbar; durch diese Abgrenzung wird aber die hysterische von der normalen Erfahrung unterschieden. Ohne weiteres würde wahrscheinlich jeder zugeben, schon einmal an psychosomatischen Beschwerden gelitten zu haben. Anders bei der Hysterie: denn statt sie im Spektrum der allgemein menschlichen Verhaltensformen zu lokalisieren, hat die Psychoanalyse sie als rätselhafte Abweichung stigmatisiert.

Wir nähern uns dem zweiten Jahrhundert Freuds, und sein Imperium scheint im Zerfall begriffen wie Charcots Imperium hundert Jahre früher. Während Freud lange Zeit im Mittelpunkt einer regelrechten Hagiographie stand, ist er inzwischen Gegenstand verschiedener »Pathographien«: seine neueren Biographen wetteifern geradezu um die dämonischste Lebensgeschichte mit den absonderlichsten manischen Details. Frederick Crews, der seine Karriere einst als psychoanalytischer Literaturwissenschaftler begann, nannte Freud »halsstarrig und opportunistisch« und erklärte die Psychoanalyse für wissenschaftlich so unhaltbar, daß sie nur noch »im Alltagswissen, in den Künsten und Geisteswissenschaften« überleben könne, »auf drei Gebieten also, auf denen fragwürdige, ehemals modische Konzeptionen unbehelligt von allen exakten Fragestellungen durchgespielt werden können«.[56] Richard Webster attestierte Freud 1995 einen »jüdischen Messiaskomplex«[57]; er habe die Fakten skrupellos verfälscht und seine Patienten geopfert.

Sowohl Crews als auch Webster machen Freud für die psychoanalytische Strömung der Wiedergewonnenen Erinnerung (*recovered memory movement)* verantwortlich. Im Herbst 1995 gab es einen so lautstarken Protest gegen eine von der Library of Congress geplante Freud-Ausstellung, daß sie auf unbestimmte Zeit verschoben werden mußte. Crews fand die Ausstellung »darauf angelegt, der in Bedrängung geratenen psychoanalytischen Praxis neue Anhänger zu schaffen«.[58] 1995, als die Psychoanalyse das hundertjährige Jubiläum der *Studien über Hysterie* beging, war die Polemik gegen Freud so scharf wie nie zuvor. Die Ideologie der Psychoanalyse werde die Jahrtausendwende ebensowenig überleben wie der Marxismus, hieß es unter anderem.

Natürlich gab es schon immer eine intellektuelle Kritik an Freud. Crews, Webster, Masson und andere mehr haben ihm allerdings denkbar wenig entgegenzusetzen. Crews ist nur polemisch. Für Webster sind praktisch alle psychischen Beschwerden organischen Ursprungs, jede Hysterie gehe daher grundsätzlich auf eine falsche Diagnose zurück. Gegen solche Angriffe von seiten der Wissenschaft und der journalistischen Kritik werden darum viele Künstler und Schriftsteller weiter an Freud festhalten: »Die meisten Leute zeigen eine freudförmige Höhlung in ihrem Verstand, die kein anderer Autor befriedigend auszufüllen vermag«, schrieb der englische Schriftsteller Sebastian Faulks. »Es wird lange dauern, um das von ihm erzeugte Meinungsklima zu ändern. Er bietet intellektuelle Anregung, literarischen Genuß und wunderbare Lösungen, und all das im Dienst der Heilung der Menschheit. Man könnte mit derselben Aussicht auf Erfolg versuchen, Gott oder den Weihnachtsmann abzuschaffen.«[59] Trotz aller Manöver war Freud, wie ich meine, immer auf der Suche nach Erkenntnis; dazu war er nötigenfalls bereit, seine Ideen zu revidieren und Selbstkritik zu üben. Die von ihm auf den Weg gebrachte Therapie hat sich seit den Tagen, an denen er seine hysterischen Patientinnen in Wien behandelte, dramatisch verändert – manche der heutigen Formen würde Freud vermutlich kaum wiedererkennen, geschweige denn gutheißen. Doch in ihrer Idealgestalt verschafft uns die Psychotherapie einen geschützten Raum, von dem aus wir unsere beunruhigendsten und unzugänglichsten Persönlichkeitsanteile untersuchen und auf diese Weise letztlich Verantwortung für uns selbst übernehmen können.

Jacques Lacan

Nach Freuds Tod im Jahre 1939 war der hoffnungsvollste Anwärter auf den Posten des Impresarios der Hysterie Jacques Lacan (1901–1981). Er gründete 1964 die École Freudienne de Paris. In seinen strukturalistischen bzw. poststrukturalistischen Relektüren Freuds interpretierte Lacan die Hysterie als linguistisches und kulturelles Phänomen sowie als Metapher für die Weiblichkeit und die Frau. Ähnlich wie das Paris der 1880er und das Wien der 1890er Jahre war Paris in den siebziger und achtziger Jahren unseres Jahrhunderts ein fruchtbarer Boden für psychoanalytische Leitfiguren und neue Hysterietheorien. In einer Untersuchung zu den politischen Aspekten der Psychoanalyse untersucht Sherry Turkle, wie die Psychoanalyse den Marxismus und andere radikale politische Bewegungen nach der Studentenrevolution von 1968 verdrängt oder sich angeeignet hat. Enttäuschte Intellektuelle kehrten der politischen Aktion den Rücken und wandten sich der philosophischen Reflexion zu.

»Seit 1968 finden Franzosen ihre Psychoanalytiker oft auf Posten, auf denen man früher einen Priester, einen Lehrer oder Arzt erwartet hätte«, schreibt Turkle. »Analytiker fanden sich nach den Ereignissen des Mai und Juni unversehens nicht mehr als Nebenfiguren, sondern plötzlich im Mittelpunkt des Geschehens wieder. Vielen Menschen bot nun die Psychoanalyse, die vormals als subversiv und fremdartig gegolten hatte, eine willkommene Lebenshilfe.«[60] Nach Ansicht seiner Biographin Elisabeth Roudinesco war Lacan Leitfigur und Erlöser einer ganzen Generation: »Wie Charcot an der Salpêtrière und Freud in der Wiener Gesellschaft, war Lacan nach 1969 der medizinische Ikonoklast einer Gesellschaft, die an ihren Symptomen, ihren Sitten und ihrer Modernität krankte.«[61]

»Seit den klinischen Vorlesungen Charcots ein Jahrhundert zuvor hatte kein führender französischer Arzt einen solchen Einfluß und ein solches Charisma besessen wie Jacques Lacan«, schrieb Evans.[62] Viele Kritiker und Anhänger Lacans haben gewisse Ähnlichkeiten mit Charcot hervorgehoben. Wie Charcot auch, war Lacan ein brillanter Theoretiker, ein charismatischer und innovativer Arzt und nicht zuletzt ein Ästhet und ein Kunstkenner, der Verbindungen mit den Surrealisten unterhielt. In den zwanziger Jahren begannen die französischen Surrealisten, sich die Hysterie als Modell für die avantgardistische Kunst anzueignen, als eine Sprache des Unbewußten und der Träume, die im Wissenschaftsbetrieb keinen Ort hat. 1928 begingen die Surrealisten den fünfzigsten Geburtstag der Hysterie, und Louis Aragon und André Breton erklärten sie zur »größten poetischen Entdeckung des neunzehnten Jahrhunderts«.[63]

Ab 1964 hielt Lacan jeden Mittwoch eine öffentliche Vorlesung in der École Normale Supérieure. Die feministische Autorin Catherine Clément besuchte sie regelmäßig. Nach ihrer Erinnerung »mußte man ziemlich zeitig dasein: eine Stunde früher, das reichte kaum, um noch einen Sitzplatz zu bekommen. [...] Der Saal war rasch überfüllt. Neben den Psychoanalytikern und den *normaliens* kamen – zuerst neugierig, dann schnell begeistert – auch Schauspieler und Schriftsteller. Mit jedem neuen Semester kamen neue Gesichter dazu.« In diesen Vorlesungen präsentierte Lacan seine Theorien und Fallstudien. »Daß ein Publikum anwesend ist«, notierte Clément, »verleiht dem Ereignis eine theatralische Atmosphäre. Etwas vom Geiste Charcots liegt in der Luft: man läßt die Hysterie Revue passieren, und diese bietet, während sie über die Bühne stolziert, kleine Erzählungen und Anekdoten feil.«[64]

An der École Freudienne saß Lacan einer ganzen Truppe eifriger Anhänger vor. Daneben behandelte er auch weiterhin Patienten. Er brachte seine eigenen komplexen Theorien zur Hysterie in Umlauf, und diese übten in der Folge einen enormen Einfluß auf das französische Geistesleben und insbesondere auf weibliche Analytiker aus. Lacan versuchte, die Psychoanalyse zu »hysterisieren«, was für ihn hieß, ihr die spielerische Leichtigkeit, Wildheit und den Zauber zurückzugeben, die sie zu Beginn des Jahrhunderts so aufregend gemacht hatten. Auf theoretischer Ebene gab Lacan der Hysterie einen Ehrenplatz im psychoanalytischen System. Für ihn waren Hysterie, Frauen, Weiblichkeit und *gender* unlösbar verbunden; die Hysterikerin war höchstwahrscheinlich eine Frau, die mit ihrer sexuellen Identität zu kämpfen hatte.

Aber Lacan machte sich nie in der Weise zum Verbündeten der Hysterikerinnen, wie das Charcot und Freud getan hatten. Er war der Star seiner eigenen Vorlesungen und keineswegs gewillt, hysterische Darstellerinnen neben sich ins Rampenlicht treten zu lassen. Obwohl seine Gedanken und sein Stil einen so ungeheuren Einfluß auf die französische Kultur und – mehr noch – auf die internationale wissenschaftliche Welt ausübten, standen Lacans Hermetik, die oft undurchdringliche Schwierigkeit seiner Schriften und seine persönliche Arroganz einer größeren Gefolgschaft im Wege, die er sonst ohne weiteres gewonnen hätte.

Die Gegenwart

Ob wir wollen oder nicht, wir leben im psychoanalytischen Jahrhundert. »Bei den Psycho-Wissenschaften suchen wir Unterstützung, wenn wir unsere Beziehungen führen, unsere Kinder erziehen, unsere Verbrecher verurteilen, unsere Kunstwerke deuten, unser Liebesleben vervollkommnen wollen oder nach einer Erklärung dafür suchen, warum wir unglücklich, depressiv, verängstigt oder erschöpft sind.«[65] In den USA hat die Zahl der Therapeuten in den letzten zwanzig Jahre deutlich zugenommen. In der Psychiatrie, für die ein Medizinstudium und eine Facharztausbildung erforderlich ist, kam es zwischen 1975 und 1990 nur zu einem relativ geringen Zuwachs, die Zahl der klinischen Psychologen hat sich dagegen fast verdreifacht; bei den im Krankenhaus angestellten Sozialpädagogen, Ehe- und Familienberatern war eine noch größere Steigerung zu beobachten.[66]

Die Expansion des therapeutischen Gesundheitswesens hat allerdings zu keinem Konsens über die Hysterie geführt. Ein Jahrhundert nach Charcot und Freud sind die Psychotherapeuten über die Funktionsweise der Hysterie noch immer uneins. Die vielen Kehrtwendungen bei der psychoanalytischen Konzeption der Hysterie sind vor allem – wenn überhaupt – für Psychoanalytiker von Interesse. Dennoch hat sich die Psychoanalyse das gesamte Jahrhundert hindurch um die Definition hysterischer Syndrome bemüht, und trotz aller Angriffe gegen Freud sind die von ihm behandelten Störungen in immer neuer Gestalt aufgetaucht. Ein modifiziertes Bild der ärztlichen Autorität prägt die Psychotherapie noch immer; und jedes der bestehenden hysterischen Syndrome hat unter den Therapeuten eigene Vertreter und Sprecher. Wie wir sehen werden, ist die Existenz solcher Autoritätsfiguren entscheidend am Auftreten moderner Hysterie-Epidemien beteiligt.

POLITIK, PATIENTINNEN UND FEMINISMUS

»Ohne den Rückhalt in einer politischen Bewegung«, schreibt Judith Lewis Herman, »konnte die Erforschung psychischer Traumata noch nie vorangetrieben werden.«[1] Seit über einem Jahrhundert bildet der Feminismus den politischen Kontext der Hysterie. In den achtziger und neunziger Jahren des letzten Jahrhunderts wurde sie in medizinischen Kreisen zum Tagesthema, als auch »die neue Frau« und die Krise der Geschlechterrollen in den Vereinigten Staaten und in Europa virulent wurden. Der Feminismus des Fin de siècle fiel zeitlich mit pseudowissenschaftlichen Überlegungen zur Rassendegeneration zusammen: Vertreter von Entartungstheorien glaubten, daß weiblicher Aktivismus – insbesondere der Kampf um die Zulassung zur Universität und um Berufstätigkeit – zu weniger Eheschließungen und letztlich zu sinkenden Geburtenraten führen würde. Die Frauen, so wurde beklagt, kümmerten sich um ihren Verstand, vernachlässigten und verfehlten aber ihre biologische Bestimmung. Konservative Kritiker erblickten darum im Feminismus nichts weiter als eine weibliche Form der Entartung; Ärzte betrachteten hysterische Frauen vielfach als verkappte Feministinnen, die wieder auf die traditionellen Rollenmuster eingeschworen werden mußten, Politiker beschimpften die Frauenrechtlerinnen als verkappte Hysterikerinnen, die ärztliche Behandlung brauchten, aber keine Rechte. Die neue Frau, schrieb ein englischer Journalist, »muß wissen, daß sie krank, zumindest aber hysterisch ist«.[2]

Die englische Öffentlichkeit der Jahrhundertwende verschmolz Hysterie, Feminismus und Politik. Frauen, die sich öffentlich für Frauenrechte einsetzten, wurden als »the shrieking sisterhood« (kreischende Schwesternschaft) verunglimpft. Den Ausdruck hatte die antifeministische Romanschriftstellerin Eliza Lynn Linton geprägt. Im gleichen Geist warnte 1910 Arnold Ward davor, den Frauen das Wahlrecht zu geben, denn dadurch würde »dieses hysterische Verhalten zum dauernden Bestandteil unseres öffentlichen Lebens«.[3] Auch in Österreich konnte man sich nur mit Hysterie erklären, daß Frauen erstmals dafür eintraten, den Beruf der Ärztin ergreifen zu können. Fritz Wittels, ein Wiener Zeitgenosse Freuds, erklärte: »Es ist ein Glück, daß wohl keine zur Medizin geht, die nicht ein bißchen Anlage zur Hysterie hat. [...] Wie hinter dem sozialen Elend die Tuberkulose und hinter dem sexuellen die Syphilis, so steht hinter der Frauenfrage die Hysterie.«[4]

Neue Frauen, Intellektuelle und Feministinnen wie Olive Schreiner, Eleanor Marx und Bertha Pappenheim waren die bekanntesten unter den Frauen in England und Österreich, denen Hysterie bescheinigt wurde. Auch amerikanische feministische Intellektuelle suchten Ärzte auf, so daß sich Norton Prince in Boston und Silas Weir Mitchell in Philadelphia auf die Behandlung von künstlerisch und literarisch ambitionierten Frauen spezialisieren konnten, die an rätselhaften Angstzuständen und Depressionen litten. Obwohl männliche Mediziner häufig selbst an Hysterie litten, machten sie das gehobene Ausbildungsniveau und den beruflichen Ehrgeiz der Frauen für ihre epidemisch verbreiteten Nervenkrankheiten verantwortlich: »Ich denke«, schrieb Mitchell 1888, »die ganze Frage hängt von dem alles entscheidenden Unterschied der Geschlechter ab. [...] Wenn die Frau mit dem Mann nach Rechten und Pflichten gleichgestellt zu sein wünscht, sät das zwangsläufig Zwietracht; denn ich bin der festen Überzeugung, daß keine noch so einschneidende Veränderung ihrer Erziehung oder ihrer Betätigungsfelder, mag sie auch über Generationen andauern, je ihre Eigenschaften wirklich verändern wird. Sie ist physiologisch vom Manne verschieden.«[5]

Ärzte diagnostizierten bei nervösen Beschwerden weiblicher Intellektueller und Feministinnen oft Neurasthenie: eine chronische Erschöpfung, die zuerst in den USA als »American Nervousness« (Amerikanische Nervosität) oder nervöse Erschöpfung identifiziert wurde. Ihre Herkunft kann bis in die 1870er

Jahre zurückverfolgt werden; damals behauptete der amerikanische Neurologe George M. Beard, die hohe Geschwindigkeit des Lebens gebildeter Männer und Frauen mit anspruchsvollen Berufen habe eine allgemeine geistige und körperliche Erschöpfung mit organischen Ursachen herbeigeführt, die für die diagnostischen Möglichkeiten des neunzehnten Jahrhunderts nicht faßbar waren. Wenig später tauchte die Neurasthenie in Europa auf und etablierte sich dort um die Jahrhundertwende als die Hysterie der Elite.

Frauen aus den besseren Schichten mochten schmeichelhaft Neurasthenikerinnen statt Hysterikerinnen genannt werden, doch unterschied sich weibliche Neurasthenie wieder grundlegend von ihrer männlichen Form. Die Ärzte benannten Unfruchtbarkeit, problematische Geburten, traumatische Erfahrungen, Erschöpfung und intellektuelle Überanstrengung als wichtigste Ursachen. Die Ruhe- und Mastkur nach Silas Weir Mitchell, die weiblichen Intellektuellen und Künstlerinnen in Amerika und England häufig verschrieben wurde, zwang die Patientin, sechs Wochen oder länger ohne jede Arbeit, Lektüre und Ablenkung im Bett zuzubringen und durch extrem fettreiche Ernährung kräftig zuzunehmen. Viele Frauen fühlten sich durch die Behandlung förmlich in den Wahnsinn getrieben, und tatsächlich entsprach es Mitchells therapeutischem Programm, daß die Therapie noch unangenehmer sein sollte als die eigentlichen Beschwerden, damit die Erkrankten das Bett von sich aus bald wieder verlassen wollten.

Die enge Assoziation von Feminismus und Hysterie hat ein ganzes Spektrum von Gründen. Im Feminismus ist häufig ein gewisser »sexueller Konservativismus«[6] zu beobachten, und auch er mag damit zu tun haben. Wie John Forrester und Lisa Appignanesi ausführen, engagierten sich viele Feministinnen des ausgehenden neunzehnten Jahrhunderts auch für gesellschaftliche Hygiene und Eugenik und versuchten, deren Enthaltsamkeitsideal und rigide Sexualmoral in die Praxis umzusetzen. Solcher Rigorismus verursachte bei diesen Frauen vermutlich einen

Konflikt, den sie tatsächlich durch Symptome wie Lähmung oder Stimmverlust äußerten.

Amerikanische Hysterikerinnen

Derselbe Wandel, der die Sexualmoral und die Rolle der Frau neu definierte, prägte auch die hysterischen Symptome und ihre Behandlung. 1994 untersuchte die Historikerin Elizabeth Lunbeck die Krankengeschichten des Psychopathic Hospital in Boston aus den ersten Jahrzehnten des zwanzigsten Jahrhunderts. Auch wenn hysterische Frauen nicht einmal 1 Prozent der Krankenhausklientel ausmachten, stellten sie doch 25 Prozent der Fälle des einzigen Arztes am Krankenhaus in der Schule Freuds, L. E. Emerson. Seine Fallstudien führen noch einmal drastisch vor Augen, wie Freud seine Patientinnen eingeschüchtert und vor allem genötigt haben muß, traumatische sexuelle Erlebnisse zu erinnern. Emerson »drängte die Frauen, ihre Erinnerungen [...] nach denjenigen unangenehmen sexuellen Erfahrungen zu durchforschen, die ihr Leiden erklären könnten, und er erwartete von den Frauen, diese Erinnerungen schnell zu finden und sogleich preiszugeben«.[7] Taten sie das nicht, warf er ihnen Verdrängung vor und ignorierte völlig, was sie zu sagen hatten. »Redet Unsinn«, beschwerte er sich über eine Patientin. Wenn er theoretisch von der Gefahr, seine Patientinnen zu beeinflussen, gewußt haben muß, zeigen seine Berichte doch jene »Mischung aus subtiler Suggestion und emotionalem Ansporn, die praktisch immer zu den gewünschten Aussagen führte«. Da viele seiner Patientinnen erschreckend wenig über Sexualität und sogar über die Menstruation wußten, sah Emerson Aufklärung als seine Pflicht an; »er setzte einer Frau nach der anderen auseinander, was Sexualität ist.«[8]

Die Frauen, die Emerson wegen ihrer Hysterie behandelte, waren in den meisten Fällen jung, unverheiratet und weiß. Etwa ein Drittel von ihnen gab an, als Kind sexuell bedrängt oder Opfer eines Inzests gewesen zu sein. Ein weiteres Drittel hatte mit Vorgesetzten oder dem Partner sexuelle Erfahrungen gemacht, die als Gewalt empfunden worden waren, auch wenn sie sich im Rahmen dessen bewegten, »was Männer und ihre Kultur als ›normale‹ Heterosexualität ansahen«.[9] Die übrigen Frauen hatten solche Angst vor der erwachsenen weiblichen Sexualität, daß sie auf ein Geschlechtsleben völlig verzichtet hatten, und das trotz einer ausgeprägten Sehnsucht nach Liebe und Ehe. »In einer Kultur, die den Männern sexuelle Aggressivität geradezu nahelegte und in der auch ganz offen eingegangene heterosexuelle Beziehungen mit dieser Aggression gesättigt waren, hatten Frauen oft Schwierigkeiten, eine klare Grenze zwischen Mißbrauch auf der einen Seite und einer gemeinsamen und aktiven Sexualität auf der anderen Seite zu ziehen.«[10] Psychiater zeigten wenig Verständnis für dieses *Gender*-Dilemma. Ihre eigene Tradition diktierte ihnen Verachtung gegenüber der hysterischen und tiefes Mißtrauen gegenüber der sexuell aktiven Frau. Darum, so schließt Lunbeck, dienten »im sich entwickelnden psychiatrischen Diskurs die Hypersexuelle und die Hysterikerin als emblematische Repräsentationen moderner Weiblichkeit und ihrer fehlgeschlagenen Möglichkeiten«.[11]

Feministinnen wehren sich

Wie gingen Ärztinnen und Psychiaterinnen mit epidemischer Hysterie um? Die feministische Kritik an der gängigen männlichen Behandlung der Hysterie ist mindestens ein Jahrhundert alt. Feministische Aktivistinnen stellten während der achtziger und neunziger Jahre des neunzehnten Jahrhunderts Charcot mit seiner Ausbeutung hysterischer Patientinnen in Frage. 1888 besuchte eine distinguierte russische Wissenschaftlerin, Madame S. V. Kowalewskaja, die Salpêtrière und bilanzierte vernichtend: »Charcot ist der Herrscher über dieses Königreich der Neurosen. Ihm begegnen hier alle mit einer Hochachtung, die an

Unterwürfigkeit grenzt.« Kowalewskaja war von seiner Behandlung der Frauen, und insbesondere der Sozialfälle, die jede Demütigung über sich ergehen lassen mußten, peinlich berührt: »Er verfährt mit ihnen auf höchst unhöfliche Art und Weise; es kommt ihm nie in den Sinn, daß sie Gefühle haben könnten. Er untersucht sie, hört ihnen die Brust ab, setzt ihr Leiden so gleichgültig dem Blick der Studenten aus, als wären es Puppen, und im Beisein der Studenten stellt er die Diagnose auf und formuliert, was in aller Regel eine sehr traurige Prognose ist, und zeigt sich nicht im mindesten darum besorgt, was es für die Frauen heißt, ihr eigenes Urteil anzuhören.«[12]

Auch manche Ärztin studierte bei Charcot die Hysterie – und diese Frauen gelangten gelegentlich zu sozialkritischen Beschreibungen des Ursprungs der Erkrankung in den besonders begrenzten Lebensumständen dieser Frauen. Georgette Déga zufolge wurden die Frauen erst durch ihre Lebensumstände und Erziehung anfällig für hysterische Störungen. Unabhängig von ihrer Klassenzugehörigkeit seien die Frauen, wie Déga in ihrer Doktorarbeit erklärte, alle »Novizinnen der Hysterie«, die man nachhaltig entmutigt habe, von ihren intellektuellen Fähigkeiten vollen Gebrauch zu machen, die man aber ermutigt habe, Emotionen und Gefühle zu kultivieren: »Diese weibliche Reaktion wird Sensibilität genannt und bei Frauen gefördert und gepriesen, auch wenn es sie psychisch aus dem Gleichgewicht bringt.«[13]

Als Angehörige einer verschwindend kleinen Gruppe von Medizinerinnen ohne institutionellen Rückhalt konnte Déga solche Einsichten nicht in ein wirkungsvolles und überzeugendes Programm umsetzen. Sie besaß weder Charcots Macht noch sein strategisches Durchsetzungsvermögen. So empfahl sie den Frauen kein breiteres Betätigungsfeld, vielmehr sollten die Mädchen Mathematik lernen und aufhören, Romane zu lesen. Déga offenbarte damit ihre eigene Unentschlossenheit: »Anstatt ihre eigene beträchtliche Schlagkraft und die ihrer Patientinnen nach außen hin für eine Veränderung einzusetzen, lenkt sie die Frauen in einem Akt der Umkehrung und der Selbstbestrafung zurück zu einem furchtbaren Zustand der Erstarrung, der tragische Ähnlichkeit mit dem kataleptischen Zustand eben jener Hysterikerinnen hat, die sie doch eigentlich heilen wollte.«[14]

Wesentlich erstaunlicher ist, daß noch im zwanzigsten Jahrhundert die ersten Schülerinnen Freuds – innovative und einflußreiche Psychoanalytikerinnen wie Karen Horney, Melanie Klein und Helene Deutsch – die Hysterie weitgehend ignorierten. In einer neueren Untersuchung findet Nancy Chodorow dafür einige Erklärungen. In den Vereinigten Staaten, in Großbritannien und den Niederlanden interviewte sie vierundvierzig Psychoanalytikerinnen, die im Zeitraum zwischen 1920 und 1945 ausgebildet worden waren.[15] Daß dem Lebenslauf dieser Analytikerinnen keinerlei feministisches Bewußtsein eingeschrieben war, war für sie anfangs unfaßlich. Die Befragten fanden es in keiner Weise bemerkenswert, daß in den Anfangsjahrzehnten der Psychoanalyse viele Frauen den Beruf der Analytikerin ergriffen hatten; daß unter den bedeutendsten Analytikern Frauen und Mütter waren, hatte in ihren Augen außerdem keine Bedeutung für die Disziplin selbst; sie hielten Weiblichkeit auch für keinen wesentlichen Aspekt ihres eigenen beruflichen Werdegangs; sie hatten kaum eine unterschiedliche Behandlung als Frauen erfahren oder bemerkt; sie bezogen psychoanalytische Theorien über Weiblichkeit oder Kastrationsangst weder auf ihre eigene Motivation noch auf ihre eigene Karriere.

Chodorow kam zu dem Schluß, daß die mangelnde Sensibilität der Analytikerinnen gegenüber allen Fragen des Geschlechts auf eine für ihre Generation spezifische Problematik zurückging. In ihrer Ausbildung waren die Themen der Geschlechterdifferenz oder der geschlechtsspezifischen Sexualität in keiner Weise privilegiert worden. Männer und Frauen stritten über die Theorie der Weiblichkeit, doch unterstreicht Chodorow, daß »die meisten Analytiker beiderlei Geschlechts ihr Augenmerk auf andere, herausragendere Gebiete [richteten] –

etwa auf die kulturelle und medizinische Kontroverse um Freuds Theorien des Unbewußten und der kindlichen Sexualität. In diesen Debatten standen sie eindeutig auf der Seite Freuds.« Im ganzen wurde den Analytikerinnen so manchem männlichen Vorurteil zum Trotz »eine nennenswerte Anerkennung zuteil«. Meist umgingen sie den Konflikt zwischen Mutterschaft und Berufsleben. »Für gewöhnlich heirateten sie mit Anfang Dreißig und hatten bis Ende Dreißig Kinder; selbst die häuslichsten unter ihnen heirateten nicht, bevor sie Ende Zwanzig waren. So waren ihre Karrieren bereits gefestigt, wenn sie mit den Aufgaben der Mutterschaft konfrontiert wurden.«[16] Nebenbei löste die Geburt von Kindern das Freudsche Dilemma auf pragmatische Art: »Freud sah kein Problem in der männlichen Identifikation einer Frau, sobald diese mit der Mutterschaft kombiniert war.«[17]

Analytikerin zu werden bedeutete für diese Frauen einen radikalen Bruch mit dem häuslichen Leben ihrer Mütter. Die Öffentlichkeit ihrer Arbeit war ihnen ausreichende Befriedigung ihrer feministischen Impulse. »Die gleichberechtigte Teilhabe am aufregenden Werdegang eines neuen Berufsstandes und die Begegnung mit der sozialistischen Genossenschaft prägte ihre Erfahrung der Arbeitswelt, die natürliche Mutterschaft und die gleichberechtigte, aber doch verschiedene Rolle als Ehefrau die Rollenerfahrung zu Hause. Sie nahmen die Arbeitsteilung im Haus, eine natürliche Mütterlichkeit und überhaupt die Geschlechtsunterschiede als gegeben und wünschenswert an.«[18] Chodorow schloß, daß ihre eigene Generation für feministische Belange in einer ganz neuen Weise sensibilisiert worden sei: »Die allgegenwärtige Kategorie des *gender*, der sozialen Geschlechtsidentität, konnte ich in ihren Lebensgeschichten einfach nicht wiederfinden, und so wurde mir allmählich bewußt, wie sehr meine Wahrnehmung und mein Denken davon geprägt worden sind, daß ich mit der Frauenbewegung aufgewachsen bin und die neuere Literatur der *Gender*-Theorie intensiv rezipiert habe.«[19]

Hysterie als weibliche Geschichte

Das akademische feministische Interesse an der Hysterie entstand zunächst aus den Versuchen, eine oder mehrere Geschichten der Frauen zu schreiben. Die Aneignung der polemischen Attribute, mit denen die weibliche Rebellion, die weibliche Abweichung stigmatisiert worden waren, wurde in der frühen Frauenrechtsbewegung zur beliebten Strategie. Auch wenn die Bezeichnung »Hysterie« (ähnlich wie »Hexerei«) seit jeher abwertend eingesetzt wurde, konnten die Autorinnen der weiblichen Geschichte, der »her-story«[20] der Hysterie den Begriff positiv wenden; es war eine Geschichte, die die kulturelle Konstruktion der hysterischen Symptome affirmierte und die Diagnose und Behandlung von Frauen besonders unterstrich. Die Hysterikerinnen des neunzehnten Jahrhunderts hatten keine öffentliche Stimme, um ihre ökonomische und sexuelle Ausbeutung auszusprechen; ihre Beschwerden – Stummheit, Paralyse, Abmagerung, spastische Anfälle – wirkten wie körperliche Metaphern für das Schweigen und die Unbeweglichkeit, für die Appetitlosigkeit und Hyperfemininität, die ihnen von ihren Gesellschaften auferlegt wurden.

Feministische Historikerinnen haben sich immer wieder besonders auf das Amerika und England des neunzehnten Jahrhunderts konzentriert. Das, was die Kulturhistorikerin Ann Douglas »Modekrankheiten« der Frau im letzten Jahrhundert nannte, waren viktorianische Formen hysterischer Beschwerden. 1973 löste Douglas eine lebhafte Diskussion darüber aus, inwieweit Ärzte zum Auftreten und Fortbestehen der Störungen beitrugen und aus welchen Gründen sie sich zu Komplizen der Krankheit machten. Aus Verachtung für ihre Patientinnen? Erfanden sie also womöglich besondere therapeutische Strafmaßnahmen, um den eigenen aggressiven Impulsen gegenüber der weiblichen Unzufriedenheit Ausdruck zu verleihen?

Aus einer mehr soziologischen Perspektive erblickten Feministinnen in der Hysterie das Produkt der Kontroversen und Konflikte, die sich im neunzehnten Jahrhundert um Geschlechterrollen und die weibliche Sexualität anlagerten. Wie die Historikerin Carroll Smith-Rosenberg ausführt, entkamen viele Amerikanerinnen der Wirklichkeit des Erwachsenenlebens, indem sie sich auf eine hysterische Erkrankung zurückzogen. Es mag die Diskrepanz zwischen einer behüteten Erziehung und den späteren häuslichen Pflichten gewesen sein, die »den gereizten Infantilismus und die narzißtische Selbstbehauptung der Hysterikerin zu einer notwendigen sozialen Alternative für solche Frauen machte, die sich um ihre versprochene gesellschaftliche Rolle betrogen fühlten und nicht die Kraft hatten, sich eine anspruchsvollere Rolle anzueignen«.[21] Soziologen wissen heute, daß Frauen viel eher als Männer medizinische und therapeutische Hilfe suchen. Sie dominieren daher auch in statistischen Untersuchungen zur Hysterie. Es gibt aber auch die Überlegung, daß sich das hysterische Potential einer Kultur spezifisch über die Frauen aktualisiert; Frauen seien seit langem von der Gesellschaft ermutigt worden, »den ›Symptompool‹ der Epoche auszuleben und eine unangemessene Diagnose zu akzeptieren«.[22]

Im Rückblick auf die feministische Forschung der siebziger Jahre stößt die Medizinhistorikerin Nancy Tomes auf einen grundsätzlichen Widerspruch:

»In diesen frühen Arbeiten rangen feministische Historikerinnen lange mit den Implikationen, die gegeben sein mußten, wenn die geistige Verfassung der Frauen als Protest gegen die Grenzen ihrer sozialen Geschlechtsidentität interpretiert wurde. Geisteskrankheit als eine Form des Protofeminismus aufzufassen war reizvoll. Die bekannten Fälle hochbegabter Frauen [...], die einen Nervenzusammenbruch erlitten hatten und sich nur erholen konnten, indem sie eine unkonventionelle Lebensführung durchsetzten, legten es nahe, Feminismus und Wahnsinn zusammenzudenken.«

Die Zuflucht zum Wahnsinn hatte allerdings einen hohen Preis, betont Tomes:

»Daß es so schwierig war, diese beiden Interpretationen des

weiblichen Wahnsinns miteinander in Einklang zu bringen, verankerte eine grundsätzliche Ambiguität in der feministischen Darstellung der Psychiatrie des neunzehnten Jahrhunderts und ihrer Behandlungsmethoden für Frauen.«[23]

Ich bin hysterisch, du bist hysterisch

Nach 1968 gingen feministische Intellektuelle in Frankreich über die historische Analyse hinaus und feierten die Hysterikerinnen des neunzehnten Jahrhunderts als Schwestern, Heldinnen und politische Märtyrerinnen. Die von Evans so genannte »hysterische Phase des französischen Feminismus« richtete ihre Aufmerksamkeit auf »die Hysterikerin als Repräsentantin der Weiblichkeit«.[24] Der französischen feministischen Bewegung, der auch zahlreiche Psychoanalytikerinnen angehörten, galt die Hysterie als Symbol dafür, wie Frauen innerhalb einer institutionalisierten Sprache, Kultur und Psychoanalyse zum Schweigen gebracht werden. Lacan hatte behauptet, das Sprechen der Frauen sei eher dem hysterischen als dem Herrendiskurs zuzurechnen. Lacan-Anhängerinnen schlugen vor, »direkt von dem durch Lacan beschriebenen Ort der Hysterikerin aus zu sprechen, [...] um die psychoanalytische Theorie von innen her zu befragen«.[25]

In den siebziger Jahren begriffen Hélène Cixous, Catherine Clément und andere französische Analytikerinnen Hysterie als politisches Problem. Ausgehend von der Lacanschen »Hysterisierung« der Psychoanalyse, gingen französische Feministinnen zur Hysterisierung des Feminismus über. »Daß die französischen Feministinnen den Ort der Frau in der psychoanalytischen Theorie nicht akzeptieren wollten«, trug, wie Evans schreibt, dazu bei, »ein verborgenes symbolisches System hysterischer Symptome freizulegen. Das Ziel der Feministinnen war es, diese verlorene Sprache wiederzuentdecken, die den Körper und das Denken der Frauen zum einen und die Frauen untereinander

ander zum anderen in Verbindung bringen könnte. Tatsächlich wurde im feministischen Versuch, eine weibliche Deszendenz zu etablieren, der Anspruch auf eine hysterische Muttersprache sichtbar.« Hysterie galt ihnen als semiotisches Phänomen, als weibliche Sprache mit »einem privilegierten Bezug zum Körper der Mutter«.[26]

Französische Theoretikerinnen des Feminismus wie Hélène Cixous, Luce Irigaray und Michèle Montrelay brachten das hysterische Verstummen und andere Symptome der Hysterikerin in Verbindung mit einer allgemein weiblichen Symbolik und Semiotik oder der infantilen wortlosen Artikulation. In *Le rire de la méduse* forderte Hélène Cixous 1975 eine revolutionäre Sprache, geschaffen von weiblichen Autorinnen, die den sprachlosen Diskurs der »großartigen Hysterikerinnen« in Worte fassen würde. Cixous identifizierte sich mit hysterischen Frauen: »Die Hysterikerinnen sind meine Schwestern«, schrieb sie eindringlich. »Ich bin, was Dora gewesen wäre, hätte die Geschichte der Frauen bereits begonnen.«[27]

Das Bild der Hysterie, das die französischen Feministinnen entwarfen, hatte einen unwiderstehlichen intellektuellen und emotionalen Reiz. Den Ursprung des hysterischen Diskurses nahmen sie in der präödipalen Phase der weiblichen Entwicklung an, in der die Mutter für die kleine Tochter das primäre Wunschobjekt darstellt. Insbesondere Julia Kristeva schreibt der präödipalen Phase sprachliche Eigentümlichkeiten wie Oralität, Rhythmus, Intonation und Geplapper zu. Für französische Feministinnen besetzt die Hysterikerin den Ort der weiblichen Abwesenheit im System der Sprache und Kultur, und es ist »das Schweigen der Frauen, ihr leerer Platz in den Repräsentationssystemen der Sprache und Logik, was sie als Hysterikerinnen definiert hat«.[28] Daher kann die schweigende oder nonverbale »Körpersprache« der Hysterie auch als eine Mutter-Sprache gesehen werden, die sich der patriarchalischen Kultur widersetzt.

Die »hysterische Phase des französischen Feminismus« kulminierte auf einem Treffen 1972 in Paris, als die Feministinnen skandierten: »Nous sommes toutes des hystériques!« (»Wir sind alle Hysterikerinnen!«) Ironischerweise waren sie in diesem Moment nahe daran, die Stereotypen von der gefühligen und irrationalen Frau selbst zu bestätigen, deren Tradition sie unterminieren wollten. Die Analytikerinnen unter ihnen bezahlten teuer für ihren Protest; viele von ihnen wurden von den Freud und Lacan verpflichteten Institutionen entlassen oder bestraft. Mit dem Anspruch auf die eigene Hysterie bahnt man sich nicht den schnellsten Weg zum beruflichen Erfolg.

Dora kehrt zurück

In *La jeune née* fragte Hélène Cixous so dramatisch wie rhetorisch: »Welche Frau ist nicht Dora?« Ein Jahrhundert nachdem Freud sie behandelt hatte, kehrte Dora als eine Kultfigur der Literaturwissenschaft und besonders der feministischen Kritik zurück – inzwischen auch als eine Art »Jedefrau«. Psychiater und Literaturwissenschaftler haben über Dora mehr als über jede andere Fallgeschichte geschrieben. Sie wurde zur Protagonistin von Theaterstücken und kehrte in Filmen über Freud wieder. Dora wurde eine Heilige im Pantheon der feministischen Märtyrerinnen. Als die berühmteste unter allen mit Freud assoziierten Frauen scheint sie für die Öffentlichkeit fast den Platz der Ehefrau Freuds einzunehmen. Dora ist wohl der einzige Name, der allen mit der Hysterie befaßten Feministinnen unmittelbar etwas sagt.

1985 gaben zwei Literaturwissenschaftler, Claire Kahane und Charles Bernheimer, *In Dora's Case* heraus, eine überaus erfolgreiche Anthologie feministischer literaturwissenschaftlicher Beiträge zu Freuds berühmter Studie. In der Einleitung schrieb Kahane, daß feministische Wissenschaftlerinnen »Dora« als »einen Urtext in der Geschichte der Frau, als Fragment einer zunehmend kritischen Auseinandersetzung um die Bedeutung der Geschlechterdifferenz und ihrer Auswirkungen auf die Repräsentation weiblichen Begehrens« lesen. Für feministische Poststrukturalistinnen wie Jacqueline Rose, Toril Moi und Jane Gallop, die in der Anthologie vertreten sind, seien »Freuds Interpretationsstrategien entscheidend dadurch geprägt, daß er mit dem Weiblichen und dessen Bezug zur Mutter nicht umgehen konnte«.[29] Sie unterstrichen Freuds Feindseligkeit gegen Dora und Doras Attraktivität für Männer und Frauen.

Was zeichnet diesen Fall aus, daß er die Feministinnen der achtziger Jahre so anhaltend beschäftigte? Bei ihrem Versuch, den »Kult um *Dora*« zu deuten, legt Mandy Merck nahe, daß die Feministinnen Dora rückwirkend *heilten* und dabei diejenigen Erinnerungen produzierten, die Freud nach ihrer Meinung vernachlässigt hat.[30] Rückblickend scheint es, als hätten diese Feministinnen die Hysterie umdefiniert, wenn nicht einfach verleugnet. Freud, der Wiener Gesellschaft, Herrn K. und Doras egoistischem Vater hängten sie die Schuld für Doras Symptome an. Mark Micale, ein »Neuer Hysterianer«, hält den Band *In Dora's Case* für eine Form der intellektuellen Rache, bei der die Kritikerinnen »Freud heute das antun, was Freud vor neunzig Jahren mit Dora getan hat«.[31] Mit dem Interesse an Dora wird Rache an Freud und seiner Ambivalenz geübt: »Den Fall Dora haben wir deshalb so ins Herz geschlossen, weil er jenen Freud, der uns die unerfreuliche Wahrheit über uns selbst eröffnet hat, selbst als traurigen, verirrten Neurotiker mit einer schmutzigen Phantasie zeigt.«[32]

Andererseits beleuchteten die feministischen Studien über die großen hysterischen Patientinnen auch den vormals unsichtbaren historischen und kulturellen Kontext der Fallstudien und wiesen zudem auf wichtige Beziehungen zwischen Hysterie, Psychoanalyse und Feminismus hin. In ihrer Arbeit über Anna O. kommt Dianne Hunter zu dem Schluß, daß Annas hysterische Sprachsymptome ausdrückten, wie sie kulturell zum Verstummen gebracht worden war, und daß ihre Hysterie aufgehoben war, sobald sie politisch aktiv wurde. Hysterie sei daher »eine sich selbst ablehnende Form des feministischen Diskurses, so daß der Körper bezeichnet, was die gesellschaftlichen Bedingungen sprachlich nicht auszudrücken erlauben«.[33] Vorgeschlagen wurde neben der *talking cure* auch eine *writing cure*: »Die Hysterie kann als Antwort einer Frau auf das System verstanden werden, in dem sie zum Schweigen genötigt, auf ein System, in dem ihre Subjektivität verleugnet und unsichtbar gehalten wird. Indem sie schreibt, wird eine Frau nicht nur zum Subjekt, sondern zu einem Subjekt, das Sichtbares produziert.«[34] Damit beharrte die feministische Literaturwissenschaft auf der Eigenverantwortung der Hysteriepatientinnen: auf ihrer Macht, ihre eigenen Geschichten zu erzählen.

Feministische Therapie, therapeutischer Feminismus

1985, als *In Dora's Case* und mein eigenes Buch *The Female Malady* erschienen, machte sich die feministische Therapiebewegung als neue Kraft in der psychotherapeutischen Gemeinschaft Nordamerikas und Englands geltend. *The Female Malady* schloß mit einer utopischen Affirmation: »Die größte Hoffnung für die Zukunft ist die feministische Therapiebewegung. In den siebziger Jahren schlossen sich die Frauen zum ersten Mal zusammen, um gleichermaßen die psychoanalytischen wie die medizinischen Kategorien der traditionellen Psychiatrie in Frage zu stellen und Alternativen wie eine feministische Psychotherapie, wie Frauen-Selbsthilfegruppen und politische Aktionen zu formulieren. [...] Die feministische Therapie ist für das künftige Verständnis von Frauen, Wahnsinn und Kultur wesentlich; sie ist zentraler Bestandteil einer neuen psychiatrischen Theorie und Praxis, die – indem sie Frauen autorisiert, ihnen Macht gibt – die reale Möglichkeit der Veränderung enthält.«[35]

Seit 1985 hat sich allerdings der Bereich der feministischen Therapie auf unvorhergesehene Weise verändert. Frauen, die zuvor nur eine – wenn auch lautstarke – Minderheit gestellt hatten, dominieren das Gebiet der Psychotherapie und Psychiatrie.

»Was will das Weib?« war Freuds berühmte Frage. »Wenn Freud heute noch lebte«, erwidert eine Therapeutin, »wäre er wohl davon überrascht, daß immer mehr Frauen den Beruf der Psychologin, Psychiaterin und Psychoanalytikerin ergreifen wollen.« Frauen stellten in den USA 1986 34,9 Prozent aller Psychiater unter fünfunddreißig Jahren. 1988 waren 47 Prozent aller Medizinstudenten, die sich auf Psychiatrie spezialisieren wollten, Frauen. Auch die psychologische Beratung kristallisiert sich als spezifisch weibliches Berufsfeld heraus.[36]

Wenn ein Beruf als weibliche Domäne gilt, steigen, so behaupten Soziologen, die Männer aus. Tatsächlich beobachten viele Therapeuten, daß ihr Berufszweig inzwischen einerseits überlaufen ist und andererseits weniger Ansehen genießt, was womöglich mit seiner »Feminisierung« zu tun hat. Der altmodisch autoritäre Nervenarzt in der Art eines gestrengen Charcot oder tyrannischen Freud ist durch einen sanfteren, zugänglicheren Typus ersetzt worden. Nicht als Autorität oder Übervater, vielmehr als tröstender Freund wird der Therapeut mittlerweile angesehen. Er soll die Erzählung des Patienten glauben, unterstützen und bekräftigen, einen sicheren Raum für seine Bekenntnisse schaffen und die Wahrheit oder Wirklichkeit seiner Behauptungen nicht in Frage stellen. Vor diesem Modell wird allerdings auch gewarnt: »Während die Techniken des Beziehungsmodells möglicherweise besser auf den heutigen Klienten zugeschnitten sind und im Vergleich zur klassischen Praxis vermutlich einfach die geeignetere Behandlungsmethode darstellten, kann man andererseits sagen, daß dieses Modell den beobachteten Verlust an therapeutischer Autorität schon durch seine Struktur verkörpert. Überdies werden sich Frauen verstärkt um Formen der Therapie bei anderen Frauen bemühen, die man geradezu als Verlängerungen der Mutterrolle bezeichnen kann«; zugleich »macht die zunehmende Wahrscheinlichkeit, bei einer weiblichen Therapeutin zu landen, die psychotherapeutische Sitzung für den potentiellen männlichen Klienten möglicherweise noch bedrohlicher«.[37]

Eine der weitreichendsten Errungenschaften der feministischen Therapie und der Frauenbewegung im allgemeinen ist der organisierte Protest gegen den Inzest und den sexuellen Mißbrauch von Kindern. Die Autorinnen Ellen Bass und Laura Davis schreiben die Diskussion um das Thema der Wiedergewonnenen Erinnerung an einen Mißbrauch den feministischen Anstrengungen zu: »Die Fortschritte der letzten zwanzig Jahre sind eine direkte Folge der in den siebziger Jahren erstarkten Frauenbewegung. Frauen sprachen erstmals offen über Vergewaltigung und Gewalt in der Familie, schrieben Bücher über die gesellschaftliche Unterstützung solcher Gewalt und bauten Frauenhäuser und Krisenzentren für Vergewaltigungsopfer auf. Gleichzeitig wandten sich innovative weibliche und männliche Kritiker und Forscher dem Thema des sexuellen Mißbrauchs von Kindern zu und arbeiteten Behandlungsmodelle aus.«[38] Im Mai 1977 brachte die Zeitschrift *MS* ihre Titelgeschichte »Inzest. Kindesmißbrauch fängt zu Hause an«. Fast zwei Jahrzehnte später beschreibt Ian Hacking die Vorgänge aus wissenschaftshistorischer Perspektive: »Der Begriff des Kindesmißbrauchs wurde so umgeformt, daß er ein ganzes Spektrum von Handlungen umfaßte, die noch nie zuvor als eine einzige Art von Verhalten zusammengefaßt worden waren. Einerseits bedeutete Inzest nunmehr jeden Typus von sexuellem Verhalten zwischen einem Erwachsenen und einem Kind innerhalb derselben Familie. Oder durch eine leichte Bedeutungsverschiebung: innerhalb der erweiterten amerikanischen Familie, zu der Babysitter und Ganztagspflegeeinrichtungen gehören. Andererseits deckte der Begriff des Kindesmißbrauchs ein ganzes Spektrum von Verhaltensweisen ab, die nun alle durch den Schrecken des Inzests gefärbt waren.«[39]

In der Vergangenheit wurden Inzest- und Mißbrauchserfahrungen aus Scham, aus Schuldgefühlen und Angst vor verständnislosen Reaktionen geheimgehalten; sie führten aber nicht zwangsläufig zu lebenslangen Traumen, schrieb Judith Lewis Herman 1981.[40] Andererseits kämpften die feministischen Therapeutinnen während der achtziger Jahre um die erweiterte Definition der Posttraumatischen Belastungsstörung (Posttraumatic Stress Disorder, PTSD), damit wiederholte und alltägliche Erfahrungen genauso einbezogen würden wie die »Konfrontation mit einem extrem traumatischen Ereignis«, wie das *Diagnostische und statistische Manual psychischer Störungen* eingrenzt.[41] Denn die traumatischen Erlebnisse von Frauen könnten auch chronisch, und sie könnten verborgen sein. »Mädchen und Frauen«, schreibt Laura S. Brown, »erleben *tatsächlich* die meisten Traumen im verborgenen. Es geschieht im Bett, dort, wo sie von Vätern und Stiefvätern, vom Onkel und älteren Bruder nachts belästigt werden; hinter den Fassaden einer Ehe oder Partnerschaft, wo Männer ihre Frauen oder Freundinnen schlagen oder auch vergewaltigen; auf dem Rücksitz von Autos, wo Frauen von ihren Freunden zum Sex gezwungen werden – erst Jahre später erfahren sie dann, daß man so etwas Vergewaltigung nennen kann; in den Behandlungszimmern von Ärzten und Therapeuten, die ihre Patientinnen sexuell ausbeuten, weil sie sich in ihrer Stellung unangreifbar fühlen können.«[42]

Brown gehört zu jenen feministischen Therapeutinnen, für die der Begriff des Traumas solche Fälle ebenso einschließen sollte wie etwa die sexuelle Belästigung am Arbeitsplatz. »Mit den ganz persönlichen, verschwiegenen und heimtückischen Traumen, auf die sich die feministische Analyse konzentriert«, werden allzuoft »die herrschende Kultur, ihre Beziehungsformen und Institutionen zugleich ausgedrückt und verewigt. Die feministische Analyse läßt uns verstehen, wie die permanente traumatische Bedrohung das Leben von Frauen und Mädchen aller Hautfarben [...], von Lesben und Schwulen, von armen und behinderten Menschen geprägt hat und wie sie dadurch nicht zum außergewöhnlichen Ereignis, vielmehr zu einem andauernden Hintergrundrauschen geworden ist, das unsere Gesellschaft geformt hat.«[43] Andere feministische Therapeutinnen gehen mit ihrer Definition des Traumas noch weiter. Sie wollen sie auf das »schleichende Trauma« ausdehnen, das heißt: auf die psychischen Auswirkungen eines gesellschaftlichen Klimas, das eine dauernde Angst vor sexuellen Übergriffen und vor Vergewaltigung erzeugt.[44] 1992 schrieb Carol Tavris: »In der Geschichte vom Opfer eines sexuellen Mißbrauchs kristallisieren sich viele der Ängste heraus, von denen die Gesellschaft ›in diesen unsicheren Zeiten‹ beherrscht wird: Diese Ängste kreisen um die Gefährdung der Kinder, die sich wandelnde Rolle der Frau und der sexuellen Normen. Wie ein Magnet zieht die Geschichte vom Mißbrauch all jene an, die sich leicht verletzt und belästigt fühlen.«[45]

Der feministische Versuch, die Hysterie neu zu denken, hatte einen signifikanten und segensreichen Einfluß auch auf die Literaturwissenschaft. Die Psychiatrie und Psychoanalyse hat er tatsächlich maßgeblich verändert. Doch sollte der Feminismus nicht jede Nachricht von Gewalt und Mißbrauch geradezu begrüßen. Frauen treten so grundsätzlich als Opfer in Erscheinung. Die Hysterie für die weibliche Geschichte anzueignen und ihre Opfer zu rehabilitieren war in den siebziger Jahren legitim und inspirierend: denn auch der Feminismus brauchte – wie alle Protestbewegungen – seine Märtyrer. Doch Doras Tage sind vorbei. Die heutigen Feministinnen brauchen nicht vergangene Märtyrer, sondern neue Vorbilder.

HYSTERISCHE MÄNNER

»Ein Fall von unkomplizierter Hysterie beim Manne«

In Philadelphia kam im Winter 1876 Robert Conolly, ein etwa dreißigjähriger, verheirateter, kinderloser Weißer mit einem ernsthaften Problem zu Weir Mitchell in die Sprechstunde: er hatte in letzter Zeit angefangen zu zittern, seine linke Hand und sein linker Arm waren verspannt und steif, er konnte seinen Beruf nicht mehr ausüben. Mitchell beschrieb Conolly in seinen Aufzeichnungen: »ein recht schmächtiger, bleicher Mann mit nervösem, unruhigem, ängstlichem Gesichtsausdruck. Er war ein ungewöhnlich feiner, vornehmer Mensch, sehr höflich und schüchtern, aber sichtlich intelligent. Es schmeichelte ihm, für einen ungewöhnlichen Fall gehalten zu werden.« Conollys Fallgeschichte war nicht weiter bemerkenswert. »Höflich«, »schüchtern« und »reserviert«, wie er war, hatte er auch keine organischen Leiden, keine Anästhesien, keine Sprachprobleme, Ohnmachtsanfälle oder traumatischen Erinnerungen. Das Schlimmste, an das er sich erinnern konnte, war seine aufgewühlte und bewegte Verfassung bei den Feierlichkeiten zum Heldengedenktag 1874.

Im Lauf der folgenden Monate besserten sich Conollys Beschwerden jedoch nicht. Alle Bemühungen seines Arztes, verschiedene medizinische Tests und diagnostische Anstrengungen blieben unfruchtbar, und sein Arm war jetzt auf einen eigentümlich schwingenden Bewegungsablauf eingeschränkt, der laut Mitchell »der gleichmäßigen, schnellen Bewegung eines Pendels so sehr ähnelte, daß ich mit einem meiner Assistenten einmal von einem ›Pendelspasmus‹ sprach. Die rhythmische Regelmäßigkeit war tatsächlich erstaunlich«, denn Mitchell und seine Assistenten konnten praktisch ihre Uhren danach stellen. Schließlich hörten die Pendelspasmen auf, Conolly vollführte mit dem Arm jetzt unwillkürliche Rotationsbewegungen. Eadweard Muybridge fotografierte ihn, aber keiner seiner zahllosen Ärzte konnte Conollys Beschwerden lindern. 1897 konnte ihm Hypnose vorübergehend Erleichterung verschaffen, er begann wieder zu arbeiten, erlitt aber schon nach wenigen Wochen einen Rückfall. Conolly starb 1904 und überließ seine Leiche aus Dankbarkeit Weir Mitchell, der eine Autopsie vornahm, aber keine organischen Leiden fand. Es handelte sich, schloß er, um einen »Fall von unkomplizierter Hysterie beim Manne«.[1]

In seinen Aufzeichnungen erwähnt Mitchell auch Conollys Beruf, ohne allerdings weiter darauf einzugehen: Conolly war Uhrgehäusemacher. Für Leser nach Freud ist es unmittelbar sinnfällig, daß sich Conolly in ein Uhrgehäuse verwandelt hatte und mit seinem Körper eben jene exakte Zeitmessung nachahmte, mit der er sein Leben zubrachte. Aber warum? War Conollys Abneigung gegen seine filigrane und eintönige Arbeit so groß und er selbst zugleich so völlig außerstande, dies auf andere Weise zu artikulieren, daß sein Körper das Dilemma einfach in den Symptomen sichtbar machte? Kleinverdiener des neunzehnten Jahrhunderts konnten kaum zugeben, daß sie ihre Arbeit haßten, da hatten derlei Beschwerden einen gewissen Nutzen. Conolly entwickelte eine Körpersprache, die dem Wunsch, seine Rolle lieber nicht zu spielen, einen genauen Ausdruck verlieh.

Mag sein, daß Mitchell Conollys Beweggründe verstand – schließlich ähnelten dessen Symptome denen der Kriegsneurose (*battle fatigue* oder *shell shock*), die er bei traumatisierten Soldaten des amerikanischen Sezessionskriegs beobachtet hatte –, aber in seinen Aufzeichnungen erwähnt er davon nichts. Allerdings war es schon gewagt, bei Conolly eine Hysterie zu diagnostizieren. Einen arbeitenden Amerikaner »hysterisch« zu nennen kam, das wußte Mitchell, einer rücksichtslosen Verletzung seiner männlichen Ehre gleich. Conolly selbst hat nie von der Diagnose erfahren, und Mitchell machte den Fall nie öffentlich. Der Fall Conolly verblieb mit Mitchells nachgelassenen Schriften in der Bibliothek des Medical College in Philadelphia. Mitchells weibliche Patienten – unter ihnen Charlotte Perkins Gilman, Edith Wharton und Jane Addams – sind wohlbekannt, Robert Conolly jedoch ist bis heute aus der Geschichte der Psychiatrie verschwunden.

Conolly ist keine Ausnahme; auch Charcots männliche Patienten sind namenlos geblieben. Dabei hatte Charcot bereits seit 1878 Material zur Hysterie bei Männern gesammelt. Er veröffentlichte im Lauf seines Lebens einundsechzig Berichte über Fälle männlicher Hysterie und hinterließ Notizen zu weiteren dreißig Fällen. Für die Konstruktion der Männlichkeit sind diese Fallstudien nicht weniger aufschlußreich als seine Studien über weibliche Hysterie für die der Weiblichkeit. Sie enthüllen »normative Präsentationen der Geschlechter und einen verschlüsselten Idealtyp von normaler und anormaler Maskulinität, die eine sozial-, kultur- und medizingeschichtliche Untersuchung lohnen«.[2] Charcots Nachfolger Pierre Marie ging sogar so weit zu behaupten: »Was Charcots Werk über Hysterie bestimmt, das, was nie vergehen und zukünftigen Medizinergenerationen als Richtschnur dienen wird, war sein Nachweis der Existenz von Hysterie beim Mann.«[3]

Bekanntlich behandelte auch Freud eine Reihe von männlichen Hysterikern, diese wurden jedoch nicht wie Dora zu mythischen Figuren. Die wenigen Aufsätze über hysterische Jungen und Männer, die während der 1880er und 1890er Jahre in englischen medizinischen Zeitschriften vorgestellt wurden, sind nie gesammelt oder nachgedruckt worden. In den USA muß man die Archive durchforschen, um die Geschichte der (zivilen) Hysteriker zu eruieren. Die kulturelle Verleugnung der männlichen Hysterie ist kein Zufall: Auch wenn die männliche Hysterie spätestens seit dem siebzehnten Jahrhundert klinisch bekannt ist, haben die Mediziner sie unter mehr oder weniger euphemistischen Diagnosen wie Neurasthenie, Hypochondrie, Phthisis, Neurospasie, Gehirnentzündung, Briquet-Syndrom, Kriegsneurose oder Posttraumatische Belastungsstörung versteckt.

Jahrhundertelang haben Ärzte geleugnet, daß Hysterie auch eine männliche Krankheit ist. Noch 1819 ließ der französische Arzt Jean-Baptiste Louyer-Villermay unzweideutig verlauten: »Ein Mann kann nicht hysterisch sein; er hat keine Gebärmutter.« Wer die Ursache der Hysterie im Uterus suchte, mußte davon ausgehen, daß Männer nicht hysterisch sein können. Die männlichen Genitalien wanderten nicht im Körper umher; sie waren fest an ihrem Platz verankert und deutlich sichtbar. Als Vesalius und andere Anatomen der Renaissance darlegten, daß auch der Uterus im Körper fest verankert sei, konzentrierten sich die medizinischen Theorien über Hysterie auf die wankelmütige, launenhafte, labile und gefühlsbetonte weibliche Persönlichkeit, auf das empfindliche weibliche Nervensystem sowie die zyklischen und krampfartigen Manifestationen weiblicher Geschlechtlichkeit. Echte Männer seien für Gefühle nicht empfänglich, glaubten viele Ärzte. Beim Mann, schrieb der viktorianische Facharzt Robert Brudenell Carter, »treten starke Empfindungen vergleichsweise selten und vereinzelt auf, es sei denn, unverzügliches und wirkungsvolles Handeln ist erfordert«.[4]

Bei solchen Vorgaben blieb den Ärzten des neunzehnten Jahrhunderts, nachdem sie allzuoft starke Empfindungen und andere Kennzeichen der Hysterie bei Männern festzustellen gezwungen waren, nichts anderes übrig, als ihre Patienten für unmännlich, verweiblicht oder homosexuell zu halten. Der englische Arzt Thomas Laycock registrierte in den 1840er Jahren zwar Fälle von Hysterie unter seinen männlichen Patienten, führte das Phänomen aber lieber auf einen Mangel an Männlichkeit zurück. Laycock beschrieb »fette, bleichgesichtige, weibisch aussehende Männer« mit »schlaffen, verkümmerten Hoden«.[5] »Werden Männer von eigentlichen hysterischen Zufällen (Globus hyst. etc) heimgesucht, – was allerdings vorkommt, – so sind es meist weibische (höflicher: weibliche) Männer«, stellte Ernst von Feuchtersleben 1847 fest.[6] »Man kann sich eine parfümierte und pomadisierte *femmelette* vorstellen, die an diesem bizarren Gebrechen leidet«, schrieb auch Charcots Assistent Émile Batault 1885, »daß aber ein robuster Arbeiter Nerven und *vapeurs* wie eine Dame der Gesellschaft haben soll, das ist zuviel!«[7] Die Assoziation mit einer möglichen Homosexualität stigmatisierte die männliche Hysterie noch stärker; männlichen Ärzten wurde es dadurch noch schwerer, sie zu diagnostizieren, und für männliche Patienten wurde es nahezu unmöglich, die Diagnose zu akzeptieren.

Die Hysterie der Angestellten

Ärzte haben sich besonders um eine unverfängliche Terminologie für die nervösen Störungen männlicher Mittelschichtsangehöriger bemüht. In den achtziger Jahren des neunzehnten Jahrhunderts wurde Neurasthenie zur bevorzugten Diagnose für Depressionen und Angst bei in Städten lebenden männlichen Intellektuellen und beruflich ambitionierten und überarbeiteten Geschäftsleuten. Nicht weniger als 10 Prozent von George Beards Neurastheniepatienten waren Ärzte. Beard führte die Epidemie auf die Industrialisierung der Städte, den beruflichen Konkurrenzkampf und einen ausgeprägten und verfeinerten Intellekt zurück. Seiner Ansicht nach wurden Männer in einfacheren oder in primitiven Kulturen – Buschmänner oder Sioux-Indianer – nicht wie Banker aus Boston oder New Yorker Anwälte Neurastheniker. Da Neurastheniker der gleichen gesellschaftlichen Schicht wie ihre Ärzte angehörten, zu einem hohen Prozentsatz Männer und sehr kooperativ waren, hatten sie einen höheren Status als hysterische Frauen, deren *belle indifférence* ein Klischee der medizinischen Fachliteratur war. Charcot notierte: »Die jungen Leute, die aus der Politechnik ausgetreten, z. B. zur Leitung einer Fabrik berufen werden, oder die sich ihren Kopf mit Combinationen von Zahlen und Ziffern zermartern, fallen häufig solchen nervösen Leiden zum Opfer. Wenn man eine grosse Verantwortung zu tragen hat, wenn man auf der Börse spielt, jeden Moment sein Vermögen auf's Spiel setzt, vor Sorge und Unruhe viele Nächte lang nicht schläft, kommt man leicht in einen derartigen Zustand.«[8] In London, gestand der englische Arzt Brian Donkin, wurde die Diagnose »oft bei Fällen angewandt, wo Hysterie wie ein Vorwurf erschiene«.[9] Donkin hatte sogar den Verdacht, daß der Neurasthenie bestimmte Überempfindlichkeiten zugrunde liegen könnten, insbesondere gegen Quecksilber.

Als Hauptursachen der männlichen Neurasthenie wurden Überarbeitung, sexuelle Exzesse, maßloser Ehrgeiz, eine sitzende Lebensweise und der Mißbrauch von Alkohol oder Drogen angesehen: »Da Männer normalerweise ein abwechslungsreicheres Leben führten als die meisten Frauen«, schreibt der Historiker F. S. Gosling, »und mit Karriere, Familie und sozialen Betätigungen innerhalb und außerhalb der häuslichen Sphäre beschäftigt waren, machten die Ärzte, was die Gründe für männliche Nervosität anging, feinere Unterschiede. Sie befragten die Männer auch eingehender über ihre Angewohnheiten und persönlichen Umstände, teils, weil sie Männer eher verborgener Laster verdächtigten, teils, weil die Besprechung intimer Angelegenheiten mit Vertreterinnen des anderen Geschlechts zu heikel erschien.«[10] Neurasthenischen Frauen wurde regelmäßig die Weir Mitchellsche Ruhe- oder Mastkur verschrieben, Männern nicht. Die Schulmedizin hat bei der Behandlung der Neurasthenie stets klar zwischen den Geschlechtern unterschieden; Frauen sollten immer durch Ruhe und Rückzug Heilung finden. Die weibliche Persönlichkeit, so das Argument der Ärzte, sei von Natur aus labil, unstet, rastlos; für Frauen sei es daher gesünder, wenn sie sich still verhielten. Andererseits sei es unmöglich, Männer ruhigzustellen, wie ein amerikanischer Neurologe feststellte: »Wir können Männer nicht ins Bett stecken und erwarten, daß sie dort bleiben. […] Männer nehmen die Ruhelage nicht lange gelassen hin.«[11]

Für Männer aus dem Bürgertum bestanden die bevorzugten Therapien folglich aus Reisen, Abenteuern und kräftiger Leibesertüchtigung. In Amerika wurden nicht nur prominente Patienten wie Teddy Roosevelt nach Dakota verschickt, um beim

Zureiten junger Pferde ihre nervösen Krisen zu kurieren. Leider kamen die Ärzte nicht auf die Idee, ihre fortschrittlichen Entdeckungen in der Behandlung von Neurasthenikern auch auf Frauen zu übertragen. Auch ihnen wäre das Reiten auf wilden Pferden vermutlich gut bekommen.

Klischeevorstellungen über die Neurasthenie bestimmen die Handlung eines in Amerika überaus erfolgreichen Films, Billy Crystals *City Slickers – Die Großstadthelden* von 1992. Drei Männer mittleren Alters, die in einer Vorstadt leben, leiden unter unbestimmten Depressionen, einer ausgeprägten Angst vor dem Älterwerden und tiefer Erschöpfung. Sie haben schon allerlei Sport- und Abenteuerurlaube hinter sich, aber auch das konnte ihrem Selbstbewußtsein und ihrer Lebensfreude bisher nicht auf die Beine helfen. »Ich bin verloren«, sagt einer der Männer zu seiner leidgeprüften Frau, die ihn zu einer letzten Reise – einem Viehtrieb – überredet, damit er »wieder lächeln kann«. Die Freunde ziehen gen Westen, und die körperlichen Anstrengungen, die Geburt eines Kalbes, die Begegnung mit Gefahr und Tod und einem echten Cowboy, von Jack Palance überaus männlich dargestellt, stellen die Hoffnung und vor allem die Männlichkeit wieder her. Die hier angespielte neue Männerbewegung mit ihrem Tribalismus und ihrer Trommelei schließt nahtlos an die frühen Abenteuerkuren an.

Vom »Eisenbahnrücken« zur männlichen Hysterie

In den achtziger Jahren des letzten Jahrhunderts beschrieben englische Ärzte zum erstenmal zahlreiche Fälle von »traumatic hysteria«, »traumatischer Hysterie«. Betroffen waren Männer, die nach Eisenbahnunfällen unter körperlichen und seelischen Beschwerden litten. John Eric Erichsen, der an der Universitätsklinik in London arbeitete, nahm körperliche Ursachen an und wollte die Symptome unter dem Namen *railway spine* (»Eisenbahnrücken«) zusammenfassen, Herbert Page hingegen, ein Arzt der Londoner Eisenbahngesellschaft, führte die Symptome auf eine posttraumatische Neurose zurück. In einer Studie führte er über zweihundert Fälle hysterischer Folgeerscheinungen von Eisenbahnunfällen an, bei denen die Fahrgäste einer Verletzung nur knapp entgangen waren und mit ansehen mußten, wie andere verwundet wurden oder starben.[12] Die meisten von Pages Patienten waren Frauen, aber Charcot, der sich mit seiner Theorie vertraut gemacht hatte, wandte sie auf Fälle männlicher traumatischer Hysterie an, die nach Industrieunfällen oder Verletzungen aufgetreten war. Die Angst allein, mutmaßte er, konnte schon hysterische Symptome verursachen.

Charcot hatte in seiner Privatpraxis Neurastheniker der Oberschicht behandelt, aber in der Salpêtrière, wo er 1882 eine kleine Männerabteilung eröffnete, gehörten seine Patienten durchweg den unteren Schichten an: die sechsundfünfzig Arbeiter waren in der Stadt oder auf dem Land beschäftigt, dazu kamen drei Bettler. Aufgrund seiner Erfahrungen lehnte er Beards Theorie ab, daß Neurasthenie ein Syndrom der Oberschicht sei. »Man denkt«, schreibt Charcot, »noch heutzutage, wenn man von männlicher Neurasthenie und Hysterie sprechen hört, fast ausschließlich an Angehörige der bevorzugten Stände, an Leute, welche durch die Cultur verweichlicht und durch ausschweifende Vergnügungen, angestrengte Geschäftsthätigkeit oder geistige Ueberarbeitung erschöpft sind.« Aber, fuhr er fort, man »darf ja nicht daran vergessen, dass die seelische Organisation dieser Menschen [der Arbeiterklasse] in ihren Grundlagen der unserigen gleicht, dass sie vielleicht mehr als andere dem erschütternden Einflusse peinlicher Gemüthsbewegungen, der Angst, welche den Kampf ums Dasein begleitet und der niederdrückenden Wirkung der übermässigen körperlichen Arbeit preisgegeben sind«. Tatsächlich litten arme und gesellschaftlich ausgegrenzte Männer sehr viel häufiger an Hysterie als erfolgreiche. »Wo baut eigentlich überall die Hysterie ihr Nest auf?« fragte Charcot rhetorisch und führte aus: »Ich habe sie Ihnen in letzter Zeit wiederholt in der Arbeiterclasse, bei Handwerkern gezeigt und habe gleich damals gesagt, dass man sie bei den Zerlumpten, Ausgestossenen, Bettlern und Landstreichern suchen muss. Ja, man müsste sogar in die Armenasyle, die Zuchthäuser selbst bis ins Bagno vordringen, um dort nach ihr zu fahnden.«[13]

Charcot wollte den Beweis führen, daß männliche Hysterie, von den Ursachen abgesehen, mit ihrer weiblichen Form identisch sei. Bei Männern wie bei Frauen seien die vier Stadien der *grande hystérie* zu beobachten. Tatsächlich hätten Männer sogar noch heftigere hysterische Anfälle, sie gebärdeten sich dabei noch athletischer, akrobatischer und wilder. Charcot unterstellte, daß die Verrenkungen während des Anfalls den Jungen und Männern natürlicher seien als den Frauen und nannte eine Phase des vierstufigen Hysterieanfalls »Clownismus« – Charcot war sein Leben lang vom Zirkus fasziniert. Die konvulsivischen Anfälle von Männern in der Salpêtrière waren spektakulär; ein begeisterter Arzt nannte sie »einen Sturm in der hysterischen Atmosphäre.«[14]

Bei der männlichen Hysterie, lehrte Charcot, seien erbliche Faktoren wirksam. Sein Schüler Déjerine versammelte die Faktoren: »Alkoholismus, Hysterie, Epilepsie, Wahnsinn, Selbstmord von Vater oder Großvater; Hysterie, Nervosität, Ekzentrizität, Verrücktheit bei der Mutter; Hysterie, Wahnsinn und Chorea bei den entfernteren Verwandten.«[15] Charcot betonte: »Sie werden, meine Herren, solche hereditäre Verhältnisse häufig bei hysterischen Männern finden [...]. Hysterie bei der Mutter bringt oft Hysterie im Sohne hervor.«[16] Und zuerst Charcot und dann Freud vertraten die Überzeugung, daß männliche Hysterie schwerwiegender, hartnäckiger und bedenklicher sei als ihre weibliche Form. »Einzigartiges Ding, diese männliche Hysterie«, schrieb Charcot 1887, »in dieser Hinsicht sehr verschieden von der der Frauen. Scheint sehr viel schwerwiegender zu sein und eine unendlich schwerwiegendere Prognose mit sich zu bringen.«[17]

Das physische Muster der Hysterie war für beide Geschlechter das gleiche, die emotionalen Muster wichen voneinander ab.

»Diese krankhafte Ausgelassenheit«, bemerkte Charcot, »die bei der weiblichen Hysterie thatsächlich vorkommt, aber von einzelnen Autoren mit Unrecht als constantes Merkmal der Neurose aufgefasst wird, ist auch kaum beim Manne vorzufinden. Die hysterischen Männer aus der Arbeiterclasse, die jetzt [...] die Pariser Spitalsabtheilungen geradezu erfüllen, sind fast immer düster, trübsinnig, gedrückt und muthlos.«[18] Seine Hysteriker zeigten nur selten besondere Gefühle, von Depressionen abgesehen, und in den Krankenakten seiner Anstalt wird nur zweimal berichtet, daß Männer geweint hätten.[19] Im Grunde verhielten sich die Hysteriker aus der Arbeiterklasse nicht so, wie die Ärzte es erwarteten. Bei Hysterikerinnen könne man davon ausgehen, daß »die Symptome flüchtig und wechselvoll sind und der launenhafte Gang der Krankheit häufig durch die überraschendsten Verwandlungen unterbrochen wird«.[20] Wie Ruth Harris schreibt, tauchten »Furcht, Schock und Entsetzen« regelmäßig als mögliche Ursachen männlicher Hysterie auf, »Enttäuschung, Verlassen- oder Betrogenwerden« hingegen kaum«.[21]

Der Fall Mann

Fallstudien männlicher Hysteriker in der Salpêtrière geben lebhafte Beschreibungen der *grande hystérie* und präsentieren interessante, gelegentlich auch bizarre Charaktere. Und doch tat Charcot für seine männlichen Patienten nicht das, was Freud für Dora tat. Unser Bild der Patienten müssen wir uns aus verschiedenen Quellen, unter anderem den Berichten der Assistenten Charcots, zusammensetzen. Gui... zum Beispiel war ein siebenundzwanzigjähriger Schlosser, der im Februar 1884 in die Klinik eingewiesen wurde, weil er unter Alpträumen, extremen Angstzuständen und konvulsivischen Anfällen litt. Charcot entdeckte in Gui...s rechtem Hoden eine »hysterogene Zone«. Wenn man sie drückte oder kniff, konnte man die Anfälle einleiten oder beenden, die von Charcot beschrieben wurden:

»Die Anfälle [...] werden jedesmal von einer sehr deutlichen, schmerzhaften Auraempfindung eingeleitet, welche vom rechten Hoden ausgeht, gegen das Epigastrium und die Herzgrube und dann zum Halse aufsteigt, wo sie eine heftige Zusammenschnürung bedingt, und endlich den Kopf erreicht, wo ein Pfeifen in den Ohren, besonders im rechten, und Klopfen in den Schläfen, vorwiegend auf der rechten Seite, zu Stande kommt. Darauf verliert der Kranke gänzlich das Bewusstsein und die epileptoide Periode beginnt. Zuerst wird der Tremor der rechten Hand heftiger und beschleunigt, dann stellen sich die Augen nach oben, die Extremitäten werden ausgestreckt, die Hände zur Faust geballt und dann in äußerster Pronation [Einwärtsdrehung der Hand] verdreht. Durch eine krankhafte Zusammenziehung beider M. pectorales [Brustmuskeln] werden nun die Arme vor dem Abdomen aneinandergepresst. Darauf folgt die Periode der grossen Verdrehungen, welche besonders durch Grussbewegungen von ausserordentlicher Heftigkeit, zwischen denen allerlei regellose Gesten spielen, ausgezeichnet ist. Der Kranke zerbricht und zerreisst alles, was er mit seinen Händen erreichen kann, er nimmt die absonderlichsten Lagen und Stellungen ein, welche die von mir für diesen Theil der zweiten Periode vorgeschlagene Bezeichnung ›Clownismus‹ vollauf rechtfertigen. Von Zeit zu Zeit halten die oben beschriebenen Contorsionen einen Moment ein, um der so charakteristischen Bogen- oder Gewölbestellung Platz zu machen.«[22]

Batault nannte Gui...s Anfall »eine akrobatische Darbietung, so schön wie variantenreich«[23], und Albert Londe hielt sie fotografisch fest. Doch diese seltenen Fotografien eines männlichen Hysterikers sind deutlich anders als die von Augustine oder Blanche. In der Salpêtrière waren sich alle einig, daß Gui... ein »gutgebauter, kräftiger junger Mann«[24] war; auf den Fotografien sieht man ihn aus einiger Entfernung, sein Körper wirkt auffällig muskulös und beweglich. Er scheint anonym: Die Kamera ist nicht auf sein Gesicht gerichtet, und das Bild könnte genausogut in einer Turnhalle aufgenommen worden sein.

Charcots Fallstudien von männlichen Hysterikern erinnern an andere Geschichten und Erzählungen des ausgehenden neunzehnten Jahrhunderts und der beginnenden Moderne wie Joseph Conrads *Herz der Finsternis*, in dem ein Mann über einen anderen erzählt und Techniken wie Identifikation, Verdoppelung und Verleugnung einsetzt. Charcots Erzählstrukturen ähneln denen des zeitgenössischen französischen Naturalismus, insbesondere den Romanen von Zola. Wie Zola geht auch Charcot von Familiengeschichten aus, die durch Alkoholismus, Selbstmord, Verbrechen und Wahnsinn kompliziert werden. Charcot maß den seelischen und emotionalen Komponenten männlicher Hysterie kaum Bedeutung bei; aber er machte ständig literarische Anspielungen und setzte sprachliche Codes ein, um auf rhetorischer, metaphorischer und symbolischer Ebene Aussagen über seine männlichen Hysteriepatienten zu treffen.

Bei den Dienstagsvorlesungen führte Charcot seine Patientinnen mit ihren Vornamen und dem Anfangsbuchstaben des Nachnamens ein, oft auch mit weiblichen Pseudonymen wie Louise oder Augustine. Bei männlichen Patienten benutzte er eine verkürzte Version des Nachnamens. 1888 präsentierte Charcot einen Fall von »Hysterie und geistiger Entartung«: »Lap…sonne«, achtundvierzig, ein Mann, der als »wilder Mann« auf dem Jahrmarkt arbeitete. Charcot erkannte in ihm das Opfer eines ererbten Schicksals in der Größenordnung der griechischen Tragödie. Tatsächlich rief der Patient die Götter an: »›Worin haben wir gesündigt, Zeus, dass das Schicksal so schwer auf uns lastet.‹«[25]

Wie Freuds Dora ist Lap…sonne ein klassischer hysterischer Erzähler: »Wir haben uns jedoch durch wiederholtes Befragen des Kranken überzeugt, dass sein Gedächtnis höchst mangelhaft ist und dass er zeitlich ganz weit auseinander liegende Ereignisse auf's Geradewohl durcheinander wirft.«[26] Mit zwölf hatte er sich mit Typhus angesteckt, möglicherweise die Ursache einer leichten geistigen Behinderung. »Er hatte seit jeher einen Hang zur Landstreicherei. Er strich in der Umgegend herum und versäumte die Schule, so oft es ihm nur möglich war.« Nach einigen

Jahren Landstreicherei trat er im Alter von achtzehn Jahren in die Marine ein und diente dort sechs Jahre lang. Doch am Vorabend seiner Entlassung geriet er in eine Auseinandersetzung mit einem Offizier und wurde zum Tode verurteilt. Die Strafe wurde in zehn Jahre Zwangsarbeit umgewandelt, von denen er acht in Ketten in einem Sträflingslager in Algerien und zwei in Neukaledonien verbüßte.

Während dieser Zeit ließ Lap...sonne sich mehrfach tätowieren. »Sehen Sie«, wies Charcot seine Assistenten auf die Tätowierungen hin, »an der linken Seite der Brust trägt er ein phantastisches ›Ehrenkreuz‹. Am linken Vorderarm ist die Inschrift zu lesen: ›Tod den Häschern.‹ In der Mitte des Rumpfes, ein wenig oberhalb des Brustbeinfortsatzes, ist eine ganz züchtig bekleidete, weibliche Gestalt zu sehen, welche die ›Nacht‹ vorstellen soll. Warum es gerade die ›Nacht‹ ist, kann er bei bestem Willen nicht erklären. Am rechten Arme befindet sich die Zeichnung eines Mannes in ›Musketierkleidung‹, welche wohl den Gouverneur der Strafcolonie vorstellen soll. Etwas tiefer ist ein zweiter Mann ›in schottischem Costüm‹ gezeichnet. Ich könnte noch eine Reihe anderer Tätowirungen aufzählen, welche an den absonderlichsten Körperstellen angebracht sind. Die Mehrzahl derselben ist aber derartig, dass ihre blosse Beschreibung die Schamhaftigkeit gröblich verletzen würde, so dass ich sie lieber mit Stillschweigen übergehe.«[27]

Hinsichtlich männlicher Körper war Charcot offenbar prüder, als wenn es um die Körper seiner weiblichen Patienten ging. In einer Klinik, in der jede Geste der Patientinnen akribisch beschrieben, gezeichnet oder fotografiert wurde, machte niemand Bilder von Lap...sonne. Auch stellte Charcot keinerlei Spekulationen über den Zusammenhang zwischen Lap...sonnes gelähmtem rechtem Arm und dem darauf tätowierten Bild des Gefängnisaufsehers an. Lap...sonne hatte während seiner Haftzeit eine Körpersprache des Protests entwickelt, die Wut hatte sich buchstäblich in seine Haut eingeschrieben. Charcot wußte, daß die Tätowierungen eine Bedeutung enthielten (»dass die Untersuchung dieser Inschriften und merkwürdigen symbolischen Zeichnungen für uns Ärzte ein nicht geringes Interesse bietet und daher keineswegs zu verachten ist«[28]), aber sein Modell erlaubte ihm nicht, die Bilder mit der notwendigen Sorgfalt zu studieren.

Im Jahrzehnt nach seiner Entlassung schlug Lap…sonne sich nur mühsam auf den Pariser Straßen durch. Er sank tiefer und tiefer. Alpträume setzten ein, in denen er von blutrünstigen Bestien, besonders von Löwen, angegriffen wurde; einmal verletzte er sich selbst mit einem Messer, als er sich im Delirium verteidigen wollte. Weil er wegen der fortschreitenden Lähmung seines rechten Arms unfähig war, als Arbeiter seinen Lebensunterhalt zu verdienen, wurde er zunächst Wärter im Zoo und nahm dann, »da er die Absicht hatte, sich in seiner neuen Thätigkeit zu vervollkommnen«, bei einem Lehrer Unterricht in der Akrobatik. »Bei diesem Professor lernte unser Mann Säbel und brennendes Werg herabschlucken, Glasscherben essen etc. etc.«[29] Seine Haupteinkommensquelle bestand jedoch wieder darin, auf Pariser Jahrmärkten den »wilden Mann« zu spielen. In einen eisernen Käfig gesperrt, die Füße angekettet, von Kopf bis Fuß schwarz angemalt und unter einem Kopfputz aus Federn gab er seine Darbietung, zu der Charcot notierte: »Zum großen Gaudium der Bauernlümmel sah man ihn dort rohes Fleisch unter Gebrüll verschlingen. Er soll sich sogar bis zu lebenden Kaninchen verstiegen haben, doch scheint das nur eine Aufschneiderei von ihm zu sein.«[30] Im Laufe seines späteren Lebens, das immer elender wurde, setzten bei Lap…sonne dann krampfartige Anfälle ein.

Charcot glaubte, daß Lap…sonnes Probleme zu einem Gutteil auf »ein unstätes und vagabundierendes Leben, wobei er die niedrigsten Gewerbe ausübte«, in Verbindung mit Alkoholismus und einem allgemeinen Mangel an Selbstdisziplin zurückzuführen seien. Er empfahl Zwangseinweisung in eine geschlossene Anstalt: »Ich habe Ihnen ein unglückliches Geschöpf, ohne Verstand, ohne Gedächtnis und ohne Urtheilskraft vorgestellt.

Nebenher besteht vollkommene sittliche Haltlosigkeit und gesteigerte Reizbarkeit. So ist unserem Kranken der Stempel der psychischen Entartung im Sinne Morel's aufgeprägt. [...] Wir müssen nämlich trachten, unseren ›Wilden‹ in irgend ein Asyl unterzubringen, wo er dann weder sich selbst, noch anderen wird schädlich sein können.«[31] Dafür, daß Lap...sonnes Symptome eine Reaktion auf lebenslang erlittenes Unrecht, auf Armut und Enttäuschungen gewesen sein könnten, war in Charcots analytischem System kein Platz.

Vagabunden und Landstreicher

Auch wenn unter seinen Patienten nur wenige Schausteller waren, sind Charcots Fallstudien dieser Männer doch besonders eindrucksvoll. Als Ausreißer und Streuner erscheinen sie wie gesellschaftliche Entsprechungen jener nomadisch wandernden Gebärmutter, mit der die weibliche Hysterie traditionell in Verbindung gebracht wurde. Michèle Ouerd formulierte, daß die Arbeiterklasse von Paris selbst der wandernde Schoß der Stadt sei, der sich »oft konvulsivisch wie in der Kommune bewegte – und deswegen muß er unterdrückt, in seinen *faubourgs* kanalisiert und mit allen zur Verfügung stehenden Mitteln verarztet werden, mit einer hygienischen, prophylaktischen und psychiatrischen Medizin«.[32]

Wie Jan Goldstein überzeugend darlegt, hat Charcots Konzept der männlichen Hysterie die *Gender*-Erfahrung im späten neunzehnten Jahrhundert nicht berührt, da eine tiefe soziale Kluft Charcots männliche Patienten von ihren Ärzten trennte. »Während Hysterikerinnen auf allen gesellschaftlichen Ebenen gefunden werden konnten«, so heißt es in der Untersuchung, »waren männliche Hysteriker – zumindest die von Charcot als solche identifizierten – fast zwingend Angehörige der Arbeiterklasse oder einer arbeitslosen Unterschicht, soweit es Franzosen und Christen waren. Waren es Juden und Araber, dann konnten sie entweder der Mittelschicht oder der Arbeiterklasse entstammen. Mit anderen Worten: vom Standpunkt des männlichen bürgerlichen christlichen Arztes, der die Diagnose stellte, blieb der Hysteriker der ›andere‹, so radikal verschieden und vom eigenen Selbst ausgeschlossen wie die Hysterikerin.«[33]

Soldaten, »shell shock«, Kriegsneurose

Wie Charcots Bedeutung in den neunziger Jahren abnahm, so verliefen auch weitere Untersuchungen zur männlichen Hysterie im Sand. Der Erste Weltkrieg brachte ihre Symptome jedoch in Form einer großen Epidemie mit sich. In allen europäischen Ländern kehrten Soldaten und Offiziere hinkend, gelähmt, ohne Stimme, ohne Gedächtnis, mit entsetzlichen Kopfschmerzen, zermürbenden Schlafstörungen und seelischen Problemen aller Art aus den Schützengräben zurück. Als der englische Militärarzt Charles Myers diesen Symptomen 1914 bei britischen Soldaten in Frankreich erstmals begegnete, dachte er zunächst an Hysterie, wies den Gedanken aber sofort von sich: britische Soldaten konnten keine Hysteriker sein. Er erklärte die Symptome daher mit einer aus nächster Nähe erlebten Granatexplosion, und die Krankheit erhielt den Namen *shell shock*; im Deutschen wurde sie daneben auch »Kriegsneurose« genannt. Die Diagnose etablierte sich, auch wenn den Ärzten bald klar wurde, daß viele der Opfer nie unter direktem Beschuß gestanden hatten. Bis zum Ende des Krieges waren es 80 000 Männer, bei denen *shell shock* diagnostiziert wurde und die entsprechend medizinisch behandelt wurden.

Ihre Ärzte schienen Charcots Veröffentlichungen über männliche Hysteriker vergessen zu haben, aber die Kriegsneurotiker zeigten eine ähnliche Differenzierung nach Klassenzugehörigkeit. Offiziere litten eher unter seelischen Beschwerden, Angstzuständen, Depressionen, Schlaflosigkeit, Alpträumen. Typisch war hier der wagemutige Adlige, der im Internat und an der Universität die Codes männlicher Fühllosigkeit gelernt hatte. Der Held der Kriegsneurose ist gelassen, ein Offizier, der seine Gefühle stoisch unterdrückt, wenn es der Sache dient, und erst nach geschlagener Schlacht zusammenbricht.

Beim Fußvolk hingegen fanden die Ärzte reihenweise Konversionshysterien: Hinken, Paralysen, Kontrakturen. Das häufigste Symptom war Stummheit. Englische Boulevardblätter wie der *Evening Standard* nannten diese Soldaten bald »degeneriert«. Das Klassendenken war in militärischen Kreisen ausgeprägt, so daß Soldaten, die nicht kämpfen konnten, als »Bodensatz der Gesellschaft« galten. Für etliche militärische Befehlshaber war Kriegsneurose gleichbedeutend mit Feigheit und Simulation, sie plädierten deshalb dafür, die Patienten vors Kriegsgericht zu stellen und zu erschießen. Lewis Yealland, der im Queen Square Hospital in London Kriegsneurotiker behandelte, erklärte sie zu defätistischen Melancholikern. Mitfühlendere Ärzte nahmen an, daß der gemeine Soldat kindlicher und durch seine mangelhafte Bildung und das Milieu, in dem er lebte, weniger als sein Offizier geeignet sei, den Belastungen des Kampfes standzuhalten. Freudianer beharrten auf dem sexuellen oder familiären Ursprung der Kriegsneurose. Die latente Homosexualität der kämpfenden Männer komme durch das rein männliche Umfeld zum Ausbruch.

Psychiater jedoch, die während des Ersten Weltkriegs mit Kriegsneurotikern arbeiteten, erkannten, daß noch die mutigsten, intelligentesten und männlichsten Soldaten unter dem Druck ihrer Kriegserfahrungen zusammenbrechen konnten. Der britische Psychologe Cyril Burt schrieb 1935: »Es war vermutlich der Erste Weltkrieg, der die Künstlichkeit der Unterscheidung zwischen dem normalen Geist einerseits und seinen anormalen Zuständen andererseits am wirksamsten verdeutlichte. In den Lazaretten zeigte das Studium der sogenannten Kriegsneurose, daß Symptome, die ebenso schwerwiegend waren wie eine voll ausgebildete Psychose, aus einfachem Streß und Überlastung entstehen können und sich doch als mit psychotherapeutischen Mitteln schnell heilbar erweisen. Und so wurde es allmählich deutlich, daß vieles von dem, was als anormal angesehen worden war, auch im Geiste des Durchschnittsmenschen zu finden ist.«[34]

Interessanterweise trat die Kriegsneurose nach dem Waffenstillstand häufiger auf. In einem amerikanischen Kommentar hieß es: »Zu unserem Erstaunen hat die Mehrzahl der Neurosekranken, die heute in den Kliniken zu finden sind, erste Anzeichen der Neurose entweder erst bei der Heimkehr entwickelt, oder aber die Symptome verschlimmerten sich zu diesem Zeitpunkt.« Ein anderer Autor beschrieb die Schwierigkeiten der Männer, die von der Front ins Zivilleben zurückkehrten: »Bei der Heimkehr waren sie nicht mehr dieselben. Etwas in ihnen hatte sich verändert. Sie wurden von sonderbaren Launen und Wutausbrüchen heimgesucht, Zustände tiefer Depression wechselten ab mit rastloser Gier nach Vergnügungen. Viele ließen sich leicht zu Gefühlsausbrüchen hinreißen, in denen sie die Kontrolle über sich verloren, viele waren in ihren Worten bitter und in ihrem Denken erschreckend gewaltsam.«[35] 1929 beantragten etwa 114 600 entlassene Soldaten in Amerika Unterhaltszahlungen wegen Kriegsneurose und verwandten Erkrankungen. 1932 waren 36 Prozent der britischen Kriegsteilnehmer, die von der Regierung eine Behindertenrente erhielten, psychiatrische Fälle. 1942 waren in den USA 58 Prozent der in den Veteranenkrankenhäusern stationierten Patienten neuropsychiatrische Opfer des Ersten Weltkriegs.

Die Kriegsneurose breitete sich nach Kriegsende aber auch noch aus einem anderen Grund aus: Die Soldaten empfanden gegenüber der Regierung, die sie den entsetzlichen Erfahrungen ausgesetzt hatte, eine maßlose Wut, die sie während der Kampfhandlungen gegen den Feind hatten richten können. Nach der Heimkehr gab es »ein enormes Bedürfnis nach Fürsorge und Bestätigung, das gemischt war mit Feindseligkeit gegenüber einer Gesellschaft, die sie in die Position von Opfern versetzt hatte«.[36] Im Krieg konnten Heim und Familie idealisiert werden; aber zu

Hause mußten dann wieder die unspektakulären Alltagsprobleme bewältigt werden.

Wie Ärzte behaupteten, daß die weibliche Hysterie im zwanzigsten Jahrhundert ausgestorben sei, so beharrten sie nach dem Ersten Weltkrieg auf dem Verschwinden der Kriegsneurose. Mit ihrem feineren psychiatrischen Wissen, sagten die Ärzte, seien sie bestens gewappnet, um künftige Hysterie-Epidemien in den Schützengräben zu verhindern. Die Neurosen werden heute schon im Keime erstickt, brüstete sich der deutsche Professor der Psychiatrie Oswald Bumke in München; und ein anderer berichtete in Hamburg: »Im Zweiten Weltkrieg sind die hysterischen Ausweichreaktionen fast völlig verschwunden; es gab sie nicht mehr, weder an der Front noch im zivilen Hinterland.«[37] Zwei französische Ärzte wollten ein »Hinübergleiten der Konversionshysterie in die innere Pathologie«[38] beobachtet haben.

In den USA waren die Reaktionen gemischt. Im August 1943 verlor General George Patton beim Besuch amerikanischer Lazarette in Italien die Fassung. Er beschimpfte die Soldaten, die an Nervenkrankheiten litten, baute sich vor einem der Bettlägrigen auf und brüllte: »Du bist nichts als ein beschissener Feigling, du gelbes Arschloch. Du bist eine Schande für die Armee, und du gehst zurück an die Front zum Kämpfen, obwohl das viel zu gut für dich ist. Man sollte dich an die Wand stellen und abknallen. Eigentlich sollte ich dich auf der Stelle selbst abknallen, verdammt noch mal.« Patton zog tatsächlich die Waffe und schlug den weinenden Mann mit den Handschuhen ins Gesicht. Als er den Soldaten dann aus dem Bett riß, versuchten die entsetzten Ärzte, ihn aufzuhalten. In seinem Tagebuch vermerkte Patton: »Manchmal schlägt man ein Baby, um es zu sich zu bringen.«[39]

Ein paar Tage später begegnete er in einem anderen Feldlazarett dem Soldaten Charles Herman Kuhl. Kuhl erklärte, er könne den Krieg nicht mehr ertragen. Wutentbrannt schlug der General auf ihn ein. Später wurde entdeckt, daß Kuhl Malaria hatte, aber auch das gab Patton nicht zu denken. Wenig später drohte er dem Obergefreiten Paul G. Bennett, er werde ihn wegen Feigheit vor dem Feind erschießen lassen, obwohl Bennett hervorragende Leistungen im Einsatz vorweisen konnte. Präsident Eisenhower nannte Pattons Verhalten »verabscheuungswürdig« und verlangte, daß er sich bei den Soldaten und dem medizinischen Personal entschuldigte. Als Gegenleistung setzte Eisenhower allerdings zugleich die Presse unter Druck, den Vorfall unter den Teppich zu kehren. Dennoch gab es Presseberichte, und beinahe wäre Patton noch vor ein Kriegsgericht gestellt worden.

Bis zum Frühjahr 1943 behinderte die Militärzensur die Berichterstattung über die beobachteten Kriegsneurosen. 1944 gab es dann Stimmen aus Medizin und Journalismus, die passende Klischees entwickelten, um die unerfreulichen Psychoneurosen für die Öffentlichkeit angemessen aufzubereiten. Aus den neuropsychologischen Patienten wurden Helden. Jeder, vor allem aber auch harte Männer, die Kämpfe oder langwierige Schlachten gegen die Japaner oder die Deutschen in Europa und Nordafrika hinter sich hatten, konnte nun angesichts der Schrecken der modernen Kriegsführung zusammenbrechen. Ein fiktiver Bericht in der Zeitschrift *Life* von John Hersey über Narkoanalyse (die medikamentöse Freisetzung unterdrückter Affekte, etwa mit Natriumamytal) als Behandlungsmethode für Soldaten mit hysterischer Paralyse, eine insgesamt sensible Berichterstattung und nicht zuletzt John Hustons 1945 entstandener Film *Es werde Licht!* über die erfolgreiche Behandlung nervenkranker Soldaten in einem Lazarett trugen dazu bei, der Kriegsneurose eine gewisse Berechtigung zu verschaffen und die Effektivität der psychiatrischen Behandlung zu beglaubigen.[40]

Männliche Hysterie der Gegenwart

Krieg macht Menschen krank, und in den vergangenen fünfzig Jahren gab es ständig mehr Beweise für die psychoneurotischen Auswirkungen jedes Krieges. Sogar in Israel, wo sich alle Staatsbürger in der Armee für die militärische Verteidigung ihres Landes einsetzen, treten Kriegsneurosen häufig auf. In seinem Buch über die psychischen Folgen von Kampfhandlungen bei israelischen Soldaten schreibt Zahava Solomon, daß nach dem Libanonkrieg 1982 bei 23 Prozent aller israelischen Soldaten, die medizinische Hilfe in Anspruch nahmen, »Frontstreß« diagnostiziert wurde. Die Beschwerden setzten oft erst mit einer Verzögerung ein. »Frontstreß ist der Kulminationspunkt eines Ablaufs, bei dem das Individuum jedes Gefühl der Sicherheit und Kontrolle einbüßt und das ganze Ausmaß seiner Verletzlichkeit und existentiellen Hilflosigkeit erlebt.«[41]

Die Nachwirkungen des Vietnamkriegs bei den Kriegsteilnehmern wurden ausführlich dokumentiert. 15,2 Prozent aller in Vietnam eingesetzten männlichen Soldaten litten an der Posttraumatischen Belastungsstörung, weitere 11 Prozent entwickelten einzelne zum Krankheitsbild gehörige Beschwerden. Während des Krieges litten über ein Drittel der eingesetzten Männer und ein Viertel der Frauen an PTSD, die meisten Betroffenen gehörten der spanischsprachigen Minderheit der Hispanics an, gefolgt von Schwarzen, dann Weißen. Die Symptome traten oft nach einer »langen, scheinbar beschwerdefreien Zeit auf, selbst viele Jahre nach [...] dem Einsatz in Südostasien«.[42]

Auch Soldaten, die nicht an der Front gewesen waren, wurden krank. Ein Amerikaner erzählte seiner Frau und seinem Therapeuten, daß seine psychischen Probleme von traumatischen Erlebnissen in Vietnam herrührten. Er habe ein F-4-Kampfflugzeug geflogen, sei über dem Dschungel abgeschossen worden und von den Vietcong in einem Bambuskäfig gefangengehalten worden. Man diagnostizierte eine Posttraumatische Belastungsstörung. Die Behandlung seiner Depressionen und Schuldgefühle verlief erfolglos. Nachdem er durch Einatmen von Kohlenmonoxid Selbstmord verübt hatte, setzte seine Witwe sich dafür ein, daß sein Name in das staatliche Kriegerdenkmal eingemeißelt würde. Bei der Gelegenheit mußte sie dann feststellen, daß er nie in Vietnam gewesen war.[43]

Während des Zweiten Weltkriegs und auch noch in den fünfziger Jahren genoß die Psychoanalyse besonderes Ansehen. Heute gilt männliche Hysterie erneut als Widerspruch, jedenfalls aber als Beleidigung. Männliche wie weibliche Therapeuten sind mit der Diagnose Hysterie bei Männern sehr vorsichtig, selbst wenn es sich um ausgesprochene Bilderbuchfälle handelt. Die Ärztin Harriet Lerner beobachtete bei ihren Patienten »schwere hysterische Symptome«, darunter Konversionsreaktionen und Dissoziationsphänomene; es gab »männliche Patienten mit hysterischen Anfällen, sogar mit der Charcotschen Gewölbestellung des Rückens«. Trotzdem bestreitet Lerner, daß Männer hysterisch sein könnten, da sich bei ihnen weder die dramatische Emotionalität noch die theatralische Eitelkeit findet, die hysterischen Frauen zugeschrieben wird: »In diesen Individuen manifestiert sich im allgemeinen nicht die besondere kognitive Persönlichkeitsstruktur, die für das hysterische Individuum charakteristisch ist. Vor allem in Hinsicht auf die Persönlichkeit, den Charakter oder ›Stil‹ des Hysterikers ist der männliche Patient eine Seltenheit.«[44]

Wenn Männer mit hysterischen Symptomen dennoch emotional oder theatralisch agieren, müssen sie nach Meinung von Psychiatern homosexuell sein. Schon Freud hielt hysterische Männer für sexuell passiv.[45] Wilhelm Reich notierte, daß beim männlichen Hysteriker »femininer Gesichtsausdruck und feminines Gehaben«[46] auftreten. Und auch die feministische Historikerin Carroll Smith-Rosenberg fand: »Es ist eine Binsenwahrheit, daß Hysterie bei Männern am häufigsten unter Homosexuellen zu finden ist.«[47] Die jahrhundertealte Bagatellisierung des weiblichen und später feministischen Widerstands, der zur hysterischen Überreaktion erklärt wurde, setzt sich fort im Spott über Schwulenorganisationen und AIDS-Aktivisten. Im Dezember 1989, als in der St.-Patrick's-Kathedrale in New York für das Recht auf Abtreibung demonstriert und damit die Sonntagsmesse gestört wurde, kommentierte die *New York Times* prompt, daß »Hysteriker« der Debatte über Homosexualität, Abtreibung und AIDS keinen Gefallen täten.[48]

Die englische Therapeutin Jane Ussher berichtet, daß Kliniker die Bezeichnung »hysterisch« gerne auf schwule Männer anwenden, die sich mit AIDS auseinandersetzen müssen: »Während meiner eigenen Arbeit in AIDS-Kliniken, wo schwule Männer die Mehrheit der Klienten stellen, hörte ich, wie die gewöhnlich sehr seltene Diagnose Hysterie auf Männer angewendet wurde – auf Männer, die weinten und ihren Gefühlen freien Lauf ließen, ein Verhalten, das für inakzeptabel gehalten wird, weil es unserem Bild der Männlichkeit widerspricht. Aber war Weinen nicht angemessen, da diese Männer mit dem HI-Virus infiziert waren und viele mit dem Tod eines Partners umgehen mußten? Viele der Männer, mit denen ich arbeitete, wurden mir wegen ebendieses ›unangemessenen Affekts‹ zur psychologischen Behandlung überwiesen.«[49]

Aus den hier skizzierten Gründen wurde, so schreibt der französische Psychoanalytiker Lucien Israël, die Diagnose Hysterie »für den Mann (wie übrigens auch für manche Frau) geradezu ein Schimpfwort, ein Zeichen der Schwäche, mit einem Wort eine Kastration. Einem Mann zu sagen: Sie sind hysterisch, hieße demnach: Sie sind kein Mann.«[50] Wenn aber schon Therapeuten dem Thema der männlichen Hysterie ausweichen, wird es vermutlich für andere Teile der Gesellschaft noch schwieriger, sie zu akzeptieren und zu verstehen.

KULTUREN

HYSTERISCHE ERZÄHLUNGEN

Während Hysterie heute aus den medizinischen Institutionen verbannt ist, hat sie in der Literaturwissenschaft einen spezifischen Stellenwert gewonnen. In den vergangenen zehn Jahren ist die »hysterische Erzählung« zum poetologischen Begriff geworden. Sie ist am Kreuzungspunkt von psychoanalytischer Theorie, Erzähltheorie, feministischer Kritik und Medizingeschichte entstanden, wo Freuds Fallstudien und besonders der Dora-Text immer wieder enthusiastisch gelesen werden, wo aber auch schon lange bekannt ist, daß jede medizinische Praxis narrativ ist – die »Geschichte« des Arztes bestimmt Anamnese und Behandlung. Freud nannte es die Hauptaufgabe der Psychoanalyse, verdrängte Erinnerungen und Wünsche zu einem Handlungsfaden zusammenzufügen, der dann wieder vollständig in die Lebensgeschichte der Patientin integriert wird. Andere halten diese Art der Revision und der therapeutischen Manipulation für einen unerlaubten Eingriff. Die Romanautorin Fay Weldon, deren Ehe zerbrach, nachdem ihr Mann sich in Therapie begeben hatte, erklärte Therapeuten zu »gescheiterten Schriftstellern, die zu ihrer eigenen Befriedigung oder aus Geldgier das Leben echter Menschen zu schönen Mustern zurechtbiegen«.[1] Nicht nur Feministinnen haben unsere Aufmerksamkeit auf die Tatsache gelenkt, daß es grundsätzlich die Ärzte sind, die den medizinischen Diskurs dominieren – die Patienten sind gezwungen, ihre Geschichten nach den ärztlichen Vorstellungen zu modifizieren. Dem Bedeutungsverlust der Hysterie auf medizinischem Gebiet entspricht daher ihr Aufstieg als wichtiges narratives Phänomen.

Die literarische Geschichte der hysterischen Erzählung ist allerdings älter als Freud. Die französischen Ärzte des neunzehnten Jahrhunderts konstruierten ihre Fallstudien über hysterische Frauen nach den Konventionen des französischen Romans – ihr besonderes Augenmerk galt den Verführungsszenen –, und die

Schriftsteller benutzten medizinische Lehrbücher als Vorlage für die literarische Darstellung verführerischer oder unglücklicher Frauen. Gustave Flaubert, selbst der Sohn eines Arztes, entwarf 1855 sein Porträt der Emma Bovary nach der zeitgenössischen medizinischen Fachliteratur, und *Madame Bovary* bestimmte dann nicht nur viele nachfolgende Romane über weibliche Hysterie, sondern beeinflußte ihrerseits die medizinische Diagnostik und das Verhalten der Patientinnen. Charcots Assistent Charles Richet nannte Emma »die lebendigste, wahrhaftigste, leidenschaftlichste aller Hysterikerinnen«.[2] Journalisten entdeckten bald einen neuen Frauentypus: die romantische, überschwengliche, erotische Hysterikerin. »Man findet die Hysterie heutzutage überall«, schrieb ein Theaterkritiker. »Diese liebliche Verwirrung eines Backfischs, der unklare Sehnsucht fühlt und weint, ohne zu wissen warum: Hysterie. Das Liebessehnen der Frau von dreißig, die sich langweilt und träumt: Hysterie. Das wüste Treiben der Frau von vierzig, die sich in die Zukunft stürzt und dabei Erinnerungen verfolgt: Hysterie. Unsere Ärzte haben die Welt mit Hysterikerinnen bevölkert.«[3]

Um die Jahrhundertwende entstand dann aus der neuen literarischen Konvention der Hysterie eine Flut neuer Romane, Kurzgeschichten und Theaterstücke, die zum großen Teil von Männern verfaßt wurden. Französische Autorinnen schienen vom Thema Hysterie nicht sonderlich angetan. Die hysterische Belletristik wirkte zurück auf die medizinische Fachliteratur; zum Verfassen von Krankengeschichten benötigten Ärzte »eine regelrechte Poetik der Hysterie, die Geschlecht, Klassenzugehörigkeit, Sexualität und Erbmasse zum politisch gefärbten *plot* in das richtige Verhältnis setzte«.[4]

Auch in die englische Literatur des letzten Jahrhunderts drang die Hysterie vor. Tennyson dramatisierte sie in *Maud*; Wilkie Collins und Mary Elizabeth Braddon führten sie in den Kriminalroman ein; Charles Dickens verwendet das Motiv in *Eine Geschichte aus zwei Städten*; einer der Protagonisten, Alexandre Manette, leidet hier an einer psychischen Störung, die durch die

Kerkerhaft in der Bastille verursacht wurde. Persönlichkeitsspaltung in Robert Louis Stevensons *Dr. Jekyll und Mr. Hyde*, Mesmerismus in Du Mauriers *Trilby*, Nervenzusammenbrüche in Bram Stokers *Dracula* und Thomas Hardys *Im Dunkeln* nähren sich sämtlich von populären Vorstellungen der hysterischen Persönlichkeit. Claire Kahane hat frühe Romane der Moderne wie Henry James' *Die Damen aus Boston* von 1886 und Virginia Woolfs *Die Fahrt hinaus* von 1913 als hysterische Narrationen und Reaktionen auf die *Gender*-Krise um die Jahrhundertwende gedeutet. Zwischen dem Alptraum des kulturellen Untergangs und der begeisterten Erwartung der Zukunft fanden diese Schriftsteller literarische Ausdrucksformen, die zunächst hysterische Artikulationen ihrer eigenen labilen Geschlechtsidentität waren und später als Lehrsätze der modernen Literatur formalisiert wurden.[5] In den USA betrachteten Romanautoren Hysterie vor allem als ein Gebrechen weißer Frauen der Mittelschicht, aber auch als Zeichen einer besonderen Kultiviertheit und Weiblichkeit. In den neunziger Jahren des letzten Jahrhunderts litten amerikanische tragische Heldinnen gemischter Herkunft unter nervösen und hysterischen Beschwerden, die als Folge der Rassenmischung, aber auch als Ausdruck der weiblichen Empfindsamkeit präsentiert wurden.[6]

Zu dieser Zeit wandelte sich nicht nur der psychologische Begriff der Hysterie dramatisch, sondern auch die Struktur und Funktion des Romans. Zur selben Zeit, als Freud das Unbewußte erforschte, wurden die allwissenden Erzähler der realistischen viktorianischen Romane von unsicheren, befangenen Erzählern verdrängt. Der ruhig strömende englische Roman mit seiner epischen Breite kam 1894 an ein abruptes Ende, als die Leihbüchereien ihre Abonnements kündigten; konzentriertere moderne Formen wie der Detektivroman oder die Kurzgeschichte ersetzten ihn. Freud war von den psychologischen Subtexten dieser neuen literarischen Genres fasziniert, und seine Fallstudien sind literaturwissenschaftlich mit Geschichten von Conan Doyle oder Theaterstücken von Ibsen verglichen worden.

Literaten der letzten Jahrhundertwende sahen in der Hysterie eine Metapher für die Stimmung des Fin de siècle. Für konservative Kritiker war Hysterie das *mal du siècle*, ein deutliches Zeichen künstlerischer Entartung. Der österreichische Arzt und Journalist Max Nordau besuchte Charcots Vorlesungen und bezeichnete 1892 Hysterie als zentrales Motiv der Kunst der Avantgarde: »Der Arzt aber [...] erkennt in der fin-de-siècle-Stimmung, in den Richtungen der zeitgenössischen Kunst und Dichtung, in dem Wesen der Schöpfer mystischer, symbolischer, ›decadenter‹ Werke [...] auf den ersten Blick das Syndrom oder Gesamtbild [...] der Degeneration oder Entartung und der Hysterie, deren geringere Grade als Neurasthenie bezeichnet werden.«[7] Zu der Zeit, als Freud hysterische Erzählungen in Form seiner Fallstudien schrieb, assoziierte der Leser mit diesem Krankheitsbild bereits Verweichlichung, Verweiblichung und Verstellung. In *Entartung* greift Nordau die phantastischen Elemente der zeitgenössischen Literatur an: »Der Hysteriker lügt nicht bewußt. Er glaubt an die Wahrheit seiner tollsten Erfindungen. Die krankhafte Beweglichkeit seines Geistes, die übertrieben leichte Erregbarkeit seiner Einbildungskraft führt seinem Bewußtsein allerlei wunderliche und unsinnige Vorstellungen zu [...]. Eine Folge der Empfänglichkeit des Hysterikers für die Suggestion ist seine unwiderstehliche Nachahmungssucht und der Eifer, mit welchem er auf alle Eingebungen von Schriftstellern und Künstlern eingeht.«[8]

In Nordaus Gefolge vertraten dann viele Kritiker die Theorie, daß Hysterie eine Geisteskrankheit sei, die für jedes literarische Experiment verantwortlich zeichnete. Für männliche Traditionalisten war alles, was hysterische Erzählweise genannt wurde, unmännlich und inkohärent. So konnte der englische Kunstkritiker Walter Pater in einem Buch über Platon definieren, daß in der Kunst nur Männlichkeit zum Ziel, das heißt zu wahrer Schönheit führe; das Gegenteil davon sei Stückwerk – unvorhersehbar und hysterisch. Schriftstellerinnen wie George Egerton, Olive Schreiner, Victoria Cross, Charlotte Perkins Gilman,

Rachilde benutzten den Begriff Hysterie dagegen, um die Bewußtseinslage ihrer Heldinnen zu beschreiben, wenn diese ihre unterdrückten Sehnsüchte in sogenannten »Phantasien«, »Fragmenten« oder »Träumen« zum Ausdruck brachten.

Freud mag solche literarischen Texte vor Augen gehabt haben, als er seine erste vollständige Krankengeschichte, die den Fall von Elisabeth von R. beschreibt, mit der Bemerkung einleitete: »Es berührt mich selbst noch eigentümlich, daß die Krankengeschichten, die ich schreibe, wie Novellen zu lesen sind, und daß sie sozusagen des ernsten Gepräges der Wissenschaftlichkeit entbehren. Ich muß mich damit trösten, daß für dieses Ergebnis die Natur des Gegenstandes offenbar eher verantwortlich zu machen ist als meine Vorliebe; Lokaldiagnostik und elektrische Reaktionen kommen bei dem Studium der Hysterie eben nicht zur Geltung, während eine eingehende Darstellung der seelischen Vorgänge, wie man sie vom Dichter zu erhalten gewohnt ist, mir gestattet, bei Anwendung einiger weniger psychologischer Formeln doch eine Art von Einsicht in den Hergang einer Hysterie zu gewinnen.«[9]

Freud war überzeugt, daß die Art der Geschichten und nicht spezifische Neigungen ihrer Erzähler die Form bestimmen: Hysterikerinnen seien unfähig, glatt und exakt von sich selbst zu erzählen; Unterdrückung der eigenen Sexualität führe dazu, daß Tatsachen ausgelassen oder verzerrt oder ihre Abfolge geändert würde. Und diese Unfähigkeit einer geordneten Darstellung der Lebensgeschichte sei nicht nur charakteristisch für die Hysterikerin, sie sei vielmehr Inhalt der hysterischen Erkrankung selbst. Die Erzählungen hysterischer Mädchen seien »einem nicht schiffbaren Strom vergleichbar, dessen Bett bald durch Felsmassen verlegt, bald durch Sandbänke zerteilt und untief gemacht wird«. Sie mochten redselig über den einen Lebensabschnitt berichten, »dann folgte aber eine andere Periode, in der ihre Auskünfte seicht werden, Lücken und Rätsel lassen«.[10]

Sobald die Hysterikerin sich an das Verdrängte erinnere und eine »in sich konsequente, verständliche und lückenlose Krankengeschichte« überblicke, sei sie geheilt.[11] Daher sei es die Aufgabe des Arztes, die Geschichte für die Patientin zu redigieren oder neu zusammenzufügen. Freud war zuversichtlich, daß der Analytiker eine logische Erzählung rekonstruieren könne, gleichgültig, wie lücken- und fehlerhaft die Aussagen der Hysterikerin seien. »Hat man die verborgenen – oft unbewußt gebliebenen – Motive herausgefunden«, schrieb er, »und bringt sie in Rechnung, so bleibt auch an der hysterischen Gedankenverknüpfung nichts rätselhaft und regelwidrig.«[12]

Er verglich diesen Prozeß mit einer archäologischen Ausgrabung: Es »blieb mir nichts übrig, als dem Beispiel jener Forscher zu folgen, welche so glücklich sind, die unschätzbaren wenn auch verstümmelten Reste des Altertums aus langer Begrabenheit an den Tag zu bringen«.[13] In seinem Behandlungszimmer hatte Freud sich dann auch mit einer großen Sammlung beschädigter Altertümer umgeben, die illustrierten, wie er sich selbst sah: als einer, der verlorene Geschichten und zerbrochene Ichs sammelt und repariert.

Freud präzisierte seine Definition der hysterischen Erzählung in der Arbeit mit Dora. Während Breuer im früheren Fall der Anna O. Anmerkungen zur Zerstreutheit und Mehrsprachigkeit des hysterischen Sprechens gemacht hatte, lenkte Freud die Aufmerksamkeit auf die fragmentarische und diskontinuierliche Form der hysterischen Erzählung und die Verantwortung des Arztes, sie wieder zu einem kohärenten Ganzen zu ordnen. Dazu mußte er nicht nur die Lücken in der Geschichte der Hysterikerin schließen, sondern auch ihren Widerstand gegen seine narrativen Deutungen brechen. Damit die Therapie Erfolg hatte, mußte die Hysterikerin die Geschichte des Analytikers akzeptieren und glauben.

Dora spielte dabei nicht mit. Sie verwarf Freuds erzählerische Abrundung ihrer Geschichte, wollte seine Erklärung ihrer Handlungen und Gefühle nicht annehmen, widersprach ihm oder verfiel in störrisches Schweigen. Schließlich brach sie die Behandlung ab, was er mit der Übertragung erklärte. Dora habe ihre Gefühle für ihren Vater und Herrn K. auf ihn, Freud, projiziert und strafe ihn nun durch ihre Verweigerung.

Wenn man sich auf den Erzähler Freud verläßt, dann hat er Doras sexuelles Geheimnis entschlüsselt. Unfähig, der Wahrheit ins Gesicht zu sehen, hat Dora die Analyse fluchtartig verlassen und mußte ihr restliches Leben krank bleiben. Wenn man dem Erzähler Freud aber etwas weniger leichtgläubig folgt, dann ist Dora Opfer seiner unbewußten erotischen Wünsche, und er hat sie unterworfen und dominiert. Dora hat in Freuds Text keine Stimme; ihren Teil des Dialogs hören wir nicht, und ihre historische und jüdische Identität bleibt unsichtbar. Freuds Interpretation ihres Problems zeugt von *seiner* Besessenheit von den Themen Masturbation, Ehebruch und Homosexualität. Wenn man so will, spricht die Erzählung mehr von der Hysterie des Arztes als von der seiner Patientin.

Steven Marcus nannte das *Bruchstück einer Hysterie-Analyse* einen Roman in Verkleidung. Die »plastische, verwickelte und heterogene« Struktur, das Vor- und Nachwort Freuds, das wie eine Rahmenhandlung funktioniert, ferner »thematische Analogien, doppelte Handlungsstränge, Umkehrungen, plötzliche Umschwünge, Variationen und Treuebrüche«[14], all das erinnere an die Romanexperimente der Moderne. Marcus war es auch, der auf Ähnlichkeiten zwischen Dora und Ibsens Nora aus *Ein Puppenheim* hinwies.

Andere Autoren haben Freud mit Henry James verglichen. Für Peter Brooks liest sich »Doras Fallgeschichte [...] wie ein gescheiterter Roman der Jahrhundertwende, einer, der nie zu einer befriedigenden Lösung gelangt und sich nie so recht entscheiden kann, wie die Beziehungen zwischen den Figuren nun wirklich aussehen sollen: als ob Freud einer von Henry James' verwirrten, aber zugleich einfallsreichen Erzählern wäre [...], allerdings einer, der am Ende aufgeben muß, weil er gescheitert ist.«[15] Für John Forrester ist der Fall Dora »eine epochemachende Erzählung«; ihre »Mängel verraten [...] ihre eigenen Gesetze und Richtlinien«.[16] Alle neueren Lektüren stellen fest, daß Freuds

Ellipsen und Unschärfen den erzählerischen Konventionen der neuen Epoche entsprechen.

Feministische Wissenschaftlerinnen haben andere Parallelen zwischen Freuds Fallstudien und der Literatur des neunzehnten Jahrhunderts gezogen. Susan Katz schreibt: »Problematisch bleibt an der literarischen Form der Krankengeschichte als Synthese aus klinischer Beobachtung und Erzähltechnik, daß die ›Heldinnen‹, die sich zur Wahrung ihrer Anonymität hinter Pseudonymen und veränderten Lebensumständen verbergen, *wirkliche* Frauen waren und daß Freud versuchte, ihr Leben zu lenken, indem er ihnen seine persönlichen allgemeinen und literarischen Wertvorstellungen aufoktroyierte.«[17] Wenn das *Bruchstück einer Hysterie-Analyse* sich wie ein gescheiterter viktorianischer Roman lese, dann weil es sich an obsolet gewordene Erzählstrukturen anlehne, die mit der Realität der Frauen längst nichts mehr zu tun hatten.

Hysterie und feministische Kritik

Die jüngere feministische Wissenschaft hat verdienstvolle Untersuchungen der hysterischen Erzählung erbracht. Hélène Cixous, Julia Kristeva und Michèle Montrelay definieren Hysterie als weibliches Zeichensystem außerhalb der Sprache. Frauen sind ihrer Ansicht nach in der Kultur zum Schweigen verdammt, da die Repräsentationssysteme der Sprachen, insbesondere der nicht-geschlechtsneutralen Sprachen wie Französisch oder Deutsch, das männliche Geschlecht und die Logik privilegieren. Die Feministinnen in Frankreich fordern die Emanzipation einer *écriture féminine*, die die vom männlichen Geschlecht dominierten Gesetze der Syntax und Grammatik außer Kraft setzen könnte. Cixous fordert die Schriftstellerinnen auf, einen eigenen Stil zu erschaffen, der dem schweigenden Diskurs der »großartigen Hysterikerinnen«[18] Worte leiht.

Hysterie auch als eine Form des Verstummens und Zum-

Schweigen-gebracht-Werdens anzusehen erscheint im klinischen und historischen Rückblick sinnvoll. Sowohl die traditionellen medizinischen Berichte wie auch Freuds Krankengeschichten betonen die Symptome der Sprach- und Verständigungsblockade wie *globus hystericus* (Erstickungsgefühl), *tussis nervosa* (chronischen nervösen Husten), *Aphasie* (Verlust des Sprechvermögens) und *Aphonie* (Stimmlosigkeit). Stummheit war im neunzehnten Jahrhundert ein vergleichsweise häufiges Symptom der weiblichen Hysterie. Anna O. konnte zeitweise ihre Muttersprache Deutsch nicht sprechen und sprach statt dessen entweder Englisch oder ein Gemisch aus Italienisch und Französisch.

Während für die französischen Feministinnen das hysterische Schweigen eine plausible Folge kultureller Gesetzmäßigkeiten war, sprachen amerikanische Kritikerinnen vom »unnatürlichen Schweigen«, das aus Entbehrung und gesellschaftlichen Vorurteilen erwuchs. Hysterie (und wie sie in der Kunst dargestellt wurde) sei keine wunderbare weibliche Fähigkeit, schrieben Elaine Hedges und Shelly Fishkin, sondern der Preis dafür, »daß man in die falsche Klasse, Rasse oder das falsche Geschlecht hineingeboren ist, keinen Zugang zu einer Ausbildung gehabt hatte, vom Kampf ums bloße Überleben abgestumpft, von der Zensur zum Verstummen gebracht oder von sozialen Pflichten gegen andere zermürbt worden ist«.[19]

Für feministische Wissenschaftlerinnen war die Untersuchung des Schweigens in Texten von Frauen eine der »provokantesten und lebendigsten Entwicklungen in der Kritik der letzten zwanzig Jahre«.[20] Klassische Texte von Frauen wurden neu gelesen, und die Lücken und das Schweigen darin sollten nun als Maske eines verbotenen Begehrens, verbotener Wut, verbotener Auflehnung verstanden werden. Dann kamen die Poststrukturalistinnen und erklärten die Lücken und Bruchstellen in Texten und sogar die leeren Stellen auf einer Seite zu literarischen Funktionskomponenten: als Spuren von Unterdrückung oder Widerstand, die zu entziffern seien.

Das »Unzuverlässige und Unzusammenhängende« in Doras Geschichte konnte so als Spiegelung ihrer Lebensumstände begriffen werden. »Der Grund, warum die Neurotikerin keine Zusammenhänge herstellen kann, ist ihr Mangel an *Macht*, dem Leser/Zuhörer ihre eigenen Verknüpfungen aufzuzwingen«[21], schrieb Toril Moi, und Evans formuliert ähnlich: »Wenn die Rede von Hexen und Hysterikerinnen allgemein als unwahr abgetan wurde, [...] dann weil Frauen nicht die notwendige reale Macht besaßen, um dem Wort ihrer Kolonialherren etwas entgegenzusetzen.«[22]

Feministische Wissenschaftlerinnen versuchen, die zum Verstummen gebrachten Stimmen einer weiblichen Literaturgeschichte hörbar zu machen. Archäologisch wird hier Erinnerung zurückgewonnen. Sandra Gilbert und Susan Gubar vergleichen die Künstlerin mit einer Kranken, die ihr Gedächtnis verloren hat. Um »ihr eigenes Mutterland« wiederzufinden, muß die Künstlerin eine Reise in die »kraterübersäte Nacht weiblicher Erinnerung« antreten, um das Verlorene wiederzufinden, neu zu erzeugen, es neu zu empfangen und zu gebären«.[23]

Auch Schriftstellerinnen haben Hysterikerinnen vergangener Tage als *artistes manquées* dargestellt. In *Ein eigenes Zimmer* schreibt Virginia Woolf von den sogenannten Hexen und besessenen Frauen, die nichts anderes gewesen seien als Dichterinnen, verhindert, stumm, ruhmlos und durch ihre Begabung besonderen Qualen ausgesetzt.[24] Alice Walker beschreibt die »wahnsinnigen Heiligen der schwarzen Kultur« als zum Verstummen gebrachte Künstlerinnen, Frauen, »die Visionen sahen, die niemand verstand [...], in einen stumpfen, blutigen Wahn getrieben von den Quellen der Kreativität in ihnen, die nirgendshin abfließen konnten«.[25]

Feministische Therapie und Traumatologie gaben der Erinnerung neues Gewicht. In den achtziger Jahren wagten feministische Literaturwissenschaftlerinnen aus dem englischen Sprachraum eine neue Hypothese: Das Schweigen und die Metaphorik in den Werken vieler bedeutender Autorinnen konnten jetzt beweisen, daß diese Frauen in der Kindheit sexuell mißbraucht worden waren. Feministische Wissenschaftlerinnen sahen sich als schwesterliche Helferinnen bei der Bewältigung einer doppelten Aufgabe. Zum einen mußte die beschädigte Künstlerin rehabilitiert, zum anderen ihr sexuelles Trauma nachträglich geheilt werden.

Virginia Woolf spielte in diesem Programm eine zentrale Rolle. In den siebziger Jahren erfuhr man aus Quentin Bells Biographie und Woolfs eigenen Briefen und Tagebüchern, daß sie als Kind und Heranwachsende unter den Nachstellungen ihrer Halbbrüder George und Gerald Duckworth zu leiden hatte. Virginia Woolfs frühere Biographinnen, unter ihnen Jean Love, Phyllis Rose und Lyndall Gordon, hatten sich in diesem Punkt noch nicht festgelegt. »Daß die Übergriffe tatsächlich stattgefunden haben, kann man nicht mehr feststellen«, schreibt Love. »Noch kann man feststellen, daß sie nicht stattgefunden haben.«[26]

1989 schrieb Louise DeSalvo dann schon ohne weiteres: »Virginia Woolf ist als Kind sexuell mißbraucht worden.«[27] Das Inzesterlebnis habe sie geprägt. »Die Vorfälle und Erfahrungen, denen Virginia Woolf in ihrer Familie ausgesetzt war, haben mit Sicherheit ein Trauma hinterlassen. Was sie über Krankheit, Orientierungslosigkeit und das Gefühl der eigenen Wertlosigkeit sagt, deckt sich mit den Aussagen anderer Inzestopfer; auch ihr Selbstmord muß in diesem Zusammenhang gesehen werden.« DeSalvo liest Virginia Woolfs Werke unter diesem Aspekt und wird fündig: »In jedem ihrer Romane gibt es ein gefährdetes Kind, das verstoßen wird, mißachtet, mißbraucht oder verraten.« Zudem »verwandte sie einen Großteil ihrer schriftstellerischen Kraft darauf, die alltägliche Erfahrung sexueller Belästigung im Leben von Frauen zu beschreiben«. Das Schreiben war Virginia Woolfs Form der Therapie: »Mit Hilfe der Sprache und des Tagesbuches [sic] baute Virginia ihr Leben und ihre Seele wieder auf, langsam und sorgfältig, Tag für Tag.«[28]

Im Gefolge von DeSalvo erklärten feministische Wissenschaftlerinnen dann die Lücken und Unklarheiten in der Biographie von Schriftstellerinnen mit sexuellem Mißbrauch. Im Gegensatz zu Virginia Woolf hinterließ Christina Rossetti keine Aufzeichnungen, in denen sie männliche Verwandte der Nötigung beschuldigt. Doch Jan Marsh vermutet, daß etwas Ähnliches vorgefallen sein könnte: »In Christinas gesamter Dichtung kehren ständig gespenstische Liebhaber in der Dunkelheit wieder und sind beängstigend entschlossen, ihre Liebsten zurückzufordern. [...] Geheimnisse müssen gewahrt und dürfen nicht gebeichtet werden.« Für Marsh hat die Bildlichkeit des Werks von Christina Rossetti und des viktorianischen Schauerromans mit traumatischen sexuellen Erfahrungen zu tun: »Einmal aufgebracht, muß dieser Verdacht, daß Christina Opfer eines sexuellen Traumas gewesen sein könnte, untersucht und verteidigt werden. Ist es wahrscheinlich, daß ihre Alpträume, morbiden Vorlieben, ihre neuralgische Migräne und die immer wiederkehrenden Depressionen ihre psychologische Erklärung in einem derartigen Erlebnis finden könnten? [...] Unternahm Christinas Vater [...] sexuelle Annäherungs- oder Nötigungsversuche, die sie nicht abwehren konnte?«[29]

Für Marsh steht fest, wie die Antwort lauten muß: Ein heimliches Mißbrauchstrauma muß die Ursache der gewalttätigen, ja sadistischen Bilder und Kindergeschichten dieser Schriftstellerin sein. Offensichtlich tun sich manche feministische Literaturwissenschaftlerinnen mit den sadistischen Phantasien von Frauen immer noch schwer. Wissenschaftlerinnen, die nach Erklärungen für Abweichungen und Widersprüche in Texten von Frauen suchen, finden das Modell des »sexuellen Mißbrauchs« unwiderstehlich.

Edith Wharton ist ihr neuestes Opfer. Wir wissen jetzt von ihrer leidenschaftlichen Affäre mit dem bisexuellen Journalisten Morton Fullerton. Wir haben ihre drastische, halbpornographische Kurzgeschichte über einen Vater-Tochter-Inzest, *Beatrice Palmato*, gelesen und wiedergelesen. Und wir wissen, daß Edith Wharton eine unglückliche und extrem schüchterne Heranwachsende und junge Frau war. Weir Mitchell behandelte sie wegen ihrer neurasthenischen Symptome. Türschwellen machten ihr angst, und sie fürchtete sich übermäßig in der Dunkelheit.

Barbara White erkennt darin klare Anzeichen für Inzest und Trauma: »Es waren nicht nur die merkwürdigen Vater-Tochter-Geschichten, die mich auf die Inzesttheorie brachten, sondern auch ihre ewige Beschäftigung mit dem Thema einer heimlichen Verdorbenheit der Männer und dem der Aufdeckung vergangener Verbrechen und Geheimnisse.«[30] In Neuengland hatte Edith Wharton den Inzest aus nächster Nähe erlebt. Sie schrieb über Familien im ländlichen Massachusetts, in denen die Tochter ganz selbstverständlich von ihrem Vater schwanger war. Denn darüber hatte sie gelesen. Aber deshalb wurde sie noch nicht selbst von ihrem Vater mißbraucht.

Inzesterfahrungen im Leben von Schriftstellerinnen sind zum offenen Geheimnis geworden, einem Geheimnis, das jeder kennt. Ironischerweise ist »Blutschande« auch zum geläufigen Handlungselement in der Trivialliteratur für Frauen geworden.

Der weibliche Schauerroman

1974 wandte Julia Kristeva Freuds Aussage, daß man es bei Hysteriesymptomen im Kern mit »Reminiszenzen« zu tun habe, auf das literarische Sprechen von Frauen an.[31] Juliet Mitchell erklärte in den achtziger Jahren, daß »die weibliche Romanautorin eine Hysterikerin sein muß«[32], und Mary Jacobus fragte: Kann »das Schreiben von Frauen je anders als hysterisch sein?«[33] Das ausgehende neunzehnte Jahrhundert erzeugte, wie Foucault gezeigt hat, eine medizinische Hysterisierung des Frauenkörpers; die Literaturtheorie hat am Ende des zwanzigsten Jahrhunderts eine poetologische Hysterisierung von Frauengeschichten hervorgebracht. Ob es um Literatur von Frauen oder Literatur über Frauen geht oder um Literatur, die fragmentarisch, unzugänglich, vieldeutig ist – der Poststrukturalismus hat Hysterie mit der

Inkohärenz der weiblichen Imagination identifiziert, nicht anders, als die Ärzte vor Freud die Hysterie mit dem weiblichen Körper identifiziert haben.

So verkam die Hysterie, nachdem sie jahrhundertelang eine höchst beliebige medizinische und später psychiatrische Diagnose gewesen war, zuletzt zu einer nichtssagenden Kategorie der Literaturwissenschaft, einem Etikett, das jeder leicht erregbaren Heldin von Jane Eyre bis Blanche DuBois angeheftet wird. George Eliots unglückliche und sexuell unterdrückte Protagonistinnen wurden zu paradigmatischen Hysterikerinnen des neunzehnten Jahrhunderts.

Der von Frauen geschriebene Schauerroman wurde für die feministische Literaturwissenschaft das paradigmatische Genre der hysterischen Erzählung. Autorinnen wie Ann Radcliffe erfanden im späten achtzehnten Jahrhundert die klassischen Handlungsmuster: Eine junge Frau ist irgendwo gefangen, in einem verwunschenen Schloß oder einem Burgverlies. Sie glaubt, daß ein furchteinflößender, älterer Mann sie gefangenhält. Es stellt sich dann aber unweigerlich heraus, daß die Gefangenschaft mindestens genau soviel mit der Mutter und mit der Angst vor der erwachsenen weiblichen Sexualität zu tun hat. Eve Kosofsky Sedgwick beschreibt die Heldin des viktorianischen Schauerromans als die »klassische Hysterikerin«, die ihre Ängste und Sehnsüchte auf die Umwelt projiziert.[34] Die Kurzgeschichte *Die gelbe Tapete* von Charlotte Perkins Gilman aus dem Jahre 1892, die ebenfalls in das Genre einzuordnen ist, hält Diane Price Herndl für »die berühmteste Erzählung über Hysterie«.[35] Sie handelt von einer Frau, die Wochenbettdepressionen und »eine leichte Neigung zur Hysterie« hat und von ihrem Mann, einem Arzt, aufs Land zu einer Ruhekur gebracht wird. Ihrer sozialen Kontakte beraubt und durch ein Schreibverbot mundtot gemacht, verliert die Ich-Erzählerin langsam den Verstand. Sie hat Halluzinationen von Frauen, die hinter der gelben Jugendstiltapete ihres Schlafzimmers gefangen sind. Am Ende der Erzählung bricht sie völlig zusammen; als ihr Mann sich schließlich einen Weg in das Zimmer bahnt, in dem sie sich verbarrikadiert hat, ist die Tapete von den Wänden gerissen, seine Frau kriecht auf allen vieren auf dem Boden herum: »›Endlich bin ich herausgekommen‹, [...] ›Und ich habe das meiste von der Tapete abgerissen; jetzt könnt ihr mich nicht wieder hineinstecken!‹«[36]

Die gelbe Tapete könnte auch eine von Freuds Krankengeschichten sein, schreibt Mary Jacobus. Gilmans namenlose Heldin verkörpere alle männlichen Ängste der Jahrhundertwende vor verrückten Frauen.[37] Barbara Johnson bezeichnet sowohl *Die gelbe Tapete* wie Freuds *Bruchstück einer Hysterie-Analyse* als Geschichten »einer mißlungenen Genesung«, in denen »eine Patientin den therapeutischen Ambitionen eines Arztes hilflos ausgeliefert« sei. Sie definiert *Die gelbe Tapete* als »eine Allegorie der Psychoanalyse«.[38] Gillian Brown findet, daß in dieser Erzählung Hysterie, »die Krankheit der bürgerlichen viktorianischen Familie, das häusliche Glück karikiert. [Die] Hysterikerin leidet vornehmlich an den Reminiszenzen dieser Häuslichkeit.«[39]

Was diese feministischen Stimmen jedoch nicht immer ausreichend klarstellen, ist der kategorische Unterschied zwischen Gilmans Darstellung der Hysterie und den »hysterischen« Qualitäten ihrer Schreibweise und des weiblichen Schauerromans. Der Vergleich zwischen Schauerroman und hysterischem Diskurs bleibt unproduktiv, da *Bruchstück einer Hysterie-Analyse,* der »Kontext«, ebenfalls als ein »Text« dieses Genres gelesen werden kann. So schreibt etwa Michelle Massé dazu: »Der Vergleich zwischen Dora und der Heldin der Schauergeschichte offenbart uns eine verblüffende, wenn auch nur partielle Ähnlichkeit der Handlungen. Ein junges Mädchen, das seinen Vater abgöttisch liebt, verschlingt Bücher über die Liebe. In späteren Jahren interessiert sich die junge Frau für einen Mann, fühlt sich aber von ihm abgestoßen, als eine düstere Seite seines Charakters zum Vorschein kommt. Sie versucht zu fliehen, findet sich aber immer wieder in verfänglichen Situationen allein mit ihm. Sie schließt sich ein, aber der Schlüssel wird ihr weggenommen. Sie versucht, Hilfe zu bekommen, indem sie jemandem von dem erzählt, was ihr zugestoßen ist, aber man sagt ihr, daß sie sich alles nur einbildet. Ihre Mutter ist selbst hilflos, und die eine Frau, der sie glaubte, vertrauen zu können, verrät sie. Sie vermutet ein dunkles Geheimnis in ihrer Familie, etwas, wovon jede Generation von neuem heimgesucht wird. Sie weigert sich zu tun, was ihre Eltern von ihr verlangen, und wird fortgebracht, nicht in eine Zelle, um ihre Sünden zu überdenken und die Tugend des Gehorsams zu üben, sondern zu Freud, der ihr ihr eigenes Begehren vor Augen führt, womit ihre Geschichte verständlich wird.«[40]

Meiner Ansicht nach haben einige Feministinnen die Geschichten der Frauen zu extensiv, aber zu wenige Krankengeschichten gelesen. Sie haben die äußerst umfangreiche medizinische Literatur über Hysterie auf einige wenige kanonische Fallstudien der großen Hysterikerinnen wie Dora und Anna O. reduziert. Sie haben vor allem die Geschichte der Hysterie nur metaphorisch gelesen und ihren Ernst nicht verstanden. Sie haben den Unterschied zwischen Romanen über kranke Frauen und Romanen über traurige Frauen unterschätzt.

Frauen, die über Hysterie schreiben, produzieren zwar möglicherweise fragmentarische Erzählungen oder erschaffen die kraftvolle Symbolik schauriger Räume – doch sind sie damit genau das Gegenteil der zum Schweigen gebrachten Hysterikerinnen, die nicht anders können, als ihren Protest oder ihre Sehnsüchte durch den Körper auszudrücken. *Die gelbe Tapete* ist sogar eines der offensichtlichsten Beispiele für den Gegensatz zwischen Schreiben und Hysterie. Die Halluzinationen der Ich-Erzählerin setzen ein, nachdem ihr die Freiheit des Schreibens geraubt worden ist. Gilman selbst schrieb die Geschichte als Protest gegen die Ruhekur, die ihr intellektuelles und kreatives Leben unerträglich eingeschränkt hatte. Durch die »Erzählung von ihrer hysterischen Erkrankung [war sie dann] nicht länger gezwungen, die Krankheit direkt zu verkörpern, die sie jetzt durch den Text repräsentieren konnte«.[41]

Hysterische Männergeschichten

Da sie ihre Theorien auf Krankengeschichten aufbauen, in denen unweigerlich eine Frau die Hysterische ist und ein Mann der Arzt, neigen Literaturwissenschaftlerinnen zur Gleichsetzung von »Hysterie« und »Weiblichkeit«. Was geschieht, wenn die Rollen in diesem Szenario vertauscht werden, wenn der Mann der Hysteriker ist und die Frau die Ärztin? In einem wichtigen Aufsatz hat die Psychologin Lisa Gornick 1986 die Möglichkeiten einer »neuen Erzählform« in der Interaktion zwischen Therapeutinnen und männlichen Patienten diskutiert. Es sei notwendig, »einen neuen *plot* zu entwickeln, der das spezifische Verhältnis von Jungen zu ihren Müttern sowie die stark unterschiedlichen Bedeutungen, die Macht und Sexualität für Männer und Frauen in unserer Kultur haben, thematisiert«. In dieser Dyade würde »die Bedeutung des Geschlechts der Teilnehmer für den therapeutischen Dialog ausschlaggebender«.[42]

Der kulturelle Widerstand gegen die weibliche therapeutische Vernunft ist stark, wie wir an so unterschiedlichen Filmen wie Woody Allens *Zelig*, Hitchcocks *Ich kämpfe um Dich* und Barbra Streisands *Herr der Gezeiten* sehen, in denen jeweils die Therapeutin sich in ihren hysterischen Patienten verliebt und dabei selbst hysterisch wird. Wie Gornick bemerkt, verkehren »diese Männerphantasien von der psychotherapeutischen Behandlung durch eine Ärztin als einer Liebeskur die Tatsachen über den sexuellen Kontakt zwischen Therapeut und Patient«.[43] In Wirklichkeit sind sexuelle Handlungen zwischen männlichen Therapeuten und ihren Patientinnen viermal wahrscheinlicher als umgekehrt. Doch die Phantasien des Hysterikers von einer erotischen Beziehung unterminieren die Autorität der Analytikerin und »bringen den Mann wieder in die dominante Position«.[44] Gornick schlägt darum vor, die großen Erzählungen der Psychoanalyse einschließlich der Hysterie-Erzählungen vom Standpunkt einer veränderten Geschlechterkonstellation neu zu untersuchen.

Feministische Wissenschaftlerinnen haben bisher weit weniger Interesse an der Analyse männlicher Hysterie und ihrer Narration gezeigt als an der Untersuchung hysterischer Erzählungen von oder über Frauen. Da »Hysterie« so lange zur Bagatellisierung des politischen Protests von Frauen mißbraucht worden ist, wurde neuerdings sogar der Begriff »Testerie« geprägt, um eine Deformation der Gefühle, die bei Männern auftritt, und eine spezifische Feminismus-Angst zu beschreiben. Seither haben einige Feministinnen ihre männlichen wissenschaftlichen Gegner als »testerische« Männer disqualifiziert.

Überraschenderweise sind männliche Autoren und Wissenschaftler schon lange von der Hysterie in weiblicher wie männlicher Form fasziniert. Im neunzehnten Jahrhundert nahmen Schriftsteller wie Baudelaire, Flaubert und Mallarmé die Hysterie als Metapher des Schreibens und seiner Androgynität in Anspruch. Jan Goldstein erklärt das mit der allgegenwärtigen Assoziation von literarischer Kreativität und weiblicher biologischer Schöpferkraft. Auf der einen Seite war darin die männliche Abneigung gegen die Hysterie im neunzehnten Jahrhundert angebahnt. Auf der anderen Seite war es »von Hysterie als einer Fehlfunktion der weiblichen Fortpflanzungsorgane [...] nur ein kleiner Schritt zur Hysterie als einer Fehlfunktion der Organe männlicher künstlerischer Kreativität«.[45]

Emma Bovary wurde zum Prototyp der Hysterikerin in der französischen Literatur des neunzehnten Jahrhunderts, Flaubert zum Prototyp des männlichen Autors, dessen Hysterie ihm sowohl ein tiefes Verständnis von Weiblichkeit wie seiner eigenen Schreibhemmungen gestattete. 1867 schrieb Flaubert an George Sand, daß er an einem neuen Roman arbeite: »Wegen eines Nichts habe ich Herzklopfen, was im übrigen verständlich ist bei einem alten Hysteriker wie mir.«[46] Er interpretierte seine hysterischen Symptome als Widerstand gegen das Schreiben; gleichzeitig scheinen sie aber als Stimulans gedient zu haben.

Wenn die klassischen Krankengeschichten der Hysterikerinnen wie viktorianische Romane strukturiert sind, die in Ehe,

Wahnsinn oder Tod enden, so lesen sich die Fallgeschichten männlicher Patienten Freuds wie die des »Wolfsmanns« wie moderne, offene Erzählungen. Geschlossene Handlungen, wo am Ende geheiratet wird, fehlen. Wie Susan Katz schreibt: »Die Form von Freuds Fallgeschichten reflektiert seine ideologische Haltung gegenüber Männern und Frauen: Die unzweideutigen konventionellen ›viktorianischen‹ Erzählungen über die weiblichen Patientinnen scheinen später inadäquat, weil er seine männlichen Patienten nicht auf eine geschlossene Handlung mit Heirat am Ende festnageln will. Freuds männliche Patienten haben in den Geschichten mehr Spielraum, weil sie auch im Leben mehr Spielraum haben.«[47]

Männliche Hysterie in der Literatur

Nach dem Ersten Weltkrieg wurden etliche Romane über Kriegsneurotiker veröffentlicht, darunter Rebecca Wests *Die Rückkehr des Soldaten* und Virginia Woolfs *Mrs. Dalloway*. In den neunziger Jahren nahm Pat Barker in der Romantrilogie *Regeneration*, *The Eye in the Door* und *The Ghost Road* das Thema des Ersten Weltkriegs wieder auf und erkundete verschiedene Aspekte männlicher Hysterie. Protagonist ist Dr. Rivers, ein Neurologe und Anthropologe, der wirklich gelebt hat und Kriegsneurotiker der britischen Armee behandelte, unter ihnen auch die Dichter Wilfred Owen und Siegfried Sassoon. Pat Barker schreibt: »Der Grund, warum der männliche Hysteriker während des Krieges so feindselig behandelt wurde, war der, daß Hysterie als eine weibliche Reaktion auf Streß angesehen wurde; da überwog das Gefühl, er sei nicht nur ein Drückeberger und Feigling, sondern auch noch effeminiert.«[48]

Ein wenig bekannter amerikanischer Roman über Hysterie bei einem Mann, Dorothy Canfields *The Home-Maker*, thematisiert 1924 das »richtige« männliche bzw. weibliche Verhalten: Evangeline Knapp und ihr Ehemann Lester richten sich beinahe zugrunde, um den Normen der jeweiligen *Gender*-Rolle zu entsprechen. Die ehrgeizige, ordnungsliebende Evangeline wird bei dem Versuch, ihre Energien in perfekter Haushaltsführung abzureagieren, hysterisch. Sie ist auf dem besten Weg, auch ihre Kinder krank zu machen. Als schmerzhaftes Ekzem bricht ihre angestaute Wut und Frustration aus. Evangeline schluchzt mit den »schrecklichen Geräuschen des hysterischen Zusammenbruchs«, als ihr Sohn Henry in der Wohnung Fett verspritzt. Henry selbst leidet an Brechanfällen. Die Tochter Helen ist schüchtern und übellaunig. Der Jüngste, Stephen, ist gewalttätig. Evangelines einzige Freude ist der Gedanke, wie gut sie das Haus mit wenig Haushaltsgeld einrichtet und wie schick die Kleider sind, die sie den Kindern näht. Doch solche Augenblicke der Genugtuung sind kurz. »Die Uhr hinter ihr schlug halb zehn, und das Ticken drang von neuem in ihr Bewußtsein, das unablässige Flüstern: ›So viel zu tun! So viel zu tun! So viel zu tun!‹«[49]

Evangeline verabscheut ihre häusliche Gefangenschaft. »Wie sie die Hausarbeit haßte! Beim Anblick einer Abwaschschüssel voll schmutzigen Geschirrs hätte sie am liebsten laut losgeschrien. Und was hatte sie sonst? Einsamkeit, eine nicht enden wollende Eintönigkeit, leere, graue Tage, einen nach dem anderen, voller Schinderei.« Ihr Mann, der im Grunde intellektuelle Bedürfnisse hat, verabscheut seine stumpfsinnige Arbeit als Geschäftsführer eines Kaufhauses nicht weniger. Die Uhr beherrscht sein Leben, er fühlt sich versklavt und bedauert vor allem, keine Zeit für die Kinder zu haben. »Nie hatte er Zeit, seine Kinder wirklich kennenzulernen und sich an jenen scheuen Paradiesvogel, ihr Vertrauen, anzupirschen und ihn einzufangen.«[50]

Lester leidet darunter, daß Evangeline allen Ehrgeiz in Einkäufe für die Kinder kanalisiert, nicht aber in die liebevolle Fürsorge für sie. Er versagt beruflich und wird entlassen. An einem eisigen Wintertag klettert er aufs Dach, um sich herabzustürzen. Nach dem Selbstmordversuch, der zugleich auch ein versuchter Versicherungsbetrug ist, ist er an den Rollstuhl gefesselt.

Die Notlage verändert das Leben von Evangeline und Lester.

Evangeline bewirbt sich nun im Geschäft ihres Mannes um eine Stelle als Verkäuferin. Aus Mitleid wird sie eingestellt, aber bald liebt sie ihre Arbeit und blüht sichtlich auf. Auch Lester zu Hause blüht auf. Er spricht endlich mit seinen Kindern und erfährt von ihren heimlichen Ängsten. Er übernimmt die Rolle des Hausmanns, lernt kochen und führt den Haushalt bald sogar noch besser als seine Frau. Vor allem lernt er, ein guter Vater zu sein.

Ganz unvermeidlich gerät dieses Idyll bald wieder in eine Krise: als Evangeline ihren Mann eines Nachts beobachtet, sieht sie, daß er seine Beine im Schlaf bewegt; ihr wird klar, daß seine Lähmung psychisch und nicht organisch bedingt ist. Was soll sie tun? Wenn er »geheilt« wird, müssen sie zu ihrem ruinösen früheren Leben zurückkehren. Und doch fordert ihr Gewissen, daß sie sich um seine Heilung bemüht. Am Ende wird die Familie von einem weisen Hausarzt gerettet, der Lester davon abrät, seine Beine je wieder zu benutzen. Hysterische Lähmung, so Canfields sardonisches Resümee, ist ein billiger Preis, um sich von der erstickenden Last tradierter *Gender*-Rollen freizukaufen.

In der Literatur der neunziger Jahre sind männliche Hysteriker, die unter sexuellen Ängsten, Angst vor dem Älterwerden und anderen Ängsten leiden, zu Hauptfiguren avanciert. Beispiele sind Martin Amis' *Information* und Philip Roths *Sabbaths Theater*, ein Roman, über den Martin Amis schrieb: »Es ist ein hysterischer Roman über die Hysterie eines hysterischen Mannes, und am Ende fühlt man sich – hysterisch.«[51] In dem Roman *Therapie* von David Lodge erlebt Laurence Passmore oder »Tubby«, ein erfolgreicher Serienautor Ende Fünfzig, eine ausgeprägte Midlife-crisis. Er leidet an Impotenz und mysteriösen Schmerzen im Knie. Die Signale aus dem Unbewußten verwirren Tubby: »Ich leide an Depressionen, Angst, Panikanfällen, Nachtschweiß, Schlaflosigkeit – aber nicht an Alpträumen.«[52] Er spekuliert über mögliche Gründe für diesen Zustand – könnte es Abgestumpftheit gegenüber menschlichem Leid sein, eine Art Übersättigung? Oder »eine idiopathische habituelle Patellarluxation«, »eine innere Verletzung des Kniegelenks« oder »eine innere Störung der Hormone«? Tubbys Verhaltenstherapeutin glaubt an mangelndes Selbstwertgefühl: »Alexandra findet, daß mein Selbstwertgefühl unterentwickelt ist, womit sie auch recht haben kann, nur ist das nach dem, was ich täglich in der Zeitung lese, offenbar weit verbreitet, zumal bei uns in England.«[53]

Wehmütig denkt er an die Tage des Endspiels der Fußballweltmeisterschaft 1966 zurück, als ganz England im nationalen Hochgefühl schwelgte. Doch Heilung von der Hysterie findet er nicht in Politik oder Sport. Überzeugt, daß er seine erste Jugendliebe, ein einfaches, katholisches Mädchen, betrogen hat, spürt er sie auf und bittet sie um Vergebung seiner Sünden und warmen mütterlichen Sex. »Mir scheint, ich habe die Ursache für meine Probleme nicht auf verhaltenstherapeutischem Wege, sondern mit Hilfe der guten alten Psychoanalyse in einer lange verdrängten Erinnerung gefunden.«[54] Für viele englische Leser hatte vermutlich das Europapokal-Endspiel 1996 den gleichen therapeutischen Effekt.

Die Literaturwissenschaft hat deutlich gemacht, daß die Hysterie nicht ohne ihren historischen und sozialen Kontext zu verstehen ist – weder der hysterische Gefühlsüberschwang von Emma Bovary im Rouen des neunzehnten Jahrhunderts noch die neurasthenischen Symptome von Charlotte Perkins Gilman in Neuengland noch das Hinken und Husten von Ida Bauer im Wien des Fin de siècle. Hysterie wurde von den gesellschaftlichen Erwartungen und kulturellen Gegebenheiten der historischen Zeit erzeugt, in der die Frauen lebten. Die Literaturwissenschaft hat außerdem ein Gespür für die symbolische Bedeutung einer Vielzahl von Erkrankungen in literarischen Texten entwickelt. Doch gerade im Umgang mit zeitgenössischen Texten fehlt es hier oft an Genauigkeit: denn Literatur verbreitet zwar tatsächlich Hysterie, kann uns aber auch helfen, Hysterie zu begreifen. Die hysterischen Erzählungen der Literatur können uns über Hintergründe und Heilungsmöglichkeiten sehr viel mehr sagen als die einschlägigen Selbsthilfebücher.

HYSTERIE UND DAS THEATRALISCHE

Heute sind es Theater, Film und Fernsehen mehr als die Literatur, die Meinungen zur Hysterie öffentlich machen und verbreiten. Die klinische Diskussion arbeitet seit langem mit Metaphern aus dem Bereich der dramatischen Künste: im neunzehnten Jahrhundert erkannte Jules Falret in hysterischen Frauen »wahrhafte Schauspielerinnen«, die »keine größere Freude kennen als die Verstellung«.[1] Mit Charcot, dem Produzenten und Regisseur am großen hysterischen Theater der Salpêtrière, wurde Paris zur Hauptstadt der theatralischen Hysterie. Die Historikerin Jacqueline Carroy-Thiraud vergleicht darum auch Charcot und seine Assistenten mit Puppenspielern, die die Fäden »menschlicher Marionetten« zogen.[2] Georgette Déga, die bei Charcot Medizin studierte, sah die theatralischen Eigenschaften der Hysterie im Zusammenhang mit der Künstlichkeit der Frauenrollen im täglichen Leben: »Theatralisches Verhalten« war laut Déga »Teil und Bürde des Lebens jeder Frau« und hatte seinen Ursprung »in der Dissonanz des Seelenlebens der Frauen, weil ihnen in allen sozialen Schichten untergeordnete Rollen zugewiesen werden«.[3] Im letzten Jahrzehnt des neunzehnten Jahrhunderts prägten hysterische Elemente die Repräsentation sowohl von Frauen als auch von homosexuellen Männern. In der Kunst der Jahrhundertwende erscheint Homosexualität wie Weiblichkeit vielfach als eine Form des hysterischen Posierens, als aufregendes, geheimes Spiel.

Als Charcots Klinik berühmt geworden war, fand die hysterische Bildlichkeit auch ihren Weg ins Theater und Kabarett. Im Chat Noir oder den Folies Bergères ahmten Schauspieler, Sänger und Pantomimen, die als »Die epileptischen sauren Heringe« oder »Die Hydropathen« auftraten, die abgehackten Bewegungen und Kontraktionen des hysterischen Anfalls nach.[4]

Hélène Zimmern, eine Theaterkritikerin der Jahrhundertwende, beschrieb einige der berühmtesten französischen Schauspielerinnen als Hysterikerinnen, die ein geeignetes Betätigungsfeld für ihre theatralische Persönlichkeit gefunden hätten. Eleonora Duse sei »mit ihren hysterischen Gebrechen die Fin-de-siècle-Frau par excellence«; Aimée Desclées Darbietungen seien »weltliche Hysterie«; Réjane sei »die Muse der Hystero-Epilepsie«.[5] Im Mai 1908 schrieb ein Anhänger Charcots, André de Lorde, ein Stück, dessen Titel »Eine Lektion in der Salpêtrière« ankündigte und das am Grand Guignol aufgeführt wurde: eine hysterische Patientin des tyrannischen Professors Marbois übt Rache und schüttet Säure über einen Assistenten.

Die Posen der *grande hystérie*, die in der Salpêtrière regelmäßig zur Schau gestellt wurden, waren den stilisierten Bewegungen der klassischen französischen Schauspielkunst deutlich verwandt und die hysterischen Frauen in der Klinik von den gefallenen Frauen im Melodram in gewisser Weise kaum zu unterscheiden. Aus theaterhistorischer Perspektive gab es hier wie dort »rollende Augen, Grimassen, Zähneknirschen, tiefe Seufzer, spitze Schreie, Ohnmachts- und Erstickungsanfälle; ›hysterisches Lachen‹ war eine geläufige Bühnenanweisung und kam im Kranken- und Irrenhaus täglich vor«.[6] Was Hysterie als Tanz angeht, so finden sich die Bewegungen der weiblichen Hysterie in der regellosen, unkontrollierten *Chorea* der Anstalt wie in der legendären Tarantella: »Die Bewegungen dieser wilden Tänze gehen unmerklich über in die koordinierten Bewegungen des hysterischen Anfalls«, schrieb 1891 Harry Campbell. »Daher ist es möglich, daß die Liebe zum Tanz, die unter Frauen so merkwürdig ausgeprägt ist, aus einer nervlichen Disposition folgt, die auch der Hysterie einen geeigneten Nährboden bietet.«[7] Der Tänzerin Jane Avril sagte man nach, sie bewege sich nach der »pathologischen Choreographie« der Epoche. Das war kein Zufall: Schriftsteller, Schauspielerinnen, Kabarettkünstler und Tänzerinnen wie die Avril besuchten Charcots Matineen und verarbeiteten den Stil der Salpêtrière in den eigenen Auftritten.[8]

Die Psychoanalyse war nicht nur die berühmte *talking cure*, sondern auch eine Schauspiel-Kur. Breuer und Freud betonten die Bedeutung des Wiedererlebens und Dramatisierens der Gefühle, während sie erinnert und erzählt wurden. In den *Studien über Hysterie* schrieben sie: »Affektloses Erinnern ist fast immer völlig wirkungslos; der psychische Prozeß, der ursprünglich abgelaufen war, muss so lebhaft als möglich wiederholt [...] werden.« Anna O. selbst nannte ihre Therapie ein »Privattheater«[9]. Selbstverständlich gab es einen Unterschied zwischen dem intimen Theater der Psychoanalyse und dem Charcotschen Spektakel. Freuds Sprechzimmer in Wien mit den vielen Türen zum Auftreten und Abgehen mag eine gewisse Ähnlichkeit mit dem Bühnenbild einer französischen Farce aufweisen, doch er war auf den vertraulichen Dialog spezialisiert, das »Kammerspiel«. Diese gedämpften, aber um so intensiveren Gespräche hinterließen ihrerseits wieder Spuren auf der Bühne: ihr Medium waren die Realisten, sie kannten die aktuelle Psychologie und schrieben über die Frau mit Vergangenheit.

Mit Anbruch des zwanzigsten Jahrhunderts war die Hysterikerin als Schauspielerin ein Topos der medizinischen Literatur geworden. 1977 empfahlen die Psychiater Kay Blacker und Joe Tupin die Schauspielerei als ideales Berufsziel für Hysterikerinnen, die im Theater möglicherweise Befriedigung für »ihre exhibitionistischen Bedürfnisse« finden würden.[10] Der Ratschlag vereinigt offensichtlich die traditionelle Verachtung der Hysterikerin mit der puritanischen Verachtung der Schauspielerin. Das amerikanische *Diagnostische und statistische Manual psychischer Störungen* benannte 1987 die »hysterische Persönlichkeitsstörung« in »theatralische Persönlichkeitsstörung« um. Dieses Krankheitsbild sei »durchgängig und ursprünglich von exzessiver Emotionalität und einem Heischen um Aufmerksamkeit geprägt. [...] Menschen mit dieser Persönlichkeitsstörung suchen und fordern ständig Bestätigung und Lob von anderen und fühlen sich unwohl in Situationen, in denen sie nicht den Mittelpunkt bilden. [...] Charakteristisch ist der rasche Wechsel ihrer Gefühle. Diese Menschen sind häufig sehr attraktiv und sogar verführerisch, sie wirken dadurch allerdings auch auffällig und unglaubwürdig. Sie [...] sind lebhaft und dramatisch und ziehen immer die allgemeine Aufmerksamkeit auf sich.«[11]

Heddas Hysterie: Ibsen

Seit über hundert Jahren liefert Ibsen die Vorlagen für Psychoanalytiker, die nach einer Definition der Hysterie suchen. Seine Beliebtheit in Deutschland und Österreich erreichte um 1890 ihren Höhepunkt. Freud, der bei Ibsen das Urbild der psychoanalytischen Methode gefunden haben könnte, war besonders von der Stringenz beeindruckt, mit der Ibsens Stücke unablässig auf die Entdeckung von Geheimnissen aus der Vergangenheit der Figuren zusteuern.[12]

Max Nordau, der in Paris bei Charcot studiert hatte, erkannte im »Ibsenismus« seiner Zeit nachgerade ein Synonym ihrer Hysterie. »Ibsens weibliche Kundschaft setzt sich übrigens nicht bloß aus Hysterischen und Entarteten zusammen«, schrieb er, »sondern auch aus jenen Frauen, die in unglücklicher Ehe leben oder sich unverstanden glauben.«[13]

Die Literaturkritik des zwanzigsten Jahrhunderts erblickt in Hedda Gabler mit ihren phallischen Pistolen, ihrem unerklärlichen Abscheu vor der Schwangerschaft und ihrer Fähigkeit, andere zu manipulieren, zu täuschen und zu verführen, die paradigmatische hysterische Heldin seines dramatischen Gesamtwerks. Ibsen selbst nannte »Heddas Verschlossenheit, ihre Hysterie [...] das eigentliche Motiv ihrer ganzen Handlungsweise«.[14] Hedda spielt die Rolle der ehrbaren Gattin, doch hinter der gepflegten Fassade lauern Eifersucht, unausgegorene sexuelle Wünsche und Gewalt. Sie haßt ihren weiblichen Körper, der sie ins Korsett der Konventionen zwingt und von Männern abhängig macht, die ihr nicht gewachsen sind. Sie sieht sich selbst als Schauspielerin in einem romantischen Melodram, als Heldin einer Tragödie. Die Menschen ihrer Umgebung genügen ihrem

Bedürfnis nach großen dramatischen Gesten nicht. Am Ende muß sie einsehen, daß ihr Leben eine Farce ist.

Eine 1991 uraufgeführte hervorragende Inszenierung des Stücks am Abbey Theatre in Dublin stützte sich auf die feministische Interpretation von Hysterie als Körpersprache der Machtlosigkeit. Die Darstellerin der Hedda, Fiona Shaw, und die Regisseurin Deborah Warner rückten den hysterischen Subtext der Handlung in den Vordergrund. Die Bühne bestand aus einem stilisierten leeren Innenraum anstelle der überfüllten Salons des skandinavischen Naturalismus. Warner stellte dem Stück einen wortlosen Prolog voran: Hedda durchleidet im nächtlichen Haus einen Angstanfall, bevor wir sie dann zum erstenmal zusammen mit ihrem Ehemann zu Gesicht bekommen. Die Presse schrieb: »Fiona Shaws Hedda ist keine rachsüchtige Vorstadt-Lady-Macbeth, sondern eine Frau am Rande des Nervenzusammenbruchs. In jedem Wort, jeder Geste von ihr schwingt Hysterie, ihre Stimme schwankt bedenklich zwischen Lachen und Weinen, die Worte schießen in häßlichen Fontänen hervor. Sie trägt ihr Lächeln wie eine Maske, wie das letzte Unterpfand der Normalität, und sie schnieft und grunzt wie ein gefangenes Tier im Käfig ihrer Ehe.«[15] An anderer Stelle wurde beobachtet, daß Hedda/Fiona Ibsens großen Salon »in eine Arena totaler Bewegungsfreiheit verwandelt. Der dadurch entstehende leere Raum hallt vom Gefühl verschwendeter Energie wider«.[16] Heddas Hysterie war entfesselt worden.

Fiona Shaw selbst erklärte, sie habe bei ihrer Darstellung der Hedda gelegentlich ihre Großmutter vor Augen gehabt, die »oft hysterisch wurde, wenn sie in diese unglaublichen Korsetts geschnürt worden war«. Heddas Verhalten spiegle die repressive Erziehung irischer Frauen der älteren Generationen. Gegenüber früheren Interpretationen der Hedda sei ihre eigene »hart am Text« geblieben. Darstellerin und Regisseurin hätten den Rhythmus des Stücks »durch strenge Körperdisziplin und einen gedanklichen Rigorismus« gefunden; Shaw war überzeugt, daß Ibsen ihre Hedda gutgeheißen hätte: »eine, die keinen Mut hat«, die »an der trockenen Grenze« von Einsamkeit und Verzweiflung angelangt ist.[17] »Die kurze Szene vor Anfang des Stücks haben wir im Grunde eingefügt, weil die Geschichte bei Hedda Gablers Auftritt ein passend böses Aussehen vorschreibt. Das wollten wir vermeiden.«[18]

Einige Kritiken hatten die Darstellung von Hedda als »eine Offenbarung« empfunden und lobten die »strikt feministische Interpretation, die Hedda zum Opfer einer lähmenden patriarchalischen Gesellschaft macht«, andere fanden sie dagegen »viel zu hysterisch« und fühlten sich an »Virginia Woolf, und das an einem besonders schlechten Tag« erinnert. Fiona Shaw sei eine »unheilbare Psychotikerin, auf die in der Garderobe schon die Zwangsjacke wartet«. Daß die Theatralik keine Entgleisung ist, fällt nur dem *Spectator* auf: »Ständig wirft [Hedda] sich in eine pseudo-melodramatische, theatralische Positur, als wollte sie sich über ihr eigenes absurdes Schicksal lustig machen.«[19]

Salome: Die Bewegungskur

Oscar Wildes *Salome* von 1893 wurde seit ihrem Erscheinen immer wieder mit Hysterie in Verbindung gebracht. Wilde selbst bewunderte Ibsens *Hedda*, und Ibsens englischer Übersetzer William Archer nannte Salome »eine orientalische Hedda Gabler«[20]. Inszenierungen des Stücks und der darauf basierenden Oper von Richard Strauss haben immer wieder die hysterischen Elemente betont, und die Kritik applizierte die jeweils aktuelle psychologische Theorie. Salome war Lesbe, Nymphomanin, Fetischistin und Opfer des sexuellen Mißbrauchs. 1964 war sie vor dem Hintergrund von Nabokovs *Lolita* »ein hysterisches Nymphchen«, das in der Pubertät nach einer Vaterfigur suchte.[21] 1988 war Salome dann eine Hysterikerin, und das, weil sie als Kind mißbraucht worden war: »Das Symptom – Salomes Sadismus – wird in ihrem Verlangen nach dem Besitz eines Fetischs manifest, dem abgetrennten Kopf des Mannes, der sie zurückgewiesen hat. Es wurzelt im Trauma der Verführungsversuche ihres Stiefvaters Herodes. [...] Ist Salome also pervers, ein Opfer, das wieder andere zu Opfern macht? Ist sie pervers, weil geisteskrank – eine Hysterikerin, deren Symptome und Ätiologie für das Publikum nur allzu evident sind?«[22]

Salome und ihr Schleiertanz dringen auch ins Kino und sein Bild der weiblichen Psyche vor. In dem englischen Film *Der letzte Schleier* von 1945 erklärt ein Psychiater einer hysterischen Patientin, daß die Hypnose ihr helfen wird, sich selbst zu erkennen: »Die menschliche Seele ist wie Salome – verborgen hinter Lagen von Schleiern [...], fünf Minuten Narkose, und schon fällt der letzte Schleier.«[23] Hollywood ging 1950 mit der Filmsatire *Sunset Boulevard* von Wilde zu Wilder. Der alternde Filmstar Norma Desmond ist hysterisch – Norma ist besessen von dem Wunsch, die Salome zu spielen. In Andrew Lloyd Webbers Salome-Musical-Fassung von 1990 ist Salome dann eine große theatralische Persönlichkeit, die ohne die Anbetung des Publikums nicht leben kann.

Salome tritt in der Geschichte der Hysterie noch einmal auf: Charcot nannte eine bestimmte Art von Anfällen seiner Hysterikerinnen »Chorea«, weil sie ihn an einen Tanz erinnerten. Umgekehrt hat Salomes Geschichte viele Choreographen und Tänzer inspiriert. Während Neurasthenie-Therapien Frauen zur Bewegungslosigkeit zwangen, schufen weibliche Pioniere des modernen Tanzes wie Loïe Fuller und Maude Allen Ende des neunzehnten Jahrhunderts Choreographien zum Thema Salome, in denen die spannungsvolle Körpersprache der Hysterie anklang: eine symbolische »Bewegungskur«, die der Tänzerin »genau jene Freiheit der Bewegung gestattete, jene bewegliche Subjektivität, die sich in anderen Kontexten als Krankheit manifestierte«.[24]

Hysterie auf der zeitgenössischen Bühne

In den letzten Jahren versuchen Künstlerinnen und Regisseurinnen häufig, sich die theatralischen, choreographischen, ästhetischen Elemente der Hysterie anzueignen. Mary Kelley hat Charcots Fotografien von Augustine in einer Installation *Corpus* verwendet, die die Ikonographie der Hysterie ins Zeichensystem zeitgenössischer Mode, zum Beispiel die aggressive schwarze Lederjacke, übersetzt. Eines der erfolgreichsten feministischen Theaterstücke über Hysterie, *Augustine or Big Hysteria* von der englischen Regisseurin Anna Furse, bringt Augustine, Charcot und Freud im Irrenhaus zusammen, wo Freud den Hysterikerinnen zuhört und ihre Gestik als symptomatisches Körpertheater des Unbewußten liest.

Dr. Charcot's Hysteria Shows von 1989 ist ein Tanz- und Theaterstück von Dianne Hunter, die auch einen wichtigen Aufsatz über Anna O. geschrieben hat. »Bei unserer Arbeit gingen wir davon aus«, erklärt sie, »daß die Salpêtrière-Hysterie eine Art wütender, koketter, verklemmter Tanz war; daß dieser Tanz von einer attraktiven Männerfigur dominiert wurde; daß diese Figur das, was sie sah, zu ihrem Objekt machte und sich das Recht nahm, es zu benennen; und daß diese Männerfigur eine große Befriedigung daraus zog, ihren Magnetismus, ihre hypnotische Macht zu unterwerfen, ihre emotionale Distanziertheit und besondere Eloquenz zur Schau zu stellen.«[25] In *Dr. Charcot's Hysteria Shows* wechselt der didaktische Duktus von Feministinnen des letzten Jahrhunderts wie Florence Nightingale mit Tanzszenen, die auf die Skizzen des Salpêtrière-Künstlers Paul Richer referieren. Am Ende steht das Bild von Jacques Lacan, das auf Charcots leeren Stuhl projiziert wird.

Die feministischen Intentionen des Stückes waren allerdings nicht völlig überzeugend. Die Kritik faßte die Gefühle der Zuschauerinnen zusammen, die die Probleme der theatralischen Repräsentation von Hysterie spiegeln: »Auf der einen Seite die konvulsivischen Zuckungen, die animalische Sexualität und hilflose Wut der Hysterikerinnen und auf der anderen Seite die schwarzbefrackten oder weißbekittelten Psycho-Chirurgen beim Notizenmachen und in ihren kultivierten Ballettbewegungen zu beobachten, das bedeutet, an einer schmerzlichen erniedrigenden Erfahrung teilzunehmen. [Die Folge ist] eine Re-Traumatisierung voll unaussprechlicher Wut, voll Grauen, Angst und Depression …«[26]

Die Schauspiel-Kur

Sowohl das feministische wie das kommerzielle Theater haben Freuds Behandlung der Hysterie dramatisiert. Bei den meisten Stücken ist Freud eine negative Figur. Hysterische Frauen eignen sich das theatralische Element in einer Schauspiel-Kur bewußt an und verweisen den Analytiker auf einen untergeordneten Platz. Eines der frühesten und einflußreichsten dieser Theaterstücke war Hélène Cixous' *Portrait de Dora*, das 1976 am Théâtre d'honneur in Paris unter der Regie von Simone Benmussa uraufgeführt wurde; integriert wurden Filmsequenzen von Marguerite Duras. Cixous schrieb *Portrait de Dora* im von Freud beobachteten zusammenhanglosen Erzählstil der Hysterie mit ihren falschen Verknüpfungen[27] als Collage von Ereignissen, Erinnerungen, Phantasien und Träumen. Das lyrische Drama versucht, Doras Worte und Gedanken in Freuds Skript zu integrieren und sowohl Weiblichkeit wie Hysterie als produktive Formen des »Denkens, Fühlens und Handelns« darzustellen.[28] Um die zum Schweigen gebrachte Dora wieder zum Sprechen zu bringen, verwendet Cixous Stimmen aus dem Off und parallele oder sich überschneidende Reden.[29]

In *Dora: A Case of Hysteria*, einem Bühnenstück der Kanadierin Kim Morrissey von 1994, wird Freud als unzuverlässiger Erzähler eingeführt, der deutlich unter Ibsens Einfluß steht und oft »Nora« statt »Dora« sagt. Als er Dora die Erklärung ihrer hysterischen Beschwerden präsentiert, sagt sie ihm deutlich die

Meinung, bevor sie die Tür hinter sich zuwirft: »Herr Freud, ich verabscheue Sie. Sie sind wie ein Stück stinkender Käse; wohin Sie auch kommen, hinterlassen Sie Ihre Schmutz- und Sex- und Schleimspur wie eine große, schmierige Schnecke. Ich hasse Sie.« Ihren Abgang vollendet das »nach Ibsen klingende Geräusch einer ins Schloß fallenden Tür«.[30]

Nicholas Wrights *Mrs. Klein* (das inzwischen von Ingemo Engström verfilmt wurde) und Terry Johnsons *Hysteria* imaginieren die Psychoanalyse in einem spezifisch englischen Kontext; sie passen Hysterie den verschiedenen Genres der englischen Bühne an, von der Farce bis zur Salonkomödie. Melanie Klein traf 1926 in London ein, um dort die Kinder von Freuds Biographen Ernest Jones zu analysieren. Sie mietete sich in St. Johns Wood ein. Der Architekt des Hauses war Freuds Sohn Ernst. Kleins besondere Variante der Kinderanalyse stieß allerdings bei den Freudianern schnell auf scharfe Ablehnung. Wrights Stück spielt 1934, kurz nachdem Melanie Kleins Sohn Hans bei einem Unfall in der Nähe von Budapest umgekommen war. Dramatisiert wird der Machtkampf zwischen Klein, ihrer Tochter Melitta, ebenfalls Analytikerin, und der deutschen Emigrantin und Psychoanalytikerin Paula Heimann, die nicht nur Kleins Schülerin, sondern auch eine Art Ersatztochter wurde. Als *Mrs. Klein* in London 1988 uraufgeführt wurde, amüsierte sich das Publikum im Cottesloe Theatre kennerhaft über die Insiderwitze der psychoanalytischen Szene. Die enthusiastischen Kritiken zeigten sich lediglich darüber erstaunt, daß ein Stück über eine jüdische Psychoanalytikerin – also über eine Frau, über eine Jüdin und über eine Psychoanalytikerin – intellektuell so anregend und emotional so fesselnd sein konnte.[31]

Das bei weitem anspruchsvollste und originellste aus der Reihe dieser Theaterstücke der neunziger Jahre ist Terry Johnsons *Hysteria*, das 1993 in London uraufgeführt wurde. Es spielt 1939 in Hampstead, wo der todkranke Freud, den Nazis entkommen, *Der Mann Moses und die monotheistische Religion* schreibt, seine umstrittene Studie über den Ursprung des Judentums. Das

Morphium, mit dem er die Schmerzen seiner tödlichen Krebserkrankung zu betäuben versucht, erzeugt ihm Halluzinationen. Er begegnet authentischen und kompilierten Personen aus seinem Leben – seinem Arzt, dem Judaisten Abraham Yahudah, dem Surrealisten Salvador Dalí und der auf Rache sinnenden Tochter einer seiner hysterischen Patientinnen. Freud fühlt sich gegenüber den in Wien zurückgelassenen Familienmitgliedern schuldig und sinnt über den nahen Tod. Mit den Mitteln der Farce und surrealistischen Überzeichnungen stellt Johnson hier Freuds Theorie der Hysterie grundsätzlich auf die Probe; Freuds eigenes traumatisiertes und verängstigtes Unbewußtes steht auf der Bühne – schutzlos, denn Johnson geht davon aus, daß Freud die Verführungstheorie aufgab, um seine reiche und respektable Wiener Klientel nicht vor den Kopf zu stoßen, vor allem aber, um selbst dem Verdacht, sein Vater könnte eine seiner Schwestern mißbraucht haben, nicht nachgehen zu müssen.

Johnsons Theaterstück *Dead Funny* von 1994 zeigt dann Gelächter und Witzereißen als spezifisch englische und männliche hysterische Symptomatik. Desolate Männer vertreiben sich die Zeit, indem sie Sketche berühmter Komiker nachspielen. Witze und satirische Monologe werden zu Ritualen, mit denen sie sich jede Verantwortung gegenüber Frauen, das Bewußtsein des eigenen Mißerfolgs und andere beunruhigende Gefühle vom Leib halten. Urplötzlich wird dann die Farce zur Tragödie; durch hysterisches Gelächter wird eine Art geistiger Blockade durchbrochen – ein Vorgang, der auf diese Weise bei Männern leichter auszulösen scheint als bei Frauen.

Warum auf einmal so viele Theaterstücke über Freud, über Hysterie und die Genealogie der Psychoanalyse? Theaterautoren wissen, daß die Kluft zwischen Theorie und Therapeut schon an sich dramatisch ist. Die Hysterie des Psychoanalytikers zu dramatisieren, seine Theorien als eine Performance (oder als Farce) zu inszenieren ist auch ein weiteres Mittel, um das Gespenst des Unbewußten abzuwehren.

Hysterie auf der Leinwand

Film, Fernsehen, Video und das Internet nutzen und streuen zugleich zunehmend die Verbindung von Hysterie und Theatralik. Charcot war mit Sicherheit nicht der letzte, der von den fotogenen Qualitäten der Hysterikerin profitierte. In einer Filmkritik ist zu lesen: »In Filmen über wahnsinnige Frauen gibt es eine Tendenz, den Verfall [...] als Spektakel zu zeigen, so als besäße die Hysterikerin an sich filmische Qualitäten.«[32] Hélène Cixous und Catherine Clément weisen auf die Erfindung des Films im letzten Jahrzehnt des neunzehnten Jahrhunderts hin – im selben Zeitraum wurde die hysterische Frau zur kulturellen Ikone. Die »Institutionalisierung der Hysterie« beginnt für sie bei den »expressiven, expressionistischen Frauen des Stummfilms, die den Mund aufrissen zu einem Schrei, der keine Worte kennt und von blumigen Zwischentiteln wiederholt wird«.[33]

Das hysterische Spektakel wird in Jane Campions oskargekröntem Film *Das Piano* von 1993 explizit. Die Hauptfigur Ada ist seit ihrem sechsten Lebensjahr stumm: »Niemand weiß warum, nicht einmal ich selbst.« Als erwachsene Frau kommt sie mit ihrer kleinen Tochter auf einer abgelegenen neuseeländischen Insel an, wo sie mit einem Siedler verheiratet werden soll. Um sich auszudrücken, verwendet Ada ihr leidenschaftliches Klavierspiel und – im Umgang mit ihrer Tochter – eine selbsterfundene Zeichensprache. Musik ist die Sprache ihrer Sexualität, Zeichen ihre Mutter-Sprache. Mit ihren wilden, kreatürlichen Gesten und Signalen evoziert der Film unheimliche Allianzen zwischen Mutter und Tochter zum einen und zwischen Ada und dem wilden Urwald der Insel zum anderen. Ganz offensichtlich ist Adas Stummheit ein Protest gegen das Patriarchat, das einerseits durch den Vater repräsentiert wird, der sie verkauft hat, andererseits durch den Ehemann, der ihren Willen zu brechen versucht. (Eine mögliche feministische Lesart wäre, daß Ada als Kind sexuell mißbraucht wurde.) Adas sexuelle Geschichte ist unlösbar mit dem Piano verbunden. Gerade weil ihr Ehemann

Stewart sich eifersüchtig weigert, es vom Strand ins Haus schaffen zu lassen, kommt es zwischen ihm und Ada zu keiner Annäherung. Der analphabetische Verwalter Baines, der mit seinen in der Maori-Kultur begründeten Tätowierungen selbst über eine hysterische Körpersprache verfügt, ist es, der den Flügel holen läßt. Er stellt ihn in seiner Hütte auf und verkauft ihn dann, Taste um Taste, für sexuelle Gegenleistungen an Ada zurück. Damit gibt er ihr den Schlüssel (oder die Taste oder die Lösung, die auf englisch alle »key« heißen) zu ihrer Geschichte in die Hand. Auch Freud behauptete, er hätte den Schlüssel, der Doras Fall aufschließen könnte.

Während Adas Mann nichts unversucht läßt – am Ende hackt er Ada sogar einen Finger ab –, um ihre eigene Sexualität zum Verstummen zu bringen, gestattet ihr Baines, eigene sexuelle Vorlieben zu entdecken. Dadurch heilt er ihre »Hysterie« – er ermöglicht es ihr, in die normale Welt der Sprechenden zurückzukehren. Hat sie anfangs ihr Piano aus freien Stücken verstümmelt, um Baines auf einer einzelnen Taste eine Nachricht zu senden, gibt sie später das Piano ganz auf und gewinnt an seiner Stelle ihre Stimme zurück. Ihr musikalisches Genie bleibt an ihr hysterisches Verstummen gebunden: Mit der Rückkehr in die Normalität verliert sie auch ihr Besonderes. *Das Piano* scheint damit das Hysterische einer Frau mit ihrer Kreativität zu identifizieren – gehorsame Töchter können nur Klavierstunden geben. So wird gegenüber einer als Zähmung und Opfer begriffenen Normalität eine romantische Sicht der weiblichen Hysterie propagiert. Wir sollten die Risiken der Stilisierung dieser stummen Frau Ada zur Heldin im Auge behalten.

Männliche Hysterie auf der Leinwand

In der Filmtheorie ist das Adjektiv »hysterisch« auf Leinwandhelden von Buster Keaton, Jerry Lewis bis Jeremy Irons und Clint Eastwood angewandt worden.[34] Es seien Komiker, heißt es, die eine besonders expressive Körpersprache benutzen; andere Schauspieler präsentieren einen stoischen oder gehemmten männlichen Körper. Barbara Creed beobachtet, daß die »Darstellung männlicher Hysterie im Hollywoodfilm von Genre zu Genre verschieden [ist]. Im Frauenfilm [...] und Krimi wird männliche Hysterie als psychologisches Problem, etwa als Gedächtnisverlust dargestellt. Die Darstellung männlicher Hysterie als Folge einer Störung der Geschlechterrollen findet sich am häufigsten in der Komödie; Hysterie wird nicht nur in den Travestien, sondern auch im halsbrecherischen Tempo dieser Filme bildlich.«[35] Ein komischer Darsteller wie Robin Williams darf auf völlig überzogene Weise emotional, flatterhaft und unbeständig sein; er darf sich sogar als das Kindermädchen *Mrs. Doubtfire* verkleiden.

Lynne Kirby bringt männliche Hysterie mit der zentralen Metapher des frühen Films, der Eisenbahn, in Verbindung. Sie erinnert daran, daß der männlichen Hysterie zum erstenmal im Kontext des Eisenbahnunglücks ernsthafte medizinische Aufmerksamkeit geschenkt wurde. Die »Mechanisierung des neunzehnten Jahrhunderts [hat] aus ihren traumatisierten Opfern so etwas wie Hysterikerinnen« gemacht. Im Schauspieler, der auf einen entgegenkommenden Zug reagiert, sieht Kirby das Bild einer »technologischen Verführungsphantasie, bei der man sich vorstellt, von einem Zug überfahren, vergewaltigt, verführt und getötet zu werden; Hysterie als eine Phantasie des *corps morcelé*, die Rückkehr zu infantilen Wunschvorstellungen von [...] verstümmelten Körperteilen, die nun mechanisch hergestellt werden«.[36] In seinem Buch *Laughing Hysterically* (»Hysterisches Gelächter«) über amerikanische Filmkomödien der fünfziger Jahre stellt Ed Sikov deren sexuell verunsicherte und manische Protagonisten in einen Zusammenhang mit der politischen Hexenjagd und der sozialen Hysterie der McCarthy-Ära, einer neurotischen und paranoiden Phase, »die von innerem Aufruhr und äußeren Drohungen geprägt war, in der es aber auch den entspannenden Effekt eines vollständigen Zusammenbruchs gab«. Hollywoods Symbole dieses Zusammenbruchs waren die Konversions- und Angsthysterien in den Filmen mit Jerry Lewis (der »hysterischen Manifestation dessen, was seine Kultur erfolglos zu unterdrücken versuchte«) und die überladenen Melodramen Douglas Sirks.[37]

Dracula Light: Krise und Verschwörung

Einer der bekanntesten hysterischen Helden der heutigen Popkultur ist Batman, ein amerikanisierter Abkömmling Draculas, der zum erstenmal 1939 in dem Comic *Detective* auftrat. Batman, ein freundlicher Fürst der Finsternis, ist nach Gotham City versetzt, wo er tagsüber in phantastischem Reichtum als der Milliardär und Philantrop Bruce Wayne lebt und nachts eine endlose Reihe schizoider Verbrecher bekämpft. In der jüngsten Hollywoodfassung *Batman Forever* von 1995 taucht Bela Lugosis effeminierter Dracula von 1931 wieder auf und leistet seinen Beitrag zur gruseligen Atmosphäre. Ähnlich wie in den deutschen verfilmten Nosferatu-Geschichten, in denen sich der junge Verfolger des Vampirs allmählich in diesen verwandelt, erzeugt Batman in diesem Film eine obsessive Übertragungsliebe unter seinen Feinden. Seine eigene psychische Gespaltenheit wird auf sie projiziert. Trotz seines Reichtums bleibt Bruce Wayne ein Einzelgänger, ein Mann »mit einer Vorliebe für Fledermäuse«, der weder Liebe noch Frieden finden kann und dessen Suche nach anderen Kindern der Nacht nie endet.

Batman Forever versammelt eine ganze Gruppe von männlichen Hysterikern: Two-Face, Riddler und Robin, einen Zirkusjungen, der auf Rache sinnt, seitdem seine Familie von Two-Face erschossen worden ist. Alle drei gespaltenen Persönlichkeiten fixieren eine unerwiderte Liebe auf Batman, imitieren, jagen und träumen ihn. Alle drei männlichen Charaktere leiden, wie die Romanfassung von Peter David herausarbeitet, unter Kindheitstraumen, wurden von dominanten Vätern beherrscht, womöglich sogar mißbraucht. Die Handlung des Films kreist um das Bemühen der Bösen, Batman zu vernichten, die Herrschaft über Gotham City und letztlich die ganze Welt zu übernehmen, aber dieses Mal durchlebt Batman eine typische Identitätskrise der neunziger Jahre mit Alpträumen (vom Tod seiner Eltern) und Tagträumen vom traumatischen Kindheitserlebnis ihrer Beerdigung. Nicole Kidman ist Dr. Meridian, spezialisiert auf die Behandlung multipler Persönlichkeiten und die Auffindung verdrängter Erinnerungen. Alles, was die Paranoia der Jahrtausendwende ausmacht, kommt in *Batman Forever* vor. Die Machthaber sind korrupt oder belanglos; umfassende, ungeheure Verschwörungen finden hinter den geschlossenen Türen von Wall Street und von Fernsehstudios statt, wo »GNN« die Programme beherrscht; die Bevölkerung ist manichäischen Mächten ausgeliefert. Die Bösen sind übermächtig und geradlinig, sie wissen stets, was zu tun ist, die Guten aber sind hysterisch und voller Selbstzweifel. In den neunziger Jahren hat das Kino der Hysterie das Theatralische hinter sich gelassen und ist zum Topos der finsteren Machenschaft übergegangen. Das individuelle Trauma weicht zunehmend dem gesellschaftlichen Chaos. Wir sind auf hysterische Epidemien vorbereitet. Wenn wir sie brauchen, kommen sie.

EPIDEMIEN

DAS CHRONISCHE MÜDIGKEITSSYNDROM

1993 wurde Jo Gerzimbke, eine junge Engländerin, die an Chronischem Müdigkeitssyndrom (Chronic Fatigue Syndrom oder CFS) litt und infolge der Krankheit fast vollständig auf fremde Hilfe angewiesen war, wie durch ein Wunder geheilt. Im vorangegangenen Jahr hatte sich ihr Zustand ständig verschlechtert, sie konnte nicht mehr gehen, nicht mehr arbeiten und sich nicht einmal mehr die Zähne putzen. Da hörte Jo von den Heilkräften eines Reverend Bill Isaacs-Sodeye. Ihr Verlobter trug sie zum Auto und fuhr sie zu Reverend Bill nach Impington in Cambridgeshire. »Bitte Jesus um Vergebung deiner Sünden«, befahl ihr der Reverend, und sofort dachte sie daran, »zu fluchen, mit jemandem zu schlafen und zu lügen«. Reverend Bill aber sagte: »Jesus liebt Dich. Steh auf und treibe Aerobics.« Auf der Stelle begann sie zu hüpfen und mit den Armen zu kreisen. Heute fährt sie die fast fünf Kilometer zu ihrer Arbeit täglich mit dem Fahrrad. »Früher war ich unsicher«, erzählte sie einer verständnisvollen Reporterin, »ich war immer ängstlich, aber jetzt fühle ich mich zum erstenmal in meinem Leben als ganzer Mensch.«[1]

Kein Wunderheiler war zur Stelle, um einer ganzen Familie mit Chronischer Müdigkeit in Dundee, Schottland, zu helfen. Eiledh Hewitt und drei ihrer Kinder können das Haus seit 1989 praktisch nicht mehr verlassen. Sie lesen eine halbe Stunde, dann werden sie müde; oder sie hören Musik, so leise, daß andere Menschen sie kaum wahrnehmen würden – sie sind besonders geräuschempfindlich. Die meiste Zeit verbringen die Kinder beim Spiel mit einem riesigen Puppenhaus. Vom Keller bis zum Dachboden haben sie hier eine viktorianische Villa detailgetreu nachgebaut – und jetzt spielen sie ihr eigenes Leben im Leben der Puppenhausfamilie.

Alle Hewitts, einschließlich des Vaters, der nicht betroffen ist, und des ältesten Sohns, der in einer anderen Stadt studiert, bestreiten die Möglichkeit psychischer Ursachen. »Ich bin der festen Überzeugung, daß es nichts Psychisches ist«, teilte der Vater einer Journalistin mit. »Ich kenne Eiledh. Ich vertraue ihr hundertprozentig.« Denn »etwas Psychisches« wäre ein Vertrauensbruch, ein Verstoß gegen den Ehevertrag; eine Behinderung durch eine schwere Krankheit hingegen wird hingenommen. Die Journalistin fand, daß Mutter und Kinder »sich merkwürdig wenig Gedanken um die Zukunft – oder vielmehr deren Fehlen – machen. Sie sprechen vom Kranksein, aber nicht von einer möglichen Gesundung.« Eines der Kinder sagt: »Die Zukunft ist mir ganz egal. Manchmal finde ich es richtig gut, daß der Rest der Familie auch krank geworden ist, so verstehen sie es wenigstens.«[2]

Die Geschichte der Familie Hewitt ist schon bei Ibsen vorgezeichnet. Doch Dramen wie das geschilderte haben bewirkt, daß CFS zur typischen »Gesundheitsstörung der Achtziger« erklärt wurde.[3] Müdigkeit ist eine der Standardbeschwerden, die in ärztlichen Sprechstunden vorgetragen werden; bei zehn bis fünfzehn Millionen Arztbesuchen jährlich in den USA wird sie zur Sprache gebracht.[4] In England ist es ähnlich. Als zweithäufigster Grund für den Besuch beim Hausarzt wird dauernde Müdigkeit und Erschöpfung genannt.[5] In den achtziger Jahren erhielten die Beschwerden dann eine neue gesellschaftliche Bedeutung. »Heute ist Erschöpfung, das Ausgelaugtsein von verschiedenen konkurrierenden Anforderungen in Beruf, Familie und Freizeit geradezu ein Gradmesser für den Erfolg und das Prestige und für die Macht, die man ausübt. Nicht zufällig ist das Chronische Müdigkeitssyndrom im Zeitalter von AIDS in den Medien derart präsent – das Interesse an Viren und Immunkrankheiten einschließlich der psychologischen und neurologischen Querverbindungen ist stärker denn je.«[6]

Niemand kann genau sagen, wie häufig Chronische Müdigkeit weltweit tatsächlich auftritt, aber wenn medizinische Berichte das Syndrom in einem sozialen Kontext lokalisieren, ist sie in der Metaphorik der Patienten eine Naturgewalt, eine unkontrollierbare Katastrophe. »Unerwartet wie ein Tornado und fast so zerstörerisch«, heißt es im offiziellen amerikanischen Handbuch des Betroffenenverbandes, »bricht CFS in das Leben seiner Opfer ein und macht sie oft in der Blüte ihres Lebens erwerbsunfähig, vernichtet private Beziehungen und beendet Karrieren. Die Krankheit löst in der Wissenschaft Alarm und bei den Betroffenen Verzweiflung und Elend aus.«[7]

Das Leiden der CFS-Patienten soll hier in keiner Weise in Frage gestellt werden. Ihre Beschwerden sind echt, ob nun psychische oder organische oder multiple Ursachen zugrunde liegen. Chronische Müdigkeit könnte darum »zur paradigmatischen Erkrankung werden, die unser Denken aus der Falle biomedizinischer Konventionen befreit und uns zu einem tieferen Verständnis von Krankheit und Leid verhilft«[8]. Manche CFS-Kranke gehen ihrem gewohnten Leben weiter nach, viele andere aber sind nahezu bettlägerig, werden immer schwächer, geben ihre Arbeit oder Ausbildung auf. Das Syndrom ist vollkommen real, und real sind auch seine verheerenden Folgen für die Erkrankten.

Der Londoner Psychiatriehistoriker Simon Wessely schlägt darum vor, nicht nach der Existenz oder Nicht-Existenz der Chronischen Müdigkeit zu fragen. »CFS ist weder der Name eines Virus noch ein psychiatrischer Begriff, sondern steht für unsere Vorstellung von dem, was eine richtige Krankheit ausmacht und was nicht, und für das, was wir investieren, um aus etwas etwas ›Echtes‹ zu machen.«[9] Mit anderen Worten: Patienten mit Chronischer Müdigkeit leben in einer Kultur, die Krankheiten mit psychischen Ursachen noch immer diskriminiert und ihre realen Auswirkungen nicht versteht oder respektiert. Das Selbstwertgefühl von Patienten hängt fast völlig davon ab, daß an die physiologische Natur der Krankheit geglaubt wird. Menschen sind von ihrem kulturellen Kontext gezwungen, die psychischen oder sozialen Ursachen ihrer Symptome zu verleugnen und statt dessen auf die Biologie zurückzugreifen: Die Störung liegt dann nicht in ihrer Macht. Und nur auf diese Weise sind sie als Kranke legitimiert und eignen sich die entsprechenden Privilegien in ihrer eigenen Perspektive nicht unrechtmäßig an. Arthur Kleinman und Stephen Straus kommen in ihrem Bericht über CFS zu dem Schluß: »In weiten Bereichen der Biomedizin rechtfertigt nur greifbare oder im Labor feststellbare Anormalität die Absegnung als ›echte‹ Krankheit. [...] Patienten spüren das [...] und suchen deshalb einen Arzt, der ihre Krankheit urkundlich beglaubigt.«[10]

Die Medien-Hystorie über Chronische Müdigkeit tut allerdings wenig, um ihre Leserschaft über die Macht der Gefühle über den Körper aufzuklären. Statt dessen begegnet man sattsam bekannten paranoiden Theorien. So schrieb die amerikanische Journalistin Hillary Johnson mit *Osler's Web* ein aufwühlendes Buch über das Syndrom, in dem sie Ärzten und Regierungsbeamten vorwirft, sie verharmlosten CFS, wie sie schon AIDS verharmlost hätten. Das Buch gibt die bislang vollständigste und detaillierteste Übersicht über die Geschichte des Chronischen Müdigkeitssyndroms. Mit ihrer suggestiven Rhetorik und einer beweisförmigen Chronologie der medizinischen Untersuchungen und Sackgassen stellte Johnson die Chronische Müdigkeit erfolgreich als große, quasi systematische epidemische Bedrohung vor.[11] In einer ganzseitigen Anzeige kündigte Johnsons Verlag an: »In diesem Buch wird enthüllt, wie eine verheerende ansteckende Krankheit epidemisch wird, während Beweise und schockierende Statistiken von der Regierung ignoriert werden.«[12]

Terminologische Unschärfen tragen zur Verwirrung der Öffentlichkeit bei. Wir müssen uns daran erinnern, daß es sich bei der Chronischen Müdigkeit um ein Syndrom, nicht um eine Krankheit – geschweige denn um eine ansteckende Krankheit handelt. Ein Syndrom ist, wie Johnson selbst schreibt, »ein Zusammentreffen sich unverwechselbar darstellender körperlicher Symptome, deren Ursache noch gefunden werden muß«. Eine Krankheit wird in »einer Erkrankung manifest, für die es in der Medizin eine Erklärung – zum Beispiel ein identifiziertes Bakterium – sowie eine wissenschaftlich verifizierbare pathophysiologische Erklärung gibt«.[13] Manche Symptomkomplexe werden von der Wissenschaft nach einer gewissen Zeit als Krankheiten identifiziert, wie zum Beispiel das Acquired Immune Deficiency Syndrome, heute bekannt als HIV-Infektion. AIDS war anfangs ein Syndrom mit unbekannten Ursachen, doch die Symptome waren offensichtlich und auch wissenschaftlich nachweisbar. Die Kranken litten an Hautkrankheiten, Lungenentzündung und Demenz; AIDS war tödlich.

Das Syndrom der Chronischen Müdigkeit ist von AIDS deutlich verschieden. Die Beschwerden sind vorwiegend subjektiv; die Patienten fühlen sich müde, krank oder unwohl, zeigen aber, abgesehen von vorübergehendem leichtem Fieber oder geschwollenen Lymphknoten, keinen objektiven klinischen Befund, keine klaren Anzeichen einer Krankheit. Elektrokardiographische, neurologische und endokrinologische Untersuchungen weisen keine konstanten Anomalitäten nach. Manchmal tritt das Syndrom nach einer Viruserkrankung auf, aber die Viren sind nicht spezifisch und verursachen meist nur vorübergehend Müdigkeit. Die Symptome von CFS kommen und gehen ohne ersichtliche Gesetzmäßigkeit, halten sich aber oft über Monate oder sogar Jahre hinweg. Viele Betroffene sagen aus, sie seien nie von CFS genesen, es ist aber auch noch niemand daran gestorben. Johnson beschreibt die Patienten häufig als »schwerkrank«, bezieht sich mit dieser Formulierung aber auf das Befinden der Patienten und die Veränderung ihrer Lebensgewohnheiten, nicht auf lebensbedrohliche körperliche Zustände. Außerdem kann das Symptom Müdigkeit wissenschaftlich weder nachgewiesen noch widerlegt werden. Wenn ich behaupte, daß ich sehr müde bin, wer will mir das Gegenteil beweisen?

Ein weiteres Problem bei der konkreten Diagnose der Chronischen Müdigkeit ist die Variabilität der Beschwerden. »Es ist wirklich unglaublich, wie die Symptome sich ständig verändern«, erklärt eine junge Amerikanerin. »Manchmal habe ich einen Monat lang schreckliche Schmerzen im ganzen Körper, das ist am schlimmsten. Im Monat danach sind es dann heftige

Kopfschmerzen, die mich überfallen. Und im Monat darauf fühle ich mich körperlich besser, bin aber so in Panik, daß ich mich am liebsten nur noch unter der Bettdecke verkriechen möchte.«[14]

Von der Amerikanischen Nervosität zur epidemischen Müdigkeit: Wie alles anfing

Woher stammt dieses Syndrom CFS? 1984 kamen Patienten mit multiplen unspezifischen Beschwerden in eine Arztpraxis in Nevada – Schwindel, Hautausschläge, Bauchschmerzen, Halsschmerzen, Kopfschmerzen, Durchfall, Herzklopfen, Kurzatmigkeit, Sehstörungen, schmerzende Gelenke, Lichtempfindlichkeit, Ohrensausen, Gewichtsschwankungen, Verlust der Libido, Gefühllosigkeit in den Fingerspitzen, Taubheitsgefühl im Gesicht, Schwellungen, Überempfindlichkeit gegen Alkohol, Lippenherpes, allgemeine Schwäche, Nahrungsmittelallergien, Haarausfall. Die Praxis liegt in Incline Village, einem kleinen Ort mit 6000 Einwohnern in der Nähe von Lake Tahoe, wo viele wohlhabende Pensionäre im Alter zwischen vierzig und fünfzig Jahren leben. Im Februar 1985 hatten Paul Cheney und Dan Peterson, die behandelnden Ärzte, zwanzig Fälle der rätselhaften Erkrankung identifiziert. Als sie im Juli die US-Bundesgesundheitsbehörde unterrichteten, waren es schon mehr als einhundertzwanzig.[15] Ende November kam die Epidemie zum Stillstand. Die Zahl der Fälle war auf einhundertsechzig angestiegen. Ein Mitarbeiter der Gesundheitsbehörde in Atlanta, die den Ausbruch der Krankheit untersuchte, war von der enormen Bandbreite der Symptome beeindruckt: »Es war nicht wie eine Ruhr-Epidemie, wo jeder mit haargenau derselben Sache kommt. Hier kamen die Leute mit verschiedenen Geschichten. Es hatte keineswegs jeder Müdigkeit, Halsschmerzen und Husten. Einer hatte Müdigkeit, Halsschmerzen, juckende Füße, kratzende Beine. Ein anderer war nur halb so müde, seine Kopfschmerzen waren nur halb so schlimm, aber er konnte nicht einschlafen. Lauter verschiedene Sachen. Und trotzdem kamen sie und sagten, sie hätten die gleiche Krankheit.«[16]

Die Epidemie in Incline Village stand nicht allein. Ärzte hatten ähnliche Symptomkomplexe schon während anderer Epidemien beobachtet, der Neurasthenie, der Amerikanischen Nervosität oder nervösen Erschöpfung des neunzehnten Jahrhunderts. In vielerlei Hinsicht ist CFS eine neue Form des sogenannten »Effort Syndrome«, einer Ermüdung des Herzens mit einer langen Geschichte; Simon Wessely sprach deshalb von »neuem Wein in alten Schläuchen«.[17] Wessely hat auch beschrieben, daß Neurasthenie, Chronisches Müdigkeitssyndrom und »Postviral Fatigue Syndrome« (ein nach einer Viruserkrankung auftretendes Müdigkeitssyndrom) eine Vielzahl von Anzeichen gemein haben. Der amerikanische Neurologe George Beard, der gegen Ende des neunzehnten Jahrhunderts zwei Standardwerke über die Amerikanische Nervosität verfaßte, führt über siebzig mögliche Symptome auf, darunter insbesondere extreme körperliche Müdigkeit und geistige Erschöpfung.[18] In einem ärztlichen Handbuch über CFS von 1993 sind es noch dreiundvierzig. Wie CFS heute, war Neurasthenie damals in den oberen Gesellschaftsschichten am weitesten verbreitet; Beard führte sie auf die Geschwindigkeit des Stadtlebens und auf die aufregende Sensationspresse, auf den Lärm der Dampfmaschinen und die ratternden Meldungen der Telegrafen zurück. Er riet den Betroffenen zu einer Ruhepause, um sich von den Anforderungen ihres Arbeits- und Privatlebens zu erholen.

In den Anfangsjahren dieses Jahrhunderts suchten Ärzte erfolglos nach einem »Müdigkeitsgift« oder einer Viruserkrankung als Ursache der Nervenschwäche. Als sie keine organische Erklärung der Symptome finden konnten, suchten sie nach psychischen Ursachen und verdächtigten besonders die Depression. 1909 berichtete das *British Medical Journal*, daß Neurasthenie eine eingebildete Krankheit sei, die »die fast allgegenwärtige Sorge um die Gesundheit hervorbringt, die eines der Zeichen dieser Zeit ist. Die Folge ist ein entsprechendes Vordringen von Kurpfuscherei aller Art.«[19] Wessely untersuchte, warum die Neurastheniediagnose in den ersten Dekaden des zwanzigsten Jahrhunderts dann plötzlich selten wird. Skeptische Ärzte definierten sie jetzt nicht mehr als eine neurologische, sondern als psychische Störung. Freud führte die Nervenschwäche auf exzessive Masturbation und nächtlichen Samenerguß zurück; er schrieb, daß das Syndrom zu Kopfschmerzen, Spinalreizung, Verdauungsstörungen, Blähungen und Verstopfung führe. Aber 1930 behauptete der englische Neurologe Falret Buzzard, daß »das Etikett des Neuralgischen oft zur Umgehung einer Pflicht genutzt wird – nämlich der uns auferlegten Pflicht, eine korrekte Diagnose zu verkünden«. Die Neurasthenie, schließt Wessely, früher »eines der am häufigsten diagnostizierten Leiden in der medizinischen Praxis«, ist seit 1970 praktisch ausgestorben.[20]

Natürlich gab es immer wieder vereinzelte Ausbrüche rätselhafter neurasthenischer Symptome. Im Juli 1955 wurden mehr als zweihundert Menschen aus dem Londoner Norden mit Erschöpfung, Kopfschmerzen, Übelkeit und Muskelschmerzen ins Krankenhaus eingeliefert. Dort kamen bei einigen Patienten Schwindel, Sehstörungen und extreme Muskelschwäche hinzu. In den folgenden beiden Wochen erkrankten siebzig Ärzte und Krankenschwestern der Klinik, die für zwei Monate schließen mußte. Die Vorgänge wurde trotz intensiver Nachforschungen nie aufgeklärt. 1970 veröffentlichten zwei Psychiater im *British Medical Journal* ihre Schlußfolgerung, daß es sich um eine Massenhysterie gehandelt haben müsse, auch wenn die Vertreter des Chronischen Müdigkeitssyndroms das erbittert bestreiten.

In den schnellebigen achtziger Jahren jedoch, ein Jahrhundert nach George Beards Identifizierung der Nervenschwäche oder Neurasthenie, kehrten die Symptome der Chronischen Müdigkeit wieder. 1984, nach der Entdeckung des Epstein-Barr-Virus, eines der Herpesviren, und seiner Bekanntmachung durch die Presse, kamen in den USA Patienten mit grippeartigen Beschwerden – Halsschmerzen, Müdigkeit, Gedächtnisschwäche,

Muskelschmerzen, Kopfschmerzen, Schlafstörungen – zu ihren Hausärzten. Der Virologe Stephen Straus untersuchte zwanzig Fälle aus elf verschiedenen Staaten und stellte sie im Januar 1985 der medizinischen Öffentlichkeit vor. Eine begleitende Studie des Mediziners James Jones legte einen Zusammenhang mit dem Epstein-Barr-Virus nahe. Im Handumdrehen war dann das Epstein-Barr-Virus im streßgeplagten Hollywood Mode geworden. In der Zeitschrift *New York* war zu lesen: »Eine mysteriöse Epidemie jagt durch Hollywood. Drehbuchautoren, Schauspieler, Produzenten und hohe Tiere aus den Filmstudios erkranken allesamt an Epstein-Barr, einem Virussyndrom, das tiefe Müdigkeit auslöst und für das kein Gegenmittel bekannt ist.« Behandlungszentren schossen in Südkalifornien aus dem Boden, die Epstein-Barr mit Sportprogrammen, Akupunktur, Biofeedback und Vitaminen zu Leibe rücken wollten.[21] In Nevada testeten Peterson und Cheney ihre Patienten auf das Epstein-Barr-Virus und fanden bei fast drei Viertel von ihnen erhöhte Antikörperzahlen; allerdings bewies dieses Resultat nichts, da etwa 90 Prozent aller Erwachsenen schon in der Kindheit über dreißig Antikörper gegen das Epstein-Barr-Virus entwickeln.

Viele von diesen früheren Patienten waren beruflich erfolgreiche junge Leute – was dazu führte, daß die Krankheit den Spitznamen »Yuppie-Grippe« bekam; unter ihnen waren außerdem Athleten, Läufer und Personen, die beruflich viel reisen wie Piloten und Musiker. Vielleicht, so spekulierten die Ärzte, lag der Krankheit Überanstrengung zugrunde. Die Patienten wurden von Wissenschaftlern auf Pfeiffersches Drüsenfieber, Herpes und Umweltgifte getestet; ein Nachweis wurde nicht erbracht. Als ähnliche Symptome dann auch in Europa beobachtet wurden, entwickelten Ärzte in den verschiedenen Ländern landesspezifische Erklärungsansätze: »In Frankreich kommt es von der Erziehung; in Skandinavien von den Amalgamfüllungen [...], in den Vereinigten Staaten sind Viren noch immer sehr populär.«[22] In den Erklärungsversuchen spiegelt sich die nationale medizinische Kultur, oder auch die spezifische Obsession.

Inzwischen waren Epidemiologen der US-Bundesgesundheitsbehörde in Incline Village eingetroffen, wo sie im September 1985 die Praxis der Ärzte Peterson und Cheney inspizierten. Sie untersuchten etwa ein Dutzend Patienten – weniger als von Peterson und Cheney gewünscht – und befragten über hundert weitere; sie lasen vor allem die Krankenakten, studierten Laborwerte und entwickelten auf der Basis des zentralen Symptoms Müdigkeit eine Kontrollstudie. Von über hundertfünfzig Fällen siebten sie fünfzehn mit langanhaltender und unerklärlicher Müdigkeit heraus. Von dieser Gruppe waren dreizehn Personen weiblich, alle waren weiß. Das Blut dieser Personengruppe wurde auf Antikörper gegen das Epstein-Barr-Virus getestet und mit den Blutwerten einer Kontrollgruppe aus Incline Village verglichen.

Während die Epidemiologen vom Wohlstand der Patienten beeindruckt waren, blieben sie den Symptomen gegenüber skeptisch: »Es waren ganz eindeutig Leute dabei, die Beschwerden hatten. Sie wollten das Beste daraus machen und bemühten sich um eine gewisse Glaubwürdigkeit. Und auf einmal sind da diese zwei Ärzte, die ihnen nicht nur zuhören, sondern sie sehr ernst nehmen. Sie geben ihrer Krankheit einen Namen. Sie machen einen Test und sagen: ›Sie haben das und das.‹ Die Ärzte tun es gerne, und die Patienten hören es gerne. Und so ist man sich einig.«[23]

Die Medien griffen die Sache rasch auf. Am 11. Oktober 1985 brachte eine Provinzzeitung einen Artikel unter der Schlagzeile »Rätselhafte Krankheit sucht North Tahoe heim«. Von hier fand die Geschichte ihren Weg in alle Agenturen, und bald fielen Fernsehreporter, die zunächst eine AIDS-Story vermuteten, in der Kleinstadt ein. Die Gemeinde war überfordert, und eine am 15. Oktober von Cheney und Peterson hastig einberufene Pressekonferenz machte alles nur noch schlimmer. Der Tourismus in Nevada wurde geschädigt, aber der Medienrummel brachte vielen Amerikanern doch die Möglichkeit einer neuen Krankheit ins Bewußtsein. Innerhalb weniger Tage »trafen herzerweichende Hilferufe aus weitentfernten Gegenden ein [...]. Für jene, die isoliert gelitten hatten, und besonders die, die von ihren Ärzten und Familien als Hypochonder, Simulanten oder Verrückte abgefertigt worden waren, nahm ihr persönliches Problem mit den Nachrichten aus Nevada plötzlich reale Umrisse an.« Die Anzahl neuer Fälle in Incline war zwar stark zurückgegangen, doch Cheney und Peterson konnten sich über einen Mangel an Patienten nicht beklagen: »Wie Pilger auf der Fahrt nach Lourdes flogen Leidende aus allen Bundesstaaten nach Nevada.«[24] Ende November stellten die beiden Ärzte die Hypothese auf, daß ein mysteriöser Ansteckungsstoff – »Stoff X« – das menschliche Immunsystem angreife und neurologische Läsionen verursache. Sie vermuteten ein Retrovirus.

Am 30. Mai 1986 veröffentlichte die US-Bundesgesundheitsbehörde dann ihren ersten kurzen Bericht über die Incline-Village-Epidemie. Ein chronischer Epstein-Barr-Virus konnte als Ursache der Fälle nicht nachgewiesen werden. Cheney und Peterson reagierten wütend, und CFS-Vertreterinnen wie Hillary Johnson halten den Bericht für einen entscheidenden Wendepunkt in der Schlacht zwischen Patienten, Ärzten, Epidemiologen und Regierung. »Die zweideutige Aussage der Bundesgesundheitsbehörde«, schrieb Johnson 1987 rückblickend, »sollte die Panik eindämmen, isolierte aber die Betroffenen zugleich auf eine geradezu kafkaeske Weise, da das, was sie täglich als real erfuhren, von den Behörden als eindeutig falsch bewertet und ihren Aussagen keinerlei Bedeutung beigelegt wurde.«[25] Die Kluft, die sich zwischen den Betroffenen und der offiziellen Erklärung auftat, füllten Selbsthilfegruppen, deren Mitgliederzahlen in die Höhe schossen.

Die Presse hielt das Interesse am Chronischen Müdigkeitssyndrom wach. 1987 veröffentlichte Johnson ihren vielgelesenen Artikel »Reise in die Angst. Der Alptraum des Epstein-Barr-Virus«. Sie berichtete von »einer rätselhaften Krankheit«, der sie zum Opfer gefallen sei und durch die sie »nicht mehr in der Lage war, die Zahnbürste hochzuheben oder mich an meine Telefonnummer zu erinnern«. Nachdem ihre Ärzte nichts hatten finden können, las Johnson von der »Seuche«, die in der Praxis von Cheney und Peterson ausgebrochen war, und zeigte daraufhin einem Arzt die Unterlagen mit ihren Blutwerten. Er teilte ihr daraufhin mit, daß sie an der »Lake-Tahoe-Krankheit« litt.[26]

1988, nach jahrelangen fruchtlosen Untersuchungen, wurde die Chronische Müdigkeit offiziell als Syndrom eingestuft. Dabei wurde festgelegt, daß zwei Hauptkriterien erfüllt sein müssen: andauernde, behindernde Müdigkeit seit mindestens sechs Monaten mit einer wenigstens fünfzigprozentigen Einschränkung der normalen Aktivitäten sowie Ausschluß von anderen Gesundheitsstörungen wie Krebs, AIDS, multipler Sklerose oder chronischen psychiatrischen Erkrankungen. Zusätzlich mußten die Patienten mindestens sechs der elf folgenden Symptome aufweisen: leichtes Fieber, Halsschmerzen, schmerzende Lymphknoten, Muskelschwäche, übermäßige Erschöpfung nach normaler körperlicher Anstrengung, Kopfschmerzen, Gelenkschmerzen, Vergeßlichkeit, Schlafstörungen sowie plötzliches gleichzeitiges Auftreten all dieser Symptome. Schließlich mußte ein Arzt bestätigen, daß in wenigstens zwei Fällen, die mehr als einen Monat auseinanderlagen, leichtes Fieber, Halsentzündung, erhöhte Schleimbildung der Schleimhäute oder oberen Atemwege und tastbare oder empfindliche Lymphknoten aufgetreten waren. Bis zum Dezember 1994 waren diese Richtlinien verändert und vereinfacht worden; jetzt mußten nur noch vier von insgesamt acht Langzeitsymptomen zutreffen.

Die Veröffentlichung der Richtlinien hielten Ärzte und Patienten, die um die Anerkennung des Chronischen Müdigkeitssyndroms kämpften, für einen Erfolg, auch wenn es Stimmen gab, die die Bezeichnung ablehnten: »Sie scheint einen gutartigen Zustand von sehr geringer Tragweite zu beschreiben, in dem die Menschen müde, vielleicht gelangweilt sind, wahrscheinlich, weil sie zuviel arbeiten oder depressiv sind.« David Bell, der Autor eines ärztlichen Handbuchs zur Chronischen Müdigkeit, bevorzugt »Chronisches Müdigkeits- oder Immunreaktionsstörungs-Syndrom«, »Fibromyalgie«, »Tapanui-Grippe« oder den Begriff »Myalgische Enzephalomyelitis« oder »ME«, der in England benutzt wird. »Ohne Zweifel stellt ME eine echte Krankheit dar«, heißt es in seinem Buch. »Es klingt, als ob es tödlich sein könnte.«[27]

Daß »Myalgische Enzephalomyelitis« tatsächlich medizinisch gravierend und möglicherweise sogar tödlich *klingt*, macht ME nicht lebensbedrohlicher oder tödlicher als CFS. Die Abkürzung ME betont im Englischen ironischerweise die Ich-Bezogenheit der Patienten. Wie immer die offizielle Definition des Syndroms aber lautet, Ärzte verwenden sie sehr sorglos und verallgemeinernd. Offiziell ist CFS, wie Karyn Feiden erklärt, »eine Ausschlußdiagnose, die erst dann auf einen Patienten angewandt wird, wenn Krankheiten mit einem ähnlichen Krankheitsbild ausgeschlossen wurden«.[28] Kranke, die über ihre Beschwerden stark beunruhigt sind, verlangen nach einem Namen für sie, um eine Vorstellung zu haben, in welcher Kategorie sie sich ungefähr bewegen, erklärte Paul Cheney. »Der Name ist nicht sonderlich aufmunternd, aber sie können sich wenigstens auf etwas einstellen.«[29] In einer Studie von 1993 über 13 500 untersuchte CFS-Fälle fanden die Autorinnen Rumi K. Price und Carol S. North nur *eine* einzige Person, die die amtlichen Kriterien erfüllte. Bei allen anderen lagen mögliche andere Ursachen vor. Die beiden Forscher waren in ihrer Schlußfolgerung vorsichtig. »Wir sagen nicht, daß es kein Chronisches Müdigkeitssyndrom gibt«, meinte Price, »aber so, wie es von der US-Bundesgesundheitsbehörde definiert wurde, haben wir es nicht gefunden.«[30]

Nichtsdestoweniger ist CFS nach wie vor eine Mediensensation. In England brachte Sue Finleys Artikel »Eine Krankheit, die die Ärzte nicht erkennen« dem *Observer* sechstausend Leserbriefe ein und führte 1986 zur Formierung einer ME-Kampagne. Frauenzeitschriften ventilierten Chronische Müdigkeit, und berühmte Persönlichkeiten gestanden ihre CFS-Erkrankungen ein. Die Sängerin Cher, so wurde berichtet, habe CFS drei Jahre lang mit Naturheilmitteln bekämpft.[31] Ende der Achtziger tauchte Chronische Müdigkeit dann auch in Fernsehserien wie den *Golden Girls* auf: Eine der Protagonistinnen, Dorothy, leidet plötzlich unter merkwürdigen Beschwerden; unfreundliche Ärzte empfehlen kurzerhand Hypnose oder eine Kreuzfahrt, doch ein Virologe »Dr. Chang« versichert Dorothy, daß sie »wirklich krank und nicht bloß depressiv« ist. Dorothy ist erleichtert, daß sie »echt was Echtes« hat.

Selbsthilfegruppen entstanden in den Vereinigten Staaten, England, Australien, Neuseeland, Belgien, Dänemark, Italien, Norwegen und Südafrika. Buchhandlungen richteten ganze Ratgeberabteilungen ein, eine Zeitschrift ermahnte die Leser und Leserinnen: »Wenn das neueste Buch zu CFS in Ihrer Bibliothek mehr als zwei Jahre alt ist, dann ist es schon veraltet.«[32] 1990 gingen bei der US-Bundesgesundheitsbehörde monatlich mehr als zweitausend telefonische Anfragen zum Thema Chronische Müdigkeit ein.[33] 1995 konnte in einer Karikatur in der Zeitschrift *The New Yorker* eine Mutter ihr schlaftrunkenes Kleinkind beruhigen: »Es ist nur Erschöpfung, mein Schatz. Das hat heutzutage jeder.« 1996 behauptete Hillary Johnson, daß zwei Millionen Amerikaner und Amerikanerinnen betroffen seien und die Seuche sich weltweit ausbreite. Ständig neu gebildete CFS-Organisationen gestalteten das Sozialleben der Erkrankten, deren Chronische Müdigkeit dadurch fast zum Lebensstil aufrückte – Kaffeefahrten und Kaffeeklatsch, aktive und durchorganisierte Selbsthilfegruppen.

Die Erforschung der Hintergründe von CFS ist für viele dieser Menschen zur Lebensaufgabe geworden. Obwohl Hunderte kostspielige Studien keinen überzeugenden Nachweis für die Bakterien, Chemikalien und Viren erbringen konnten, die hinter CFS vermutet wurden, ist deren Möglichkeit noch immer unbegrenzt: Jeder neue Virus und jede neue Chemikalie muß bei ihrem Auftauchen untersucht werden. Denn die ungeheuren Forschungsgelder, die in CFS gesteckt wurden, schließen die Möglichkeit eines Erregers – der mit dem aktuellen medizinischen Wissen womöglich nicht identifizierbar ist – natürlich nicht aus. Seit mindestens zwei Jahrzehnten haben die Forscher ständig neue Ursachen hypostasiert, weil alte unhaltbar wurden, wie Malaria, Grippe, Typhus, Impfungen, Brucellose, Pfeiffersches Drüsenfieber, Economo-Krankheit, Epstein-Barr-Virus, Coxsackie-B-Virus, Lyme-Krankheit und Rickettsiales.[34] Hefepilze und Afrikanische Schweinepest wurden ebenfalls ins Spiel gebracht. 1995 beobachteten Ärzte einen Zusammenhang zwischen niedrigem Blutdruck und CFS.[35] In jüngster Zeit konzentriert sich die Forschung auf das Immunsystem, Retroviren, Nukleinsäuren und das Zelleben. Und in jedem Augenblick wird eine neue, womöglich bahnbrechende These gebildet.

Der CFS-Forscher, schreibt David Bell, »ist ständig in höchster Aufregung, denn der medizinische Fortschritt könnte kurz vor dem gewaltigsten Sprung nach vorn stehen, den es je gegeben hat«.[36] Gegen einflußreiche Wissenschaftler und Beamte der US-Bundesgesundheitsbehörde wurde der Vorwurf erhoben, Patientenberichten grundsätzlich zu mißtrauen. Johnson argumentiert, daß die medizinische und wissenschaftliche Erklärungsfindung nur die eigenen heiligen Kühe Methodologie und Experiment anbete. Ein junger Banker mit schwerwiegenden CFS-Symptomen, der Unsummen bei seinen behandelnden Ärzten gelassen hatte, faßte die typische Frustration der CFS-Patienten in Worte: »Für die Ärzte gilt nur, was schwarz auf weiß existiert«, sagte er. »Es kann nichts auf der Welt geben, was sie nicht verstehen – weil sie ja allwissend sind! Sie glauben ihren Patienten nicht – sie glauben ihren Lehrbüchern. Sie lesen ihre Computerausdrucke, aber sie hören nicht, was man zu sagen hat. Es ist dies das schlimmste Beispiel moderner Medizin.«[37]

Viele gutinformierte, gebildete Menschen in Amerika und Europa glauben, irgendwo gelesen zu haben, daß eine organische Ursache von CFS eindeutig festgestellt worden sei. Verfrühte Pressemeldungen über angebliche Durchbrüche potenzieren die Verwirrung. Die *Times* in London druckte 1995 zum Beispiel die Behauptung ab, CFS sei von der Weltgesundheitsorganisation WHO als »organische Störung des Gehirns«[38] definiert worden; Sprecher der WHO in Genf dementierten das umgehend.

Die Realität selbst ist ein gutes Beispiel dafür, wie dieselbe Geschichte von verschiedenen Lesern unterschiedlich interpretiert werden kann. Am 29. September 1992 hatte die Weltgesundheitsorganisation CFS-Kranke enttäuscht, als sie verlautbaren ließ, daß es keinen Beweis für ein neues Virus mit immunsuppressiver Wirkung gebe. Anfang 1993 klassifizierte die WHO unter der Bezeichnung G93.3 ein Postvirales Chronisches Müdigkeitssyndrom oder gutartige Myalgische Enzephalomyelitis. Das Klassifikationssystem bezieht sich mit G90 bis G99 auf Erkrankungen im Bereich des Zentralnervensystems, G93 steht für eine Erkrankung des Gehirns. ME- und CFS-Fürsprecher faßten die Klassifizierung als wissenschaftliche Bestätigung auf, während sie für Skeptiker nur die berichteten Symptome anerkannte.[39]

In einer sehr aufschlußreichen Untersuchung aller Artikel, die zwischen 1980 und 1994 in medizinischen Fachzeitschriften oder Zeitschriften und Zeitungen für ein breites Publikum über CFS veröffentlicht wurden, fanden Gail MacLean und Simon Wessely heraus, daß nur 31 Prozent der Artikel in medizinischen Fachpublikationen mehr zu organischen als zu psychischen Ursachen des Syndroms neigten, während 69 Prozent der Artikel in den anderen Zeitungen eine organische Erklärung vorzogen. MacLean und Wessely interviewten sechs Medizinjournalisten, die sich einig waren, daß »es keinen neutralen Standpunkt gibt, wenn es um CFS geht«.[40] Die Journalisten seien geneigt, mit den Patienten zu fühlen und ihre Klagen über die ärztliche Arroganz aufzugreifen; sie seien offenbar gewillt, CFS als einen Teil der »modernen Reaktion gegen die medizinische Bevormundung und damit als geeignetes Thema für eine Reportage« anzusehen. MacLean und Wessely kamen zu dem Schluß: »Die Presseberichterstattung über das Chronische Müdigkeitssyndrom basiert zumeist auf einem Krankheitsmodell, in dem das pathogene Element ein spezifisches pathologisches Ereignis auslöst, das irgendwann von einem einzigen Wundermittel geheilt werden wird. [...] Viele Artikel verstärkten bewußt oder unbewußt die Stigmatisierung psychischer Erkrankungen. Mehrere Journalisten erwähnten, daß sie Ärger bekommen hatten, als sie in ihren Artikeln keinen Bezug zu psychischen Ursachen herstellten. Zwei Journalisten wollten deshalb gar nichts mehr über das Thema schreiben.«[41]

Die Patienten

Die meisten von uns kennen jemanden – fast immer ist es jemand, den wir schätzen –, der unter Chronischer Müdigkeit leidet. Es sind Verwandte, Nachbarn, Kollegen oder Freunde, und wir neigen dazu, ihnen zu glauben. Sprechen sie doch nicht von übernatürlichen Erfahrungen oder bizarren Ritualen – nur von Beschwerden, die jeder kennt. Es sind glaubwürdige Menschen, die an CFS leiden, und sie *wissen*, sie persönlich waren einem unbekannten pathogenen Stoff oder Faktor ausgesetzt. Es kursieren tragische Geschichten darüber, wie CFS Karrieren und Biographien zerstört hat.

CFS-Patienten weisen allerdings einige sehr bezeichnende Charakteristika auf. Mehr als 90 Prozent von ihnen sind weiß; es scheint, daß CFS »bei ethnischen Minderheiten nicht diagnostiziert«[42] wird. Frauen sind gegenüber Männern drei- bis viermal häufiger betroffen. In einer Studie berichten viele CFS-Patientinnen von einem hektischen Leben mit Beruf, Kindererziehung, sozialem Engagement, Sport und Freundeskreis.[43] Und doch insistieren feministische Berichte über Chronische Müdigkeit zumeist auf viralen oder neurologischen Ursachen und lehnen psychologische Erklärungen ab. Auch viele CFS-Kranke stehen psychiatrischen oder sozialen Erklärungen feindselig gegenüber, da diese ihre Beschwerden in ihren Augen bagatellisieren oder gar auf eine »primär emotionale Störung«[44] zurückführen.

Zudem gehört der Konflikt zwischen Arzt und Patient von

Anfang an zur CFS-Hystorie. Der skeptische Arzt ist der Feind des hilflosen Patienten. Darum ist »das Hauptthema der Selbsthilfeliteratur die fehlende Anerkennung. Sie wird den Patienten von Verwandten, Kollegen und Ärzten vorenthalten. Leidende verweisen auf einen ›langen, mühseligen Kampf gegen Ignoranz und Trägheit‹ und behaupten, daß ›die meisten Ärzte [...] selbst über die grundlegendsten Fakten der Krankheit immer noch bedauerlich mangelhaft informiert‹ sind.«[45] Edward Shorter bestätigt, daß in der CFS-Subkultur »massenhaft« Volksweisheiten darüber kursieren, »wie der einzelne an einen Arzt kommt, den er für einen vertrauenswürdigen Sympathisanten halten kann«.[46]

Patienten und ihre verschiedenen Vertreter fahren ständig schwerere Geschütze gegen die Schulmedizin auf und greifen mit paranoider Findigkeit auch zu entlegenen Beweisgliedern. Schon 1989 wurde bekannt, daß Psychiater und Forscher wie Simon Wessely oder Stephen Straus Drohbriefe und anonyme Anrufe bekamen und mit Hetzkampagnen überzogen wurden.[47] Hillary Johnson wirft Straus vor, daß er »dem Schicksal von Wissenschaftlern außerhalb seiner Institution gleichgültig gegenübersteht, die ebenfalls am Entdeckungsprozeß beteiligt sein möchten, und womöglich gegen jede Art von wissenschaftlicher Untersuchung, die nicht seine eigene ist, feindlich eingestellt« sei.[48]

Im August 1996 kam es während einer Fernsehdiskussion der BBC in England zu tumultuösen Szenen, als Thomas Stuttaford, ein ehemaliger Parlamentarier mit einer medizinischen Kolumne in der *Times*, es wagte, ME ein psychisches Problem zu nennen. Die Zuschauer, von denen manche im Rollstuhl gekommen waren, die meisten aber gesund aussahen, zischten und buhten. »Da stand ich in meinen roten Socken und dunkelblauem Anzug, der Inbegriff des englischen Traditionalismus«, sagte Stuttaford später einem Reporter. »Ich war wie Daniel in die Löwengrube gelaufen. Ich glaube nicht, daß mir je zuvor so viel Aggression und eine so halsstarrige Weigerung begegnet sind, irgendeine Meinung anzuhören, die der eigenen widerspricht, oder dieser zumindest den Versuch zu verstehen entgegenzubringen.«[49] Anne McIntyre, die als medizinische Beraterin der Patienten-Selbsthilfeorganisation der ME-Kranken in England tätig ist, antwortete: »Der Kampf, der sich gegenwärtig abspielt, erinnert an die Feindseligkeit, die Multiple-Sklerose-Kranken vor vierzig bis fünfzig Jahren entgegenschlug. Sie wurden damals hysterisch genannt, weil ihre Symptome kamen und gingen. Niemand würde heute wagen, ihre Krankheit eine Einbildung zu nennen.« Thomas Stuttaford betrachtet allerdings die Unterstellung, daß eine psychologisch bedingte Krankheit »Einbildung« sei, gerade als Teil des Problems. Die Öffentlichkeit sei so feindselig, sagte er, »weil manche Leute immer noch nicht gelernt haben, psychische Störungen als echte Krankheiten zu sehen. Sie halten sie noch immer für eine moralische Schwäche.«[50] Verächtlich weisen dann auch die Patienten Psychotherapie und Antidepressiva zurück – aber die Beschwerden bleiben, und die ergebnislose Suche nach dem großen medizinischen Durchbruch kostet zusätzlich Kraft und Lebenszeit. Irgendwann wird das Syndrom dann zur sich selbst erhaltenden Realität, auch wenn anfängliche Ursachen gar nicht mehr gegeben sind.

Im kulturellen Widerspruch ihrer Symptome gefangen, sind viele Leidtragende dankbar, einen Reverend Bill zu finden. Wunderheilung ist ein billiger Preis für die Erlösung von einer Krankheit, die das ärztliche Wissen noch immer übersteigt.

Die Ärzte

Ärzte und andere im Gesundheitswesen Beschäftigte waren schon immer besonders anfällig für Neurasthenie und andere Formen der chronischen Erschöpfung. 10 Prozent von George Beards Neurasthenie-Patienten in den 1880er Jahren waren Ärzte, und sowohl Beard wie Weir Mitchell hatten die Krankheit selbst überstanden. In England wie in den Vereinigten Staaten fungieren heute betroffene Ärzte als Berater von Patientenorganisationen. Schon in den achtziger Jahren wurde beobachtet, daß die Häufigkeit von ME bei Ärzten zu ihrem Anteil an der Gesamtbevölkerung in keinem Verhältnis steht.

Der Arzt Paul Cheney erklärte gegenüber Hillary Johnson diese Diskrepanz aus unterschiedlichen Erfahrungen und Erwartungen. »Die einzigen, die wirklich an diese Krankheit glauben, sind die wenigen Kliniker, die ausreichend Patienten gesehen haben, um das Muster zu erkennen, und vereinzelte Kliniker, die die Krankheit entweder selbst haben oder jemanden kennen, der sie hat. Sobald man anfängt zu glauben, daß diese Krankheit echt ist, ändert sich die gesamte Einstellung. Erhält man ein negatives Resultat oder ein zweideutiges Ergebnis, dann sagt man: ›Tja, das ist zwar ein negatives Resultat oder ein zweideutiges Ergebnis‹, aber man macht trotzdem genauso weiter, weil man ja weiß, daß die Krankheit echt ist.«[51] Gerade bei Ärzten gibt es einen verbreiteten Unwillen, eine psychologische Störung als »echte« Krankheit anzuerkennen; und noch immer gelten psychische Störungen als Simulation.

Doch hält die Mehrheit der Ärzte und Forscher CFS heute für ein psychologisches Syndrom *und* die Symptome und Effekte für »echt«. Mitte der achtziger Jahre hatte Stephen Straus Forscher ermutigt, die Verbindung zwischen dem Epstein-Barr-Virus und anderen Immundefekten zu untersuchen; 1988 äußerte er, der Eindruck ließe sich nicht völlig zerstreuen, daß das Chronische Müdigkeitssyndrom ein psychoneurotischer Zustand sei. Und Straus unterstrich nochmals seine Ansicht, daß CFS nicht eine Krankheit, sondern ein Gebilde aus verschiedenen Krankheitseinheiten sei. Es sei nicht gelungen, zwingend nachzuweisen, daß das Symptom mit dem Auftreten von Retroviren oder mit Hirnläsionen zusammenhänge. Wütend versuchte Hillary Johnson diese Argumentation zu widerlegen; sie beschuldigt Straus, Opfer seiner eigenen Vorurteile, seiner »Feindseligkeit gegenüber den eigenen Forschungsobjekten, die mehrheitlich aus Frauen bestanden« und der »Propaganda« über den psychiatrischen Zustand der Patienten und Patientinnen geworden zu sein.[52]

Eine Analyse des Chronischen Müdigkeitssyndroms auf dem neuesten Stand der Erkenntnisse wurde 1992 auf einem Symposion der Ciba-Stiftung in London vorgelegt. An ihm nahmen namhafte Ärzte, Psychiater, Medizinhistoriker, Anthropologen, Virologen und Biologen aus aller Welt teil, um einen Behandlungsplan gegen das Chronische Müdigkeitssyndrom zu erstellen, der eher auf den Umgang mit der Krankheit als auf die Diagnose ihrer Ursachen abzielte. Arthur Kleinman von der Harvard Universität vertrat die Patientenperspektive: »Stellen Sie sich vor, sie wären ein CFS-Patient. [...] Sie gehen zum Arzt, und er schickt Sie zum Psychiater. Plötzlich ist Ihre ganz konkrete Erfahrung, nämlich daß Sie krank sind, nicht mehr Gesprächsgrundlage; auf einmal werden Sie über Ihre Familie, Ihr Intimleben, Ihre Ängste ausgefragt. Sie empfinden das als Verzerrung, als Ungereimtheit. Worum es in Ihrer Krankheit geht? Es geht um Müdigkeit. Und der Psychiater oder die Psychiaterin stellt allein schon durch seinen oder ihren Beruf eine Provokation dar, beleidigt Sie sogar und gibt Ihnen das Gefühl, daß Ihre Erfahrung, Ihre primäre körperliche Sicherheit, nicht echt, sondern eingebildet ist.«[53]

Kleinman kommt darum zu dem Schluß, daß CFS von einem Arzt und nicht von einem Psychiater behandelt werden sollte, um das Selbstwertgefühl des Patienten zu schützen. »Man kann die körperliche Erfahrung des Kranken affirmieren«, führt er aus, »ohne ihre Attribute zu bestätigen; das heißt, wir können mit einer ›somatischen‹ Sprache arbeiten und dabei alle denkbaren psychosozialen Schritte ergreifen, ohne die Erfahrung der Patienten zu delegitimieren.«[54]

Der Medizinsoziologe David Mechanic schreibt im gleichen Sinn: »Um Menschen zu überzeugen, die an eine Viruserkrankung glauben und für die psychologisch und übrigens auch finanziell viel auf dem Spiel steht, muß man eine plausible Alternativtheorie anbieten. Sosehr ich CFS aus psychologischen

Bedürfnissen zu erklären geneigt bin, habe ich doch keine Gewißheit, daß es einen wichtigen viralen Auslöser oder viralen Verlängerungsfaktor nicht gibt. [...] Ich sehe keinen Grund, warum die Öffentlichkeit diesen Glauben aufgeben sollte, wenn man ihr nicht im Gegenzug etwas Besseres anzubieten hat.«[55]

Solche Meinungen ziehen allerdings nicht die mögliche Eskalation psychogener Epidemien in Erwägung. Auf kurze Sicht mögen Ärzte im Interesse des Selbstwertgefühls ihrer Patienten handeln, wenn sie Placebos verschreiben und über die Geschichte der Ermüdungssyndrome schweigen. Auf lange Sicht erzeugt dieses Stillschweigen jedoch Hystorien. Moderne psychologische Epidemien nähren sich endlos von neuen, etwa immunologischen Krankheitstheorien. Studien haben gezeigt, daß Patienten, die überzeugt waren, daß ihr Zustand auf Viren oder Infektionen zurückzuführen sei, häufig aufhörten, gegen ihr Leiden anzukämpfen, und sich jahrelang nicht erholten. »Unkritisch gestellte oder akzeptierte Diagnosen können ein Fehlverhalten verstärken und sowohl schwerwiegendere als auch anhaltendere Symptome erzeugen, als ursprünglich vorlagen.«[56]

Johnson beklagt, daß sich »die Geschichte dieser amerikanischen Epidemie und der Menschen, deren Leben sie zerstört hat, bis weit in die neunziger Jahre mehr oder weniger im verborgenen abspielte, von weiten Teilen der Kultur unbemerkt [...]. Die Gruppe [der Betroffenen] lebt in einer Sphäre, die von der Mehrheit der Bevölkerung völlig abgeschnitten ist.«[57] Doch ist CFS bis heute nicht aus den Schlagzeilen verschwunden und wird es vermutlich auch in näherer Zukunft nicht sein. Berichte über das Chronische Müdigkeitssyndrom alarmieren regelmäßig neue Opfer. Ein bezeichnend unkritischer Artikel der *Times* weiß von »mindestens 24 000 Kindern in England«, die an ME leiden, möglicherweise »erst die Spitze des Eisbergs«.[58]

Diese Zahlen stammen aus einer Studie von Elizabeth Dowsett, einer Mikrobiologin, die »festen Glaubens« ist, daß ME durch eine Darminfektion verursacht wird, und der Lehrerin Jane Colby, die selbst an ME leidet. Zwar zitiert die Schrift einen auf ME spezialisierten Kinderarzt, der warnt, daß »die große Bandbreite und der unterschiedliche Grad der Beschwerden eine Diagnose erschweren kann«, doch empfiehlt Dowsett ohne weiteres »völlige Bettruhe« für Kinder mit den einschlägigen Symptomen: »Ein Kind zu zwingen, am Unterricht, Sportunterricht und ›normalen‹ alltäglichen Betätigungen teilzunehmen, kann die Sache nur verschlimmern.« Solche Weisungen kommen der Aufforderung zu einer Invalidisierung der Kinder gleich, einer Art Münchhausen-Syndrom. »Wenn das Kind erhöhten Puls oder Herzschlag hat, kann Überanstrengung sehr gefährlich werden«, befürchtet Dowsett. »Dasselbe gilt für die Beanspruchung von Muskeln, die noch nicht völlig gesundet sind, sie führt in Extremfällen zu einer Lähmung. Auch der Druck, ein ›normales Leben‹ führen und mit den Altersgenossen mithalten zu wollen, kann den Zustand verschlimmern.«[59] Angesichts solcher Schauermärchen kann man davon ausgehen, daß die bestürzten Eltern noch zahlloser weiterer Kinder von ihren Ärzten über ME bald genau informiert werden wollen.

Johnson selbst gibt einen Hinweis darauf, welche Richtung CFS oder ME in der nächsten Phase einschlagen wird: das Golfkriegssyndrom. Am Ende ihres Buchs verlagert sich die Story 1994 nach New Jersey, wo ein Dr. Benjamin Natalson einen Forschungsauftrag der US-Bundesgesundheitsbehörde in Höhe von 2,5 Millionen Dollar erhalten hat, um das Verhältnis von Chronischem Müdigkeitssyndrom und Golfkriegssyndrom zu untersuchen. »Wir glauben, daß unter den Golfkriegsteilnehmern eine CFS-Mini-Epidemie stattgefunden hat«, sagt Natalson.[60] Die epidemische Bühne öffnet sich für den zweiten Akt.

DAS GOLFKRIEGSSYNDROM

»Das Vietnamsyndrom sind wir los!« frohlockte der amerikanische Präsident Bush 1991 und meinte das fast traumatische Unbehagen der Amerikaner nach der politischen Katastrophe des Vietnamkriegs. Doch obwohl die meisten Symptome erst später erkennbar wurden, markierte gerade der Krieg am Persischen Golf den Beginn einer neuen unerklärlichen Krankheit, die den Namen Golfkriegssyndrom erhielt.

Im Sommer 1991 kehrte Brian Martin aus dem Irak zu seiner Familie nach Michigan zurück. Er war froh, wieder zu Hause zu sein, litt aber an einem merkwürdigen Ausschlag, der nicht verschwinden wollte. Im Lauf der nächsten Monate stellten sich weitere Beschwerden ein: Gedächtnislücken, Verstimmungen und dann eine Müdigkeit, die ihn vollständig außer Gefecht setzte. Martin kann nicht arbeiten und lebt von einer kleinen Schwerbehindertenrente. Doch seine Familie traf ein noch schlimmeres Leid. Der Sohn Deven, der kurz nach Brians Rückkehr gezeugt wurde, kam mit akuten Atembeschwerden und einer anderthalb Meter langen Nabelschnur zur Welt. Martins fünfundzwanzigjährige Frau Kim leidet unter Symptomen, die damit nicht in Zusammenhang zu stehen scheinen – Ausschlägen, Kopfschmerzen, Knötchen in der Brust, Eierstockzysten und unerklärlichen Entzündungen des Gebärmutterhalses. Kims Schädeldecke wird dünner. Die Martins schlafen nicht mehr miteinander; nach dem Geschlechtsverkehr hat Kim Krämpfe, und das Sperma ihres Mannes fühlt sich an, als würde es ihre Haut verbrennen.[1] Die Ärzte konnten keinerlei organische Ursache für die Probleme der Familie Martin ausfindig machen.

Die Familie Albuck in Barrington, Illinois, leidet ebenfalls. Der Golfkriegsteilnehmer Troy ist dauernd müde, er hat Muskelschmerzen, geschwollene Gelenke, Kopfschmerzen, Durchfall und Zahnfleischbluten. Seine Frau Kelli hat Hörstörungen, Migräne und anfallsartige Unterleibsentzündungen. Sie hält das Sperma ihres Mannes für eine giftige Substanz, die »offene Stellen verursacht, Pickel, die aufgehen und bluten«. Das schlimmste ist, daß ihr Sohn Alex 1993 als Frühgeburt mit einer seltenen Blutvergiftung auf die Welt kam, später wurde eine Gehirnlähmung festgestellt. Als er geboren wurde, hatte er einen ähnlichen Ausschlag, wie seine Eltern ihn gehabt hatten. Auch bei Alex waren die Ärzte nicht in der Lage, eine Diagnose zu stellen.[2]

Die Ehe von Robert Lake aus Yorkshire in England zerbrach nach seiner Rückkehr aus dem Krieg. Er war der Armee als Sechzehnjähriger beigetreten und wurde in Zypern und Deutschland ausgebildet, wo er sich mit neunzehn niederließ. Seinen Einsatz als Radartechniker am Golf empfand er als schockierend und beängstigend. Nach seiner Rückkehr litt er an heftigen Verstimmungen, dazu hatte er Alpträume, in denen er vor einem Feind floh; nach zwei Selbstmordversuchen verbrachte er zwei Monate in der Psychiatrie. Seine Wutausbrüche hörten nicht auf. Seine deutsche Frau trennte sich von ihm, und die Armee entließ ihn 1993. Lake hatte dreiunddreißig Kilo Gewicht verloren, als eine Magersucht diagnostiziert wurde. Doch er ist überzeugt, daß seine Symptome von den Milzbrand-Impfungen und den Tabletten herrühren, deren präventive Wirkung am Golf eine Nervengasvergiftung verhindern sollte. »Ich bin wütend und enttäuscht«, erklärte er einem Journalisten. »Das Verteidigungsministerium schert sich einen Dreck um uns.«[3]

Die Martins, die Albucks und Robert Lake gehören zu den Tausenden von amerikanischen und britischen Opfern des Golfkriegssyndroms, das auch Saudi-Grippe oder Wüstenfieber genannt wird. Von den 697 000 US-Soldaten, die am Golf eingesetzt wurden, haben 60 000 Erkrankungen gemeldet, deren Spektrum von Gedächtnisverlust bis Krebs reicht. Die englischen Zahlen liegen sehr viel niedriger: 567 von 45 000 britischen Soldaten haben eine Entschädigung oder Behindertenrente beantragt. Zu den Beschwerden der Kriegsteilnehmer zählen das

Chronische Müdigkeitssyndrom, Durchfall, Erschöpfung und unspezifische Schmerzen, Kopfschmerzen, Haarausfall, Zahnfleischbluten, Gereiztheit, Schlaflosigkeit, Muskelkrämpfe und Nachtschweiß. Zwei Soldaten behaupten, daß sie schrumpfen. Unter den Ärzten, Politikern, Journalisten und Kriegsteilnehmern, die das Golfkriegssyndrom für eine neue, eigenständige Krankheit halten, kursieren verschiedene Theorien über mögliche Ursachen. Viele halten es für ansteckend und fürchten eine Übertragung durch Geschlechtsverkehr oder eine Inhalationsinfektion über die Atemluft.

Wie die Patienten, die am Chronischen Müdigkeitssyndrom leiden, haben auch die Golfkriegsteilnehmer Selbsthilfeorganisationen gegründet. Dabei hat das Internet die Kommunikationsmöglichkeiten enorm erweitert. Die meisten dieser Patienten reagieren wütend auf Andeutungen, sie könnten an Posttraumatischer Belastungsstörung leiden. Willie Hicks, ein schwarzer Soldat aus Alabama, klagte: »Verdammt, ich schlafe nicht mehr als zwei, drei Stunden pro Nacht. Habe Angst. Komme mit niemand mehr zurecht. Konnte nicht mehr aus dem Haus gehen. Posttraumatische Belastung, daß ich nicht lache, die können mich am Arsch lecken.«[4] Carol Hill, eine englische Krankenschwester, bei der die Müdigkeitsgefühle sechs Monate nach der Rückkehr ihres Mannes vom Golfkrieg anfingen, ist sich sicher: »Das kann nicht psychisch sein. Ich habe mit zu vielen Kriegsteilnehmern gesprochen, deren Familien an ähnlichen Symptomen leiden.«[5]

Golfkriegssyndrom-Patienten in England und den USA sind überzeugt, daß der Grund für ihre körperlichen Probleme in den Chemikalien und medizinischen Substanzen zu suchen ist, denen sie am Golf ausgesetzt waren. Sie gehen davon aus, daß ihre Regierungen sich untereinander verschworen haben, um ihnen die fälligen Krankenkassenzahlungen und Behindertenrenten vorzuenthalten. Hicks ist voller Wut: »Einige von uns bluten aus dem Penis. Bluten die ganzen Bettlaken voll. Die Regierung will noch nicht mal für das Bettzeug zahlen.«[6] »Wir glauben, daß da ein Vertuschungsmanöver im Gange ist«, sagt der in England geborene Texaner Vic Silvester.[7] Und ein amerikanischer Soldat: »Ich war Freiwilliger, ich muß nehmen, was sie mir geben. Aber mein Junge und meine Frau? Die haben sich nicht freiwillig gemeldet, die haben keinen Eid geleistet. Sie wurden gegen ihren Willen am Krieg beteiligt und müssen jetzt die Folgen tragen.«[8] Eine Gruppe erkrankter Ehefrauen in Texas hat eine eigene geheime Forschungsinitiative gestartet – »geheim«, wie eine von ihnen sagt, »weil wir natürlich Angst haben, daß das Militär versuchen wird, unsere Nachforschungen zu verhindern – über die Gründe kann ich nur spekulieren«.[9]

Dabei hatte die amerikanische Regierung auf das Golfkriegssyndrom besorgt und mitfühlend reagiert. Welcher Politiker riskiert schon den Zorn seiner Wähler? Die Regierung Clinton verhielt sich eingedenk der maßlosen Erbitterung über Vietnam von Anfang an sehr vorsichtig. Clinton hat einen wissenschaftlichen Beratungsausschuß eingesetzt, der die Symptome untersucht. Die First Lady, Hillary Clinton, präsentierte sich als »Freundin der vom Golfkriegssyndrom Betroffenen«: »Genauso, wie wir uns auf unsere Soldaten verlassen haben, als wir sie in den Krieg schickten, müssen sie sich heute auf uns verlassen können.«[10] Unter den Politikern besteht ein Konsens darüber, daß die Golfkriegsteilnehmer Respekt und Unterstützung verdienen. Kein anständiger Staatsbürger könne Einwände gegen die von der Regierung finanzierten Forschungsvorhaben und Untersuchungen erheben. 1994 wurde auch die Zahlung von Schwerbehindertenrenten an Veteranen mit dem Golfkriegssyndrom genehmigt.

Die umsichtige Reaktion der amerikanischen Regierung hat allerdings die mißtrauischen Vermutungen gestützt, daß das Golfkriegssyndrom eine eigenständige Krankheit sei, und hat damit auch der unklaren Angst vor einer Verschwörung neue Nahrung gegeben. Wer anderer Meinung war, wurde rasch zum Schweigen gebracht – etwa der Leiter des Veteranenkrankenhauses in Houston, der öffentlich verkündete: »Es hat Massenhalluzinationen gegeben. Es ist zu einem massenhaften Auftreten der Posttraumatischen Belastungsstörung gekommen«, und der zumindest einen Teil der Epidemie auf Frustration und Wut zurückführte. Er wurde von seinem Vorgesetzten, einem Staatssekretär, entlassen.[11] Die Haltung der englischen Regierung ist wesentlich zurückhaltender, aber auch sie läßt die Proteste und Klagen der Soldaten nicht verstummen.

Die außergewöhnlichen Bedingungen des Golfkriegs – und das Eingeständnis des Irak, über biologische Kampfstoffe zu verfügen, die allerdings nicht eingesetzt wurden – haben den Verdacht erhärtet, das Golfkriegssyndrom könne durch ein Gift verursacht worden sein. Solche Befürchtungen wurden durch eine Bekanntmachung des Pentagon im Juni 1996 verstärkt: ein Waffenlager, das von amerikanischen Streitkräften gesprengt worden war, hatte auch toxische Gase enthalten. Allerdings gibt es keinen klinischen Beweis, daß die relativ geringen Mengen von Sarin und Senfgas, die dabei ausgetreten sind, die enorme Streuung und hohe Anzahl von Symptomen hervorgerufen haben, über die fünf Jahre später Tausende Kriegsteilnehmer klagten.

Inzwischen verfolgen Ärzte eine ganze Reihe anderer Erklärungen. Edward Hyman aus New Orleans, der das Syndrom für eine Infektion hält, die wie Tuberkulose über die Atemluft übertragen wird, hat durch einen Beschluß des Parlaments Forschungsgelder in Höhe von 1,2 Millionen Dollar von der Regierung erhalten.[12] Der Milliardär Ross Perot unterstützt ein ähnliches Forschungsprojekt. Ein Arzt in Allen Park in Michigan hat bereits über dreihundert Golfkriegssyndrom-Patienten behandelt und glaubt mindestens fünf verschiedene Ursachen für die Erkrankung zu erkennen: radioaktive Verstrahlung, die Wirkungen und Nebenwirkungen nicht zugelassener Arzneimittel, Umweltgifte, Chemikalien und irakische biologische Kampfstoffe. Eine Professorin für Umwelthygiene in Cincinatti hat dagegen die Leishmaniose im Verdacht, eine Tropenkrankheit, die durch den Biß von Kriebelmücken übertragen wird; wieder andere Hypothesen sehen das Syndrom im Zusammenhang mit Umweltgiften, allergischen Reaktionen, dem in Amerika gern konsumierten Süßstoff Aspartam und – seit auf die Ähnlichkeit der Symptome bei Chronischer Müdigkeit hingewiesen wurde – Retroviren.

Doch die Nachforschungen der Regierung haben keine Hinweise auf eine Ansteckungsgefahr – durch welche Substanzen und über welche Wege auch immer – zutage gefördert.[13] Im Auftrag des Verteidigungsministeriums wurden über tausend erkrankte Kriegsteilnehmer untersucht. Wie sich zeigte, hatten 60 Prozent von ihnen organische Erkrankungen mit bekannten Ursachen – weit mehr als in der durchschnittlichen Bevölkerung. Weitere 25 Prozent hatten psychische Störungen. Etwa 15 Prozent litten an unspezifischen oder ungeklärten Erkrankungen, unter anderem Kopfschmerzen, Vergeßlichkeit, Müdigkeit, Schlafstörungen und Verdauungs- und Atembeschwerden.[14] Eine weitere Reihenuntersuchung an 18 924 Kriegsteilnehmern – für die rund achtzig Millionen Dollar ausgegeben wurden – erbrachte »keine spezifische, isolierbare Ursache oder rätselhafte Krankheit, die den Verdacht der Existenz eines Golfkriegssyndroms erhärtet hätte«.[15]

In England waren die Ergebnisse ähnlich. »Mir ist nichts zu Augen oder Ohren gekommen, was mich zu der Überzeugung bringen könnte, daß es ein bestimmtes Syndrom gibt, das direkt auf den Golfkrieg zurückgeführt werden kann«, sagt Stabsarzt Tony Revell. Eine Studie, die das Verteidigungsministerium in Auftrag gab, zeigte, daß etwa 50 Prozent der Erfaßten leichtere Gesundheitsstörungen wie Asthma hatten. 14 Prozent hatten schwerwiegendere Krankheiten von Leukämie bis Niereninsuffizienz. Eine weitere Studie kam zu dem Ergebnis: »Eine spezifische Ursache für die vielfältigen Krankheiten, an denen die untersuchten Angehörigen der Streitkräfte litten, gab es nicht.«[16]

Golfkriegssyndrom und Kriegsneurose

Viele dieser sehr unterschiedlichen Symptome erinnern an die klassische Kriegsneurose und lassen an die Posttraumatische Belastungsstörung denken, die längst ins Bewußtsein der Allgemeinheit eingedrungen ist. Die lange Kriegsgeschichte des *shell shock* mit seiner Bedeutung für die Medizin- und Psychiatriegeschichte ist allerdings den wenigsten bekannt.

Seit dem Golfkrieg ist auffallend wenig die Rede von der Posttraumatischen Belastungsstörung. Die Medien heizen statt dessen die Angst vor der Golfkriegs-Symptomatik an. Im Sommer 1995 waren dazu in England bereits über zweihundert Zeitungsberichte erschienen[17] – sogar Comicfiguren wurden davon befallen.

In den USA verbreiten Journalisten aus dem gesamten politischen Spektrum schon jahrelang, daß das Golfkriegssyndrom eine ansteckende Krankheit sei, an deren Vertuschung die Regierung ein gezieltes Interesse habe. In der feministischen *Women's Review of Books* schreibt Laura Flanders: »Heute stehen viele der Frauen, die am Golf gedient haben, noch immer an der Front, nur kämpfen sie diesmal gegen das Verteidigungsministerium [...]. Nach monatelangen Bemühungen und schwerkrank weinen sie jetzt Tränen der Wut.«[18] An anderer Stelle schrieb dieselbe Autorin: »Die Befürchtungen wegen der Ansteckungsgefahr des Golfkriegssyndroms wachsen. Der scheidende Senator Donald Riegel ließ letztes Jahr eine Untersuchung an 1 200 kranken Soldaten durchführen. Man fand heraus, daß 78 Prozent der Ehefrauen ebenfalls erkrankt waren. [...] Penny Larrissey, die Ehefrau eines Kriegsteilnehmers, die mir letztes Jahr berichtete, daß das Sperma ihres Mannes beim Geschlechtsverkehr brennt, hat sich mit Soldatenfrauen im ganzen Land in Verbindung gesetzt, die schreckliche Beschwerden schildern, Scheidenentzündungen, Zysten, Pickel und offene, blutende Wunden. Bei den staatlichen Untersuchungen wurden aber Familienangehörige von Soldaten gar nicht berücksichtigt! Und schwule

Männer und Lesben, deren Partner erkrankt sind, sind zu verängstigt, um Hilfe zu suchen und offen darüber zu sprechen.«[19]

Diese Art Journalismus produziert die klassische Hystorie: erschreckende Schlagzeilen, vage Statistiken, und dann der Brückenschlag zu den Schwulen und Lesben beim Militär. Eindrücke werden hier als Tatsachen präsentiert, undifferenzierte und unbeweisbare Äußerungen wie medizinische Fakten behandelt. Der scheidende Senator ließ in Wahrheit 600 Kriegsteilnehmer befragen, von denen 77 Prozent *sagten,* bei ihrem Ehepartner seien Symptome aufgetreten.

Ähnlich gehen Artikel vor, die angeborene Mißbildungen ohne weiteres mit dem Golfkriegssyndrom in Zusammenhang bringen. Gleich nach Kriegsende gab es hartnäckige Gerüchte über die hohe Zahl von geschädigten Neugeborenen in den Familien von Kriegsheimkehrern. Laura Flanders erklärte dramatisch, daß »im ganzen Land, ja auf der ganzen Welt von Mißgeburten berichtet wird«.[20] Die Zeitschrift *Life* brachte im November 1995 eine Sonderausgabe mit dem Titel »Die kleinsten Opfer des Wüstensturms: Läßt unser Land sie im Stich?«[21] Auf dem Titelbild war das Farbfoto eines Golfkriegsteilnehmers mit seinem dreijährigen Sohn zu sehen, der mit schwersten Behinderungen auf die Welt kam. Die Reportage rollte dann das Leid von sieben weiteren Familien auf, deren Kinder behindert zur Welt kamen. Andere Zeitungen und Zeitschriften zogen mit zahllosen Berichten nach und verdächtigten die »Pentagon-Bürokraten«, die Wahrheit über die gravierenden Behinderungen der Kinder von Golfkriegsteilnehmern zu vertuschen. Eine Reihenuntersuchung des Pentagon in den sechs größten Militäranlagen des Landes zeigte dann, daß spontane Abgänge oder Fehlgeburten bei den Frauen der Kriegsteilnehmer ungefähr halb so oft vorkamen wie bei der Durchschnittsbevölkerung. Doch »wurde diese Erkenntnis von Kriegsteilnehmern bestenfalls als völlig unerheblich abgetan«.[22] Gerade in einem solchen Klima sind Eltern verständlicherweise besorgt; aber wir müssen uns fragen, wem Meldungen der geschilderten Art nützen können.

Journalisten könnten vermutlich Besseres bewirken, wenn sie ihre Leserschaft an die Stimmung erinnern würden, die zum Golfkrieg geführt hat, und an die vielen Faktoren, die dazu beitrugen, alle Beteiligten nachhaltig zu desorientieren. In einem Bericht des Verteidigungsministeriums vom August 1995 hieß es: »Die US-Truppen waren einer trostlosen Wüstenumgebung ausgesetzt, wo sie in Lagerhäusern und Zelten ohne ausreichende Rückzugsmöglichkeit und ohne jede Bequemlichkeit zusammengepfercht wurden. Niemand konnte voraussehen, daß die militärischen Kräfte den Krieg schnell und mit relativ wenigen Verlusten gewinnen würden. Die meisten Soldaten verbrachten Monate isoliert in der Wüste; sie waren einer Dauerbelastung ausgesetzt, waren um ihr eigenes Überleben und das Wohlergehen ihrer Familien zu Hause besorgt und lebten in völliger Ungewißheit über den Zeitpunkt ihrer Rückkehr.«[23]

In einem Artikel der *Times* erinnert Simon Wessely daran, wie belastend der Einsatz am Persischen Golf wirklich war. Die Soldaten fürchteten dauernd, daß der Feind tödliche chemische und biologische Waffen einsetzen würde, »das muß seinen Preis gefordert haben. Die Situation wurde durch die plumpen Schutzanzüge, die getragen werden mußten und für die Wüstenhitze gänzlich ungeeignet waren, noch verschlimmert.«[24]

Aussagen von Soldaten mit Golfkriegssyndrom bestätigen diese Beschreibung. Die Streitkräfte im Golfkrieg stammten zu 17 Prozent aus Reserveeinheiten der National Guards, die nicht damit gerechnet hatten, je eingesetzt zu werden – und ganz sicher nicht unter so unerträglichen Umständen. Sie hatten Gerüchte über Saddam Husseins Skrupellosigkeit und Grausamkeit und über seine unbesiegbaren Eliteeinheiten gehört. Später stellte sich heraus, daß Saddams Truppen schlecht ausgerüstet und zahlenmäßig weit unterlegen waren, aber das machte das monatelange angsterfüllte Warten nicht ungeschehen. Irakische Raketenangriffe auf die Zivilbevölkerung verstärkten die Angst vor der Ruchlosigkeit des Feindes, während die Möglichkeit einer biologischen und chemischen Kriegsführung jedes kleinste Ereignis zur massiven Bedrohung werden ließ. Zudem mußten die Soldaten mit beunruhigenden Gerüchten über die Arzneimittel fertig werden, die ihnen präventiv verabreicht wurden.

Auch Frauen machten in diesem Krieg zutiefst verstörende Erfahrungen. Sanitäterinnen waren mit dem grauenvollen Anblick glimmender und verkohlter Tier- und Menschenleichen an den Straßenrändern konfrontiert. Sie behandelten verwundete Soldaten auf den Schlachtfeldern, oft auch Zivilisten. Viele dieser Frauen sind überzeugt, daß ihre Symptome nicht von Grauen, Angst und Ekel herrühren – die sie zweifellos empfanden –, sondern von den Medikamenten, die man ihnen verabreichte.

Das Golfkriegssyndrom scheint sich zu einem tragischen letzten Gefecht zu entwickeln, in dem Männer und Frauen, die an den schrecklich realen Folgen des Krieges leiden, Ärzte, die gegen die Macht der Gerüchte hilflos sind, und eine Regierung, die den Kriegsteilnehmern nicht in den Rücken fallen möchte, sich gegenüberstehen. Der Abgeordnete Joseph Kennedy sagte vor einem Ausschuß des Repräsentantenhauses: »Die Soldaten werden mit der Mitteilung nach Hause geschickt, daß sie an einer Belastungsstörung, an Streß leiden. Wenn *wir* so etwas hören, ist das eine Sache. Aber wenn man selbst an diesen Krankheiten leidet, ist es etwas anderes ... Und dann wird einem im Krankenhaus gesagt: Hören Sie, im Grunde haben Sie gar nichts – nur ein psychisches Problem, das Ihnen zu schaffen macht. Das muß eine schreckliche Belastung sein.«[25]

Das war im Herbst 1992. Jahre sind seitdem vergangen, doch jedesmal wenn die Regierung wieder eine chemische oder bakterielle Ursache ausschließt, gibt es neue Zweifel, folgen neue Verdächtigungen und tiefe Verbitterung. Zu den hartnäckigsten Gerüchten um das Golfkriegssyndrom gehört die Geschichte von zweitausend vertuschten Todesfällen unter den Soldaten; man will von Massengräbern voller verstrahlter irakischer Leichen gehört haben, von der Verseuchung ganzer Landstriche durch eine russische Chemikalie namens »Nowatschok«, von mysteriösen Todesfällen unter Kamelen und Ziegen, von lose herumliegendem Uran, davon, daß Soldaten als Versuchskaninchen für nicht zugelassene Arzneimittel oder Impfstoffe eingesetzt und ihre Krankenakten verbrannt wurden.[26] Tausende Männer und Frauen, denen mit einer Psychotherapie durchaus zu helfen wäre, werden statt dessen zur Durchführung endloser Tests und medizinischer Untersuchungen ermutigt.

Auch viele der Vietnamkriegsveteranen, die unter ähnlichen Störungen litten und noch leiden, haben aus Angst und Unwissenheit nie um psychotherapeutischen Beistand gebeten. »Der bei weitem häufigste angegebene Grund [...] war die Hoffnung oder der Glaube, daß man das Problem alleine lösen könne. [...] Andere wichtige Gründe [...] waren das Gefühl, daß die Behandlung nichts bringen würde, mangelndes Wissen darüber, woher Hilfe kommen könnte, allgemeines Mißtrauen gegenüber dem Berufsstand der Therapeuten, die Angst vor dem, was man womöglich erfahren könnte, wenn man einen Therapeuten aufsuchen würde, und der Zeit- und Kostenaufwand, der mit einer Behandlung verbunden ist.«[27] Hier wäre Aufklärung nötig gewesen, denn dann hätten die Soldaten vielleicht therapeutische Hilfe in Anspruch nehmen können, ohne sich deshalb entwertet zu fühlen.

Kriegsneurosen nicht ernst zu nehmen ist kein Mittel, um mit der spezifischen Situation der Soldaten gesellschaftlich umzugehen. Das mit dem Golfkriegssyndrom verbundene Leid ist real – wie man es ansieht. Wir müssen allerdings begreifen und akzeptieren, daß auch starke Menschen, die sich für konkrete Ziele einsetzen, überwältigende Gefühle in körperlichen Symptomen ausdrücken. Im Fall des Golfkriegssyndroms könnte dadurch eine bedrohliche Epidemie von Verdächtigungen und Gerüchten eingedämmt werden.

WIEDERGEWONNENE ERINNERUNG

In ihrem einflußreichen Buch *Die Narben der Gewalt* von 1993 setzt Judith Lewis Herman von der Harvard Medical School die Traumata männlicher Kriegsteilnehmer jenen von weiblichen Zivilisten gleich: »Erst die Frauenbewegung der siebziger Jahre förderte die Erkenntnis zutage, daß nicht Männer im Krieg, sondern Frauen im zivilen Leben am stärksten von posttraumatischen Störungen betroffen sind.« Nach Herman »wurde deutlich, daß die psychischen Syndrome, an denen die Opfer von Vergewaltigungen, häuslicher Gewalt und Inzest litten, im wesentlichen den Syndromen der Kriegsopfer entsprachen«.[1] Die Implikationen dieser Analogie sind erschreckend: »Zwischen den Geschlechtern herrscht Krieg. Vergewaltigungsopfer, mißhandelte Frauen und sexuell mißbrauchte Kinder sind die Opfer dieses Krieges. Die Hysterie ist die Kriegsneurose des Geschlechterkampfes.«[2] Mit solchen Äußerungen zieht die zierliche, dunkelhaarige Judith Herman das weibliche Publikum in ihren Bann. Als ich sie bei einem Vortrag in Kalifornien erlebte, hypnotisierte sie ihre jungen Zuhörerinnen förmlich mit einem Diavortrag zum Thema »Überlebende« – es ging um Frauen wie Anna O. und Anita Hill.

Zusammen mit ihrem Kollegen in Harvard Bessel Van der Kolk hat Herman Pierre Janets Dissoziationstheorien und Freuds Verführungstheorie erneut in die Trauma-Deutung eingeführt: Hysterische Symptome, so ihre These, sind als posttraumatische Symptome zu lesen und können durch das verdrängte Erlebnis des sexuellen, oft inzestuösen Mißbrauchs verursacht werden, an das die Patientin sich im Rahmen einer intensiven Therapie wieder erinnern kann. Van der Kolk geht davon aus, daß »aktuelle Erlebnisse so überwältigend« sein können, »daß sie nicht in den bestehenden geistigen Rahmen eingefügt werden, sondern statt dessen dissoziiert werden müssen; später kehren sie störend als fragmentiertes Sinnes- oder Bewegungserleben wieder«. Diese traumatischen Erinnerungen »müssen in bestehende geistige Schemata integriert und in eine erzählerische Sprache umgewandelt werden«, um wiedererlebt und verarbeitet zu werden.[3]

Herman glaubt allerdings, daß die vom Mißbrauch in der Kindheit herrührenden Traumen im Gegensatz zu Kriegs- oder allgemeinen Gewalttraumen vollständig unsichtbar sind. Kindheitstraumen führen die Betroffenen wegen »einer verwirrenden Vielfalt von Symptomen« oder »wegen Beziehungsschwierigkeiten« in die Therapie.[4] »Allzu häufig erkennen weder Patientin noch Therapeut den Zusammenhang zwischen dem akuten Problem und den chronischen Traumata der Vergangenheit [...], »doch viele, möglicherweise die meisten Patienten in der Psychiatrie wurden in der Kindheit mißbraucht.« Wie Herman berichtet, gaben »50 bis 60 Prozent der stationär aufgenommenen und 40 bis 60 Prozent der ambulant behandelten Patienten an, sie seien in der Kindheit mißhandelt bzw. sexuell mißbraucht worden«. Sie fügt hinzu, daß die Behandlung der Mißbrauchsopfer schwierig sei, denn »der Patient hat unter Umständen keine vollständige Erinnerung an seine traumatische Vorgeschichte und leugnet eventuell anfänglich solch eine Geschichte sogar ab, selbst bei vorsichtiger direkter Befragung«.[5]

Herman schreibt, daß eine Heilung möglich ist, wenn Therapeut und Patientin zusammen eine Erinnerungsgeschichte konstruieren. In ihrem Modell ist die unausgesprochene Erinnerung an das Trauma unsprachlich, bildhaft und zusammenhanglos, eine »Vorstufe« oder »Rohfassung einer Erzählung«, eine »*unstory*«, die noch zu keiner Katharsis führen kann.[6] Um die traumatische Erinnerung in eine therapeutische Geschichte zu verwandeln, ist ihre Artikulation und Revision notwendig, an der Patientin und Therapeut gemeinsam arbeiten. Zusammen erstellen sie einen »geordneten, detaillierten und chronologischen Tatsachenbericht«, der aus der Ich-Perspektive erzählt wird. Der Therapeut spielt die Rolle des Ghostwriters oder Lektors, der die Geschichte aus dem Klienten herauslockt und gestaltet. Die so entstandene Erzählung ist nicht mehr privat. Das Opfer hat sein Trauma vollständig überwunden, wenn es öffentlich davon sprechen kann.[7]

Allerdings gibt es nach Herman auch Ausnahmen: »Gelegentlich kommt es jedoch vor, daß trotz einer sehr sorgfältigen und gründlichen Erforschung der Erinnerung weiterhin große Gedächtnislücken bestehen und die Geschichte bruchstückhaft bleibt.«[8] In solchen Fällen, schreibt sie, können Hypnotherapie, Gruppentherapie, Psychodrama oder Natriumamytal zum Erfolg führen. CFS-Patienten hassen ihre verständnislosen Ärzte, Patienten mit Golfkriegssyndrom vermuten großangelegte politische Vertuschungsmanöver; Patienten mit wiedergewonnenen Erinnerungen klagen ihre Familienmitglieder des sexuellen Mißbrauchs an – Vater oder Mutter, Großvater oder Großmutter, Onkel oder Bruder. Viele Therapeuten glauben, daß die Heilung nicht abgeschlossen ist, bevor die Patientin oder der Patient den Täter nicht persönlich zur Rede stellen konnte. In den meisten Fällen sind diese Konfrontationen symbolisch, doch in den Vereinigten Staaten und in England sind in den neunziger Jahren direkte Gegenüberstellungen üblich geworden. Die Patientinnen schicken heute Briefe an die mutmaßlichen Täter, beschuldigen sie in Talkshows, bei öffentlichen Gelegenheiten, in Autobiographien.

Louise Armstrong, eine amerikanische Journalistin, die heute in London lebt, war als Kind selbst Opfer eines Inzests, ein Erlebnis, das sie nie vergessen konnte. Der Medienrummel um den sexuellen Mißbrauch, von Männern und Frauen gemeinschaftlich ausgeschlachtet, stößt sie ab: »Gegen Ende der achtziger Jahre«, schreibt sie 1996 in *Der doppelte Mißbrauch. Wie Opfer verhöhnt und Täter geschützt werden*, »hatten die großen Networks die medienwirksame Anziehungskraft weiblicher Krankheitszustände und weiblichen Leidensdrucks entdeckt. [...] 1993 konnte man im Nordosten der USA zwischen neun Uhr morgens und sechs Uhr abends unter 17 Talkshows wählen. Es kam jetzt selten vor, daß Inzest nicht auf dem Tagesprogramm stand.«[9] Armstrong empört sich über den »Prominenten-Inzest«, dem die allgemeine und spezifisch auch die weibliche Aufmerksamkeit gilt; sie kritisiert, daß massenhaft erörterte individuelle Mißbrauchsberichte die politische Analyse ersetzt haben.

1994 waren vor amerikanischen Gerichten mehr als dreihundert Klagen anhängig, in denen verdrängte Erinnerungen eine Rolle spielten. George Franklin wurde 1990 wegen Mordes zu einer lebenslangen Haftstrafe verurteilt, weil seine Tochter Eileen »sich erinnerte« gesehen zu haben, wie er 1969 ein Kind ermordete – das Urteil wurde fünf Jahre später wieder aufgehoben, weil der Bezirksrichter Verfahrensfehler und die zumindest problematische Beweisführung mittels der angeblich wiedererlangten Erinnerungen zugunsten des Angeklagten anführte. Gary Ramona, ehemals Manager eines kalifornischen Weinguts, wurde von seiner Tochter Holly des sexuellen Mißbrauchs beschuldigt; Ramona verlor aufgrund der Vorwürfe seine Stelle und seine Familie. 1989 begab sich Holly zur Behandlung ihrer Bulimie in eine Therapie. Der Therapeut erklärte ihr, daß 70 bis 80 Prozent aller Bulimiekranken sexuell mißbraucht worden seien. Später wurde ihr Natriumamytal verabreicht, und über einen Zeitraum von mehreren Monaten kehrten die entsetzlichsten Erinnerungen zurück. Ihr Vater hatte sie vergewaltigt und zu oralem Sex mit dem Hund der Familie gezwungen. Holly hat sich vorgenommen, Therapeutin zu werden und mißbrauchten Kindern zu helfen.[10]

Innerhalb relativ kurzer Zeit, so hat Frederick Crews beobachtet, ist »eine einzige Diagnose für die verschiedensten Beschwerden – nämlich der verdrängte sexuelle Mißbrauch in der Kindheit – von praktischer Nichtexistenz zu epidemischer Häufigkeit angewachsen«.[11] Und Richard Webster fügt hinzu: »Eines der Hindernisse, das jeder realistischen Einschätzung in der Frage der Wiedergewonnenen Erinnerung im Weg steht, ist, daß die meisten Menschen von dem ungeheuren Ausmaß und dem unglaublichen Tempo frappiert sind, mit dem diese Strömung die therapeutische Diskussion in Nordamerika an sich gerissen hat und sich auch in der anderer Länder durchsetzt.«[12] Louise Armstrong fragt, wie Inzest und sexueller Kindesmißbrauch, einst zentrale feministische Anliegen, innerhalb von fünfzehn Jahren von einer unpolitischen Therapiebewegung vereinnahmt werden konnten: »Irgendwo unterwegs ist der Feminismus, der das Inzestproblem politisierte, von der Inzest-als-Krankheit-Bewegung verdrängt und verschluckt worden. Das Resultat war eine massenhafte Infantilisierung von Frauen.«[13]

Therapeuten und Patientinnen, die an der Wiedergewonnenen Erinnerung ein Interesse haben, verteidigen die Bewegung gerne mit der Frage, warum jemand Erinnerungen an erlittenen sexuellen Kindesmißbrauch haben sollte, wenn diese keine Grundlage hätten. Warum, so die rhetorische Frage, sollte jemand freiwillig den Schmerz und die Verzweiflung eines Mißbrauchs auf sich nehmen? Auf diese Frage gibt es allerdings eine Reihe plausibler Antworten. Manche ergeben sich aus der Struktur der Therapie selbst. Manche ergeben sich aus der Tatsache, daß die Mißbrauchshypothese eine ganze Palette von Ängsten und Irritationen im Leben von Frauen erklären kann. Claudette Wassil-Grimm führt sechzehn Gründe für die Wiedergewinnung von Mißbrauchserinnerungen an, »die alle mit Vereinsamung und Verzweiflung zu tun haben; wenn dann den Frauen von einer anerkannten Autorität gesagt wird, daß verdrängte Erinnerungen an Inzest ein weitverbreiteter Grund tiefer Unzufriedenheit sind«[14], dann braucht es offenbar nicht mehr viel Phantasie. Ich selbst zweifle mittlerweile stark an der Gültigkeit von auf therapeutischem Wege gewonnenen Wieder-Erinnerungen an sexuellen Mißbrauch, will aber natürlich in keiner Weise die Menschen bevormunden, die solche Erinnerungen zu haben glauben. Solche Konfabulationen haben nichts mit bewußten Lügen oder Täuschungen zu tun. Sie können notwendig sein, um sich eine Identität zu konstruieren, um Wut zu verarbeiten oder auf sozialen und kulturellen Druck zu reagieren.

Therapeuten, die auf solche Erinnerungen hinarbeiten, beschreiben das menschliche Gedächtnis oft als Computer, in dem Daten gespeichert werden; selbst wenn ein Trauma, ein mentaler Computerabsturz, stattgefunden hat, sind die Bilder im Gedächtnis noch vorhanden und warten nur darauf, abgerufen zu werden. Dem wurde allerdings entgegengehalten, daß der Computer keine adäquate Metapher für das Gedächtnis sei. Hier wurde Erinnerung als formbares Bild beschrieben, das Wandel und neuer Gestaltung unterworfen bleibt. Erinnerung ist ein Prozeß, der aus Sinneswahrnehmung, Einordnung, Archivierung und Rekonstruktion besteht. Erinnerung zerfällt im Lauf der Zeit und ist immer stark beeinflußbar.[15] Und Konfabulationen – Geschichten oder Scheinerinnerungen, die im Dialog zwischen Klient und Therapeut erzeugt werden – sind darum nicht leicht von der Wahrheit zu unterscheiden. Auch Lügendetektoren messen nicht die Wahrheit der Aussage, sondern nur, wie überzeugt der Sprecher von ihr ist: glaubt er wirklich das, was er im Geiste vor sich sieht?

Michael Yapko, ein Psychologe und Autor von Werken über Depression und klinische Hypnose, unterscheidet deutlich zwischen Mißbrauch, der nie vergessen wurde, Mißbrauch, der spontan erinnert wird, Mißbrauch, der in der Therapie aufgedeckt wird, und Mißbrauch, der in der Therapie suggeriert wird. Er erinnert daran, daß therapeutische Suggestion aus dem Gesprächskontext erzeugt oder durch Anleitungen des Therapeuten induziert werden kann. Wenn ein Patient mit mikroskopischen Spuren von Blut im Urin zum Arzt kommt, wird der Arzt zum Beispiel Röntgen- und Ultraschallaufnahmen anordnen. Die Laboruntersuchungen hätten keinen Einfluß auf mögliche innere Verletzungen oder Krankheiten. Wenn eine Patientin jedoch mit Eßstörungen, Unzufriedenheit mit ihrer Arbeitsstelle oder sexuellen Problemen in die Therapie kommt und der Therapeut sie zur Erforschung ihrer Erinnerung hypnotisiert, dann kann die ärztliche Maßnahme mit den ihr zugrundeliegenden Annahmen selbst das Symptom hervorrufen.[16]

Ein empirischer Nachweis des Wahrheitsgehalts der Wieder-

Erinnerungen ist in einigen wenigen und um so häufiger zitierten Studien zu finden, sie wurden jedoch von Kritikern der Bewegung angezweifelt. Die Autoren Richard Ofshe und Ethan Watters untersuchen drei der bekanntesten Veröffentlichungen und finden schwerwiegende Fehler. 1994 publizierte Linda Meyer Williams eine Studie über hundertneunundzwanzig Frauen, die im Alter von zehn Monaten bis zwölf Jahren wegen verschiedener Formen der sexuellen Nötigung (von Berührungen bis zu Vergewaltigung) im Krankenhaus untersucht worden waren. Siebzehn Jahre später erinnerten sich neunundvierzig der Frauen nicht an den Vorfall; dreiunddreißig von ihnen erinnern sich an sexuelle Belästigungen anderer Art. Williams folgert, »daß Therapeuten die Möglichkeit in Betracht ziehen [müssen], daß sexueller Kindesmißbrauch bei Klientinnen vorliegen kann, die von keiner Erinnerung an einen derartigen Mißbrauch berichten«.[17] Ofshe und Watters monieren, daß die Studie weder das Alter der Mädchen berücksichtigt, noch zwischen verschiedenen Arten des Mißbrauchs und zwischen einfachem Vergessen im Gegensatz zu traumatischer Verdrängung unterscheidet. Williams selbst räumt ein, daß ihre Studie nur zeigt, daß Kinder traumatische Erlebnisse manchmal vergessen, aber nichts über die Gültigkeit der Wiedergewonnenen Erinnerung oder darüber aussagt, wieweit das Erlebnis mit Beschwerden im Erwachsenenalter assoziiert ist. Dennoch wird Williams' Aufsatz nach wie vor in Büchern, die bei angesehenen wissenschaftlichen Verlagen erscheinen, als Beweis für die Wahrheit solcher Erinnerungen angeführt. »Recovery and Verification of Memories of Childhood Sexual Trauma« (»Wiedergewinnung und Verifizierung von Erinnerungen an sexuellen Kindesmißbrauch«) von Judith Lewis Herman und Emily Schatzow ist nach Ansicht von Ofshe und Watters »der am häufigsten zitierte Artikel der Bewegung«. Veröffentlicht im *Journal of Psychoanalytic Psychology*, untersucht die Studie dreiundfünfzig Fälle von Frauen, die wegen sexuellem Mißbrauch durch Angehörige an einer Gruppentherapie teilgenommen hatten, und gelangt zu dem Ergebnis, daß im

Verhältnis drei von vier Frauen Beweise für ihre Erinnerungen an den Mißbrauch liefern konnten. Diese »Beweise« bestanden dann allerdings nur aus dem Bericht der Frauen vor der Gruppe: Herman und Schatzow legten weder Geltungskriterien für die Beweise fest, noch versuchten sie, die Erzählungen von unabhängiger Seite bestätigen zu lassen. Ofshe und Watters weisen darauf hin, daß nur fünfzehn der Frauen sich nicht an sexuellen Mißbrauch erinnerten, bevor sie sich in die Gruppe begaben. Sie fragen sich allerdings auch, warum Frauen, die keine Erinnerungen an sexuellen Mißbrauch hatten, an einer Therapie für Inzestopfer teilnahmen.[18]

Verkaufsschlager Inzest-Kitsch: »Wege zur Selbstheilung«

Wiedergewonnene Erinnerungen sind in den USA ein großes Geschäft; angeboten werden Selbsthilfe-Kassetten, T-Shirts, Genesungsgruppen und Bestseller. Einer davon heißt: *Trotz allem: Wege zur Selbstheilung*. Das Handbuch für »weibliche Opfer sexuellen Mißbrauchs« wurde von Ellen Bass und Laura Davis verfaßt, erschien 1988 auf dem amerikanischen Markt und wenig später auch in anderen Ländern.[19] Allein in den USA wurden inzwischen mehr als 800 000 Exemplare des Buches verkauft.

Die beiden Autorinnen sind überzeugte Frauenrechtlerinnen. Ellen Bass schreibt, gibt Literaturseminare und arbeitet seit 1970 als psychologische Beraterin und Gruppenleiterin. 1983 veröffentlichte Ellen Bass *I Never Told Anyone* (»Ich habe es niemandem gesagt«), eine Aufsatzsammlung, in der Mißbrauchsopfer zu Wort kommen, die ihre Erinnerungen bewußt unterdrückt oder vor anderen geheimgehalten, aber nicht vergessen haben. Bass reiste durch ganz Amerika und veranstaltete Workshops, die Frauen schwesterliche Unterstützung und Solidarität zusicherten. Laura Davis ist selbst Opfer. Sechs Monate vor dem Beginn ihrer Zusammenarbeit mit Ellen Bass hatte sie plötzliche

Erinnerungen, *flashbacks*, die ihr enthüllten, daß sie von ihrem Großvater mißbraucht worden war. Bass und Davis sind mittlerweile bekannt und üben einen großen Einfluß aus, sie vertreten ihre Sache freundlich und mit einer über jeden Zweifel erhabenen Seriosität.

Bass und Davis glauben, daß sexueller Mißbrauch in den USA sehr weit verbreitet, ja fast schon alltäglich ist: Eines von drei Mädchen und einer von sieben Jungen würden vor ihrem achtzehnten Geburtstag mißbraucht.[20] Doch »Statistiken« wie diese sind Schätzwerte, in denen alle Grade von »Mißbrauch« von der Zote bis zur Vergewaltigung gleichgeordnet erscheinen. Louise Armstrong, deren Buch *Kiss Daddy, Goodnight. Aussprache über Inzest* von 1978 die feministische Forschung zum Thema Inzest einläutete, bemerkt lapidar: »Erst hieß es 1:100, dann 1:10 und dann 1:4.«[21] 1986 fand Diane Russell in einer Untersuchung heraus, daß 16 Prozent aller amerikanischen Frauen im Alter von achtzehn sexuell genötigt oder mißbraucht worden sind, davon 4,5 Prozent vom eigenen Vater.[22] Theresa Reed, die die amerikanische Gesellschaft gegen den Kindesmißbrauch (American Professional Society on the Abuse of Children) leitet, schrieb im Januar 1995 in einem Leserbrief an die *New York Review of Books*, daß die vorsichtigsten Schätzungen davon sprechen, daß 1,3 Prozent aller amerikanischer Frauen Inzestopfer seien. Am gegenüberliegenden Ende der Skala geht David Finkelhor, ein Therapeut, der über sexuellen Kindesmißbrauch schreibt, von einer Schätzzahl von 62 Prozent aus. Solche Zahlen können über den tatsächlichen Rahmen, in dem sexueller Mißbrauch stattfindet, nichts Konsistentes vermitteln.

Trotz allem: Wege zur Selbstheilung lädt die Leserinnen ein, sich mit Hilfe einer Checkliste von achtundsiebzig Folgeerscheinungen des sexuellen Mißbrauchs zu identifizieren. Die Fragen, die Bass und Davis auflisten, benennen die Probleme großer Teile der weiblichen Bevölkerung:

- »Fällt es dir schwer, liebevoll und gut zu dir zu sein?
- Kennst du deine eigenen Interessen, Talente oder Ziele?
- Bringst du die Dinge, die du anfängst, zu Ende?
- Meinst du, du müßtest immer perfekt sein?
- Fällt es dir schwer, deine Gefühle auszudrücken?
- Neigst du zu Depressionen, Alpträumen, plötzlichen Angstzuständen?
- Hast du das Gefühl, verrückt zu sein, weniger wert, oder bist du deprimiert?
- Merkst du, daß du dich an Menschen klammerst, wenn du sie gern hast?
- Kannst du nein sagen?
- Versuchst du, sexuelle Kontakte zu benutzen, um Bedürfnisse nichtsexueller Art zu befriedigen?
- Bist du zufrieden mit den Beziehungen zu deinen Familienangehörigen? Oder sind sie mühsam und schwierig?
- Bist du überfürsorglich?«

Und schließlich fragen sie

- »Erregen dich gewalttätige oder sadistische Phantasien oder die Vorstellung von sexuellen Kontakten mit nahen Verwandten?«[23] Denn ein Konsens darüber, daß sexuelle Phantasien sich eigentlich nicht gehören, daß sie falsch und widerwärtig sind, liegt der gesamten Argumentation im Umkreis der Wiedergewonnenen Erinnerung zugrunde. Viele Frauen haben das Gefühl, sie müßten diese Phantasien verleugnen und jemanden oder etwas anderes dafür verantwortlich zu machen. Bass' und Davis' Fragenkatalog versammelt Gewissensfragen. Statt Selbstbestimmung und Eigenverantwortung zu fördern, klagen die Autorinnen die traditionelle Opferhaltung und einen traditionellen Gehorsam von Frauen ein und grenzen jede Abweichung aus.

Wiedergewonnene Erinnerung vor ethnischem Hintergrund

Es sind vor allem weiße Frauen, die sich massenhaft an inzestuösen Mißbrauch in der Kindheit erinnern und davon öffentlich berichten. Vergewaltigung und Inzest sind allerdings als gewichtige Themen auch in der Literatur afroamerikanischer Frauen zu finden. Maya Angelou beschrieb schon 1965 in einer bewegenden Autobiographie, wie sie mit acht Jahren vom Freund ihrer Mutter, Mr. Freeman, sexuell belästigt wurde.[24] Die Familie findet heraus, daß sie vergewaltigt worden ist, und sie muß ins Krankenhaus, um ihre Verletzungen behandeln zu lassen. Als Mr. Freeman der Vergewaltigung angeklagt wird, ist Maya zu verängstigt, um vor Gericht gegen ihn auszusagen. Er wird trotzdem verurteilt, braucht aber seine Strafe nicht anzutreten. Während seiner Bewährungszeit wird er von anonymen Mitgliedern des Dorfes erschlagen. Maya fühlt sich für seinen Tod verantwortlich und bestraft sich selbst, indem sie nicht mehr spricht. Fast fünf Jahre lang schweigt sie. Schließlich gelingt es einer einfühlsamen Lehrerin, Mayas Schweigen zu durchbrechen.

Auch Toni Morrisons 1970 geschriebener tragischer Roman *Sehr blaue Augen*, Alice Walkers *Die Farbe Lila* von 1982, für den sie den Pulitzerpreis bekam, und Sapphires *Push* von 1996 handeln von den Qualen mißbrauchter schwarzer Mädchen. Ihre Erfahrungen führen zu Schwangerschaft, Wahnsinn und Verzweiflung.

Doch inwiefern bilden diese literarischen Erzählungen die soziale Realität ab? Oprah Winfrey ist eine der bekanntesten Afroamerikanerinnen, die sich öffentlich als Opfer des sexuellen Kindesmißbrauchs zu erkennen gegeben hat; sie drehte einen Dokumentarfilm über Mißbrauch. Auch andere schwarze Frauen, wie Melba Wilson, gehen neuerdings in Büchern und Filmen gegen die bewußte und gezielte Geheimhaltung des Kindesmißbrauchs vor. Sie erscheint – mehr als seine Verdrängung – als spezifisches Problem schwarzer Frauen.

Wiedergewonnene Erinnerung und Klassenzugehörigkeit

Welche Rolle spielt die gesellschaftliche Schicht bei der Wiedergewonnenen Erinnerung? Als ich 1994 in Cambridge war, las ich einen Artikel in der Zeitung der Harvard-Absolventen. Der Titel lautete: »Sexueller Mißbrauch kostete die Karriere«. Erzählt wurde die Geschichte von der vierzigjährigen Marion, einer ehemaligen Radcliffe-Studentin, die seit zwanzig Jahren als Verhaltenstherapeutin in einer Rehabilitationsklinik arbeitete.[25] Seit einiger Zeit war Marion depressiv, litt an Schlaflosigkeit, die Arbeit langweilte sie. Schließlich begab sie sich in eine Psychotherapie und »deckte ein uns allen zunehmend vertrautes Trauma auf« – als Kind war sie »von einer älteren, männlichen Autoritätsfigur«, übrigens nicht von einem Familienmitglied, mißbraucht worden. Nachdem sie einmal angefangen hatte, sich als Opfer zu begreifen, verstand Marion plötzlich die lange Reihe der Enttäuschungen und Fehlschläge in ihrer Karriere – auch ihre eigene Entscheidung, Verhaltenstherapeutin und nicht Ärztin zu werden, sowie ihre Schwierigkeiten mit männlichen Kollegen. Als sie im Kreis ihrer Kolleginnen von ihrem Erlebnis erzählte, fand sie »zwölf weitere Frauen in meiner direkten Umgebung«, die das gleiche mitgemacht hatten. Als sie einem männlichen Vorgesetzten gegenüber ihre Vorgeschichte erwähnte, überraschte er sie durch sein Verständnis. Ermutigt, organisierte sie ein Klassentreffen der »Opfer von Kindesmißbrauch unter den Harvard-Radcliffe-Abgängerinnen«. Sie sei jetzt mit ihrem Beruf viel zufriedener, berichtet Marion, und die Krankenversicherung ermögliche ihr nicht nur die Fortsetzung der Therapie, sondern erlaube ihr auch, sich »in den schmerzlichsten Momenten des Genesungsprozesses« krankschreiben zu lassen.

Diese Hystorie in der Zeitschrift einer berühmten Universität zeigt, wie fest die Wiedergewonnene Erinnerung im kulturellen Symptompool der amerikanischen Mittelschicht schon verankert ist. Derselbe Artikel empfiehlt sogar, daß Angestellte, die in der Therapie Erinnerungen wiedererlangen, Anspruch auf Sozialversicherungsleistungen und einen bezahlten Krankenhausaufenthalt haben sollen. Marions Erinnerung birgt für sie kein Risiko: eine namenlose männliche Autoritätsfigur, weder Vater noch Onkel, ist der Täter, und die Wiedergewonnene Erinnerung scheint für sie sozial wie beruflich ein durchweg positives Ereignis. Sie findet erst Verständnis, dann Leidensgenossinnen, dann erweitert sie aktiv die eigene soziale Kompetenz. Ob Marion nun tatsächlich als Kind mißbraucht wurde oder nicht – sie hat die Opfer-Narration ideal genutzt, um ihr Verhalten zu ändern, und ihre Mitarbeiter reagieren unweigerlich positiv auf ihr neues Selbstvertrauen. Und so haben neben Marion wohl schon viele berufstätige Frauen durch Wiedererinnerung ihr Leben geändert. Was eigentlich geschehen ist, sollte man allerdings nicht aus den Augen verlieren.

Männer erinnern sich an sexuellen Mißbrauch

In ihrem Vorwort zur dritten Auflage von *Trotz allem* bemerken Bass und Davis, daß sie eines ganz anders machen würden, wenn sie das Buch noch einmal schrieben: »Wir würden das Buch nicht nur für Frauen schreiben. Es hat sich herausgestellt, daß sehr, sehr viele Jungen ebenfalls sexuell mißbraucht werden.«[26] Sie haben dem Buch einen Anhang mit Anlaufstellen und Büchern für Männer hinzugefügt, unter denen sich auch ein paar zweifelhafte Werke befinden. Richard Berendzen zum Beispiel, ein ehemaliger Fellow der American University, war wegen obszöner Anrufe pädophilen Inhalts verurteilt worden. Spontan erinnerte er sich, daß er fünfzig Jahre zuvor von seiner Mutter sexuell mißbraucht worden sei. Auch die Autoren Richard Rhodes und Michael Ryan führen die Probleme ihres Erwachsenenlebens umstandslos auf sexuellen Mißbrauch zurück. Das wichtigste hier angeführte Buch für Männer, die mißbraucht wurden oder nach verlorengegangenen Erinnerungen suchen, ist schließlich *Als Junge mißbraucht. Wie Männer sexuelle Ausbeutung in der*

Kindheit verarbeiten können (1988, deutsch 1993) von Mike Lew, zu dem Ellen Bass die Einleitung schrieb. In den meisten Punkten folgt das Buch dem Modell von *Trotz allem*: Es enthält Ratschläge, Erlebnisberichte und, zur Orientierung, eine Liste von Symptomen. Lew muß sich allerdings mit Themen auseinandersetzen, die für Männer von besonderer Bedeutung sind: Das Tabu der männlichen Gefühlsäußerung, die Frage, ob das Opfer später zwangsläufig zum Täter wird, und die Frage nach dem Zusammenhang mit einer späteren Homosexualität des Opfers. »Meinem allgemeinen Eindruck nach ist Mißbrauch wahrscheinlich *nicht* die Ursache der sexuellen Ausrichtung«, schreibt Lew, »aber er führt beim Betroffenen fast immer zu wirren Gefühlen bezüglich seiner Sexualität. [...] Im schlimmsten Fall kann internalisierte Homophobie homosexuelle Männer dazu bringen, sich selbst (oder ihrer Homosexualität) die Schuld dafür zuzuschreiben, daß sie mißbraucht worden sind.«[27]

Lew schreibt als ein nachdenklicher und engagierter Therapeut, aber in seinem Buch scheint wiederholt durch, daß ein Mißbrauch stattgefunden haben *muß*, wenn ein Patient große Abschnitte der Kindheit vergessen hat. Während er bemüht ist, Patienten auf die Fallstricke der Hypnose hinzuweisen, scheint Lew sich nicht bewußt, wie stark er selbst mit Suggestion arbeitet. »Inzestopfer sprechen oft langsam, maßvoll, mit einem beschwichtigenden, beruhigenden Tonfall«, weiß Lew, und schon bald erfolgt der Umkehrschluß: »Wenn ich mich von einem Menschen, der zu mir spricht, wie eingelullt fühle, [...] dann liegt für mich die Vermutung nahe, daß in der Geschichte des Sprechers Mißbrauch vorgekommen sein könnte.«[28] Lew rät zum häufigen Erzählen der eigenen Mißbrauchsgeschichte: »Jedesmal, wenn jemand die Geschichte vom Mißbrauch erzählt – jedesmal, wenn jemand einem Inzestopfer fürsorglich und aufmerksam zuhört –, findet ein Stück weiterer Genesung statt. Jede Wiederholung der Geschichte fördert mehr Einzelheiten zutage.«[29] Es scheint ihm nicht klar zu sein, daß die Konstruktion einer Hystorie mit jedem Wiedererzählen im Skript des Sprechers nachhaltiger eingraviert wird. Ihre fiktionale Struktur lädt zu Ausschmückungen und Streichungen ein. Die »Details« sind eher Variationen.

Die Zeugnisse der Männer scheinen extremer und bizarrer als die in *Trotz allem* dokumentierten. Gerald John versucht mit vier Jahren sich umzubringen und unterhält als übergewichtiger Jugendlicher Verhältnisse zu älteren Männern. Er ist Alkoholiker, unglücklich, geht zur Therapie; bei einem Treffen erwachsener Kinder von Alkoholikern hört er, wie ein Mann von der sexuellen Belästigung durch seinen Vater erzählt. Weinend eilt John zu seinem Therapeuten, der ihm mitteilt, daß er bereit sein muß, der eigenen Inzestvergangenheit ins Gesicht zu sehen. Doch leider kann sich John an keine Einzelheiten erinnern. Nach drei Jahren Therapie ist noch immer keine Erinnerung wiedergewonnen, aber Gerald John ist sich sicher, daß sein Vater ihn belästigt hat, als er drei war. Ein anderer Fall ist Frank, der durch seine Freundin in die Bewegung eingeführt wurde. Frank erinnert sich vage an eine Nötigung und will sich in der Gruppe helfen lassen. Aber bald ist ihm eine Gruppe nicht mehr genug. Er arbeitet jetzt weniger und nimmt an verschiedenen Gruppentherapien teil – den Anonymen Inzestopfern, der Anonymen Schuldnervereinigung, den Anonymen Sex- und Liebessüchtigen. Auch eine Einzeltherapie besucht er. Lew rät den Patienten, die mit ihrer Wiedergewonnenen Erinnerung hantieren, noch zu einer Vielzahl von Selbstheilungsprogrammen und Körpertherapien, unter anderem Massage, Kraniosakraltherapie, Fußreflexzonenmassage, Polarity-Massage, Rolfing, Soman, Feldenkrais, Akupunktur, Tanz, Aerobics, Gebet und Meditation. Im Vorwort zu *Als Junge mißbraucht* stellt sich Lew selbst für Workshops zur Verfügung; wer will, kann dort auch die Telefonnummer seines literarischen Agenten finden.

Der Krieg um die Erinnerung

Wir sind bereits mitten im dritten Akt des Dramas um die Wiedergewonnene Erinnerung. Im Augenblick richtet sich das Augenmerk der Medien weniger auf ihren Inhalt als auf das, was Frederick Crews den »Krieg um die Erinnerung« nennt. Seit Mitte der neunziger Jahre haben die Gegner der Wiedergewonnenen Erinnerung eigene Institutionen gegründet, unter anderen die False Memory Syndrome Foundation in den USA und die False Memory Syndrome Society in England, die sich beide mit dem Erinnerungsfälschungs-Syndrom beschäftigen. Frauen, die einst ihre Eltern wegen sexuellem Mißbrauch anklagten, beschuldigen jetzt ihre Therapeuten, ihnen falsche Erinnerungen suggeriert zu haben, die sie nun öffentlich widerrufen. Ihre institutionellen Vertreter greifen eine bestimmte Art der Trauma-Erzählung an, insbesondere die unter Hypnose entstandene. Ziel der Organisationen ist es, die Ausübung der Psychotherapie durch ein Verbraucherschutzgesetz zu reglementieren: es soll die Einwilligung des Patienten nach vorangegangener Beratung vorschreiben, die finanzielle Beteiligung der Kassen an fragwürdigen Behandlungen oder solchen, deren Wirksamkeit nicht nachgewiesen werden konnte, ausschließen, den Straftatbestand von Mißbrauchsbeschuldigungen, die sich später als falsch erweisen, durchsetzen, die Beweiskräftigkeit der Wiedergewonnenen Erinnerung vor Gericht bestreiten und die Zulassung von Therapeuten allgemein erschweren. Psychotherapeuten sollen zur Führung von Krankenakten verpflichtet und kunstfehlerversichert sein und mehrere Jahre nach der Behandlung haftbar bleiben.

Die Metaphorik der Bewegung der Wiedergewonnenen Erinnerung ist in zweiter Instanz Realität geworden: viele Therapeuten fühlen sich mißbraucht, belästigt und angegriffen. In der dritten Auflage von *Trotz allem* protestieren die Autorinnen Bass und Davis dagegen, daß sie falsch und zusammenhanglos zitiert werden: »Der Großteil der Berichterstattung war extrem feindselig, würdigte die Opfer herab und stellte sie als leichtgläubige Beute, rachsüchtige Kinder oder schlicht und einfach verrückt dar.«[30] Bass und Davis beschuldigen ihre Gegner, Täter zu sein oder Täter zu unterstützen, und prophezeien, daß Kinderschänder und Vergewaltiger vom neuen Erinnerungsfälschungs-Syndrom profitieren werden. Scheinerinnerungen an sexuellen Mißbrauch seien höchst selten: »Selbst wenn alle fünftausend Familien, die mit der False Memory Syndrome Foundation in Verbindung getreten sind, tatsächlich falsch beschuldigt wurden, dann sind das noch immer nicht mehr als 0,01 Prozent – ein hundertstel Prozent der geschätzten Anzahl erwachsener Opfer von Kindesmißbrauch in diesem Land.« In letzter Instanz berufen Bass und Davis sich auf die Authentizität des subjektiven Empfindens: »Wir müssen erneut betonen, daß die Opfer des sexuellen Kindesmißbrauchs die wahren Experten ihrer Erfahrungen sind. Genug Experten haben sich wortgewaltig für die Opfer eingesetzt – und viele andere haben sie beleidigt, pathologisiert oder auf andere Weise abgetan. Doch in dieser ganzen Debatte über Opfer dürfen wir nicht vergessen, daß wir ein tieferes Verständnis nicht der Anhörung von Profis verdanken, sondern der Anhörung der Opfer selbst.«[31]

Aber was ist das für eine Anhörung? Fünftausend real existierende protestierende Familien werden einer fragwürdigen *geschätzten* Gesamtzahl von Mißbrauchsfällen gegenübergestellt, ob sie nun angezeigt wurden oder nicht. Die Indifferenz der Argumentation ist in einem solchen Zusammenhang besonders beunruhigend. Wenn fünftausend Menschen – oder fünf Menschen oder einer – falsch beschuldigt werden, ist das niemals eine tolerierbare Fehlerquote. Wir sprechen nicht von Kindern, die zum weiteren Zusammenleben mit möglicherweise gewalttätigen Eltern gezwungen werden sollen, sondern von Erwachsenen, die sich ihrer vergangenen Erfahrungen bewußt werden. Wenn der mutmaßliche Mißbrauch weit in der Vergangenheit liegt, ist ein behutsames Vorgehen um so nötiger – nicht nur im Interesse der beschuldigten Eltern, sondern auch in dem der Patientinnen und Patienten.

Feminismus und Wiedergewonnene Erinnerung

Häufig wird jetzt angenommen – wie ich meine, grundlos –, daß die Bewegung der Wiedergewonnenen Erinnerung ihren Höhepunkt hinter sich hat. Der Feminismus ist Partei im Krieg um die Erinnerung – auf beiden Seiten. Judith Lewis Herman ist eine der vielen feministischen Therapeutinnen, die die therapeutische Praxis mit den moralischen Grundsätzen und politischen Energien der Frauenbewegung verbinden; Hermans Forschungsarbeit über Wiedergewonnene Erinnerung steht unter feministischen Vorzeichen, und sie selbst blickt auf eine feministische Ahnenreihe. Die Tochter der feministischen Psychologie-Pionierin Helen Block Lewis widmet *Die Narben der Gewalt* dem Andenken ihrer Mutter und deren »Mitgefühl für die Betrübten und Unterdrückten«. Gloria Steinem nannte Hermans Buch einen »Meilenstein«. Phyllis Chesler beschrieb es als »eines der wichtigsten psychiatrischen Werke, die seit Freud veröffentlicht wurden«.

Herman und Steinem gehören zu den wichtigsten Stimmen der feministischen Gemeinde, die davor warnen, daß Kritik an bestimmten Therapieformen sowie an der organisierten Aufdeckung von Inzest und Kindesmißbrauch dazu führen könnte, daß die Glaubwürdigkeit *jedes* weiblichen Protests untergraben wird. »Historisch«, schreibt Herman, »ist es stets so, daß eine Gegenbewegung einsetzt, sobald eine unterdrückte Gruppe anfängt, ernstzunehmende Fortschritte zu machen. Eben das geschah vor hundert Jahren, als Freud den Mythos ins Leben rief, daß hysterische Frauen den sexuellen Mißbrauch nur phantasierten.«[32] Sie befürchtet, daß Frauen einmal mehr die Möglichkeit genommen werden soll, »vom ganz realen Mißbrauch zu sprechen und ernst genommen zu werden«.[33]

Doch sind es Feministinnen, die heute Frauen zum Schweigen bringen wollen. Elizabeth Loftus, die über den Mythos der verdrängten Erinnerung schreibt und spricht, ist während ihrer Vorträge ausgebuht, ausgezischt, angegriffen und des Verrats an der Frauenbewegung beschuldigt worden. Carol Tavris, eine

Psychologin, die 1993 eine kritische Einschätzung der Literatur zum Thema der Wiedergewonnenen Erinnerung in der *New York Times Book Review* veröffentlichte, wurde daraufhin mit feindseliger Leserpost traktiert, aus der die Redaktion einen dreiseitigen Extrakt abdruckte.[34]

Ich selbst bekam bei einem Vortrag 1994 einen Vorgeschmack dieser besonderen Feindseligkeit. Einige Frauen im Publikum empörten sich über meine Äußerungen zur Wiedergewonnenen Erinnerung; ich wurde zu Workshops eingeladen, wo ich mich gegen ihren geballten Zorn zu verteidigen hatte. Es war offenbar unverständlich, wie ich als Feministin öffentlich die schmutzige Wäsche anderer Frauen waschen konnte; ich hätte der Sache der Frauen geschadet, insbesondere jenen, die über irgendeine Form des Mißbrauchs klagten. Konnte ich mir selbst noch in die Augen sehen, und wie konnte ich es wagen, die Autorität von Therapeutinnen und Psychologinnen anzuzweifeln etc. Ich wurde aufgefordert, das entsprechende Kapitel aus meinem Buch zu entfernen. Man war sprachlos, als ich sagte, daß ich es im Gegenteil noch erweitern wollte.

Aber natürlich ist sexueller und seelischer Mißbrauch von Kindern schreckliche Realität. Meine Zweifel gelten nicht der Tatsache des Kindesmißbrauchs; und ich wende mich auch nicht dagegen, Anklagen von Kindern sehr ernst zu nehmen. Ich stelle die Ideologie in Frage, die der Wiedergewonnenen Erinnerung zugrunde liegt. Auf sie zielt meine Kritik, auf eine Schuldverteilung und -zuweisung, über die in der Therapie von Erwachsenen entschieden wird. Der Feminismus steht in der Tradition der Aufklärung, und diese rationalistische Linie will ich wiederbeleben und verstärken. Mit automatischen Reaktionen verraten wir unser emanzipatorisches Erbe.

Romane und Filme reproduzieren die Geschichten der Wiedergewonnenen Erinnerung. Jane Smileys mit dem Pulitzerpreis ausgezeichneter Roman *Tausend Morgen* von 1992 verwendet das Wieder-Erinnerungsmodell, um *König Lear* neu zu lesen. Der Farmer Larry Cook aus Iowa teilt seinen Besitz zwischen seinen beiden ältesten Töchtern Ginny und Rose auf und benachteiligt seine Lieblingstochter Caroline. Ginny ist die Erzählerin des Romans, so daß wir uns mit ihr identifizieren. (Bei Shakespeare entspricht ihr Goneril, eine der bösen Schwestern.) Smiley weicht in einem Punkt deutlich von der Handlung der Vorlage ab. Als Ginny, die ein Verhältnis hat, deswegen mit ihrem Vater zerfallen ist und in eine mörderische Rivalität zu ihrer Schwester gerät, stellt sich die Erinnerung an eine inzestuöse Vergewaltigung in ihrer Kindheit wieder ein. Auf die Idee bringt sie die hinterhältige Schwester Rose. Zuerst wehrt Ginny den Gedanken ab, doch als sie in ihr altes Kinderzimmer zurückkehrt, wird Ginny unerwartet von schrecklichen Bildern überflutet: »Als ich da lag, wußte ich, daß er hier bei mir gewesen war, daß mein Vater mit mir auf diesem Bett gelegen hatte, daß ich oben auf seinen Kopf gesehen hatte, auf die kahle Stelle in dem graubraunen Haar, während ich fühlte, wie er an meinen Brüsten saugte. Das war die einzige Erinnerung, die ich ertragen konnte, bevor ich mit einem Schrei aus dem Bett sprang.« Nach und nach gelingt Ginny eine Teilerinnerung: »Aber nie erinnerte ich mich an Penetration oder Schmerzen oder auch nur seine Hände auf meinem Körper, und ich bekam nie heraus, wie viele Male es passiert war. Ich erinnerte mich an meine Strategie, die aus verzweifelter kraftloser Unbeweglichkeit bestanden hatte.«[35]

Ist das nun eine Erinnerung oder die Folge einer starken Suggestion? Soll *König Lear* in Zukunft als Stück über Kindesmißhandlung gelesen werden? *Tausend Morgen* wurde als Bericht einer zuverlässigen Erzählerin verstanden. Soweit mir bekannt ist, hat keine der begeisterten Rezensionen Ginnys Glaubwürdigkeit angezweifelt oder nach den Umständen gefragt, unter denen die Bruchstücke einer Erinnerung sich hier zusammensetzten, oder auf die verheerenden Folgen für Ginny und ihre Familie hingewiesen. Im sich drehenden Rad der Wiedergewonnenen Erinnerung erscheint *Tausend Morgen* selbst als Beleg für die Traumatheorie. Nicht zuletzt in der Literaturwissenschaft ist heute der Krieg um die Erinnerung auszufechten.

MULTIPLE PERSÖNLICHKEITEN

Die schlampige Hausfrau, die gleichzeitig Rockerbraut, und ein Mädchen ohne Schulabschluß, das eine geniale Programmiererin ist – solche Charakterkompilationen gehören seit einigen Jahren zum Inventar der Fernsehserien, und der geschulte Zuschauer erkennt sofort die Multiple Persönlichkeit. Mit der Wiedergewonnenen Erinnerung ist die Diagnose »Multiple Persönlichkeit« seit den achtziger Jahren in den USA, aber auch in Europa epidemisch geworden. Die Multiple Persönlichkeitsstörung tauchte unter anderem als Antwort auf eine der irritierendsten Fragen auf, mit denen sich Fürsprecher der Wiedergewonnenen Erinnerung konfrontiert sahen: Auf welche Weise hat das Kind das Erlebnis des sexuellen Mißbrauchs vergessen? Nach jedem einzelnen Mal? Nachdem der Kontakt zum Täter abgebrochen ist? Ärzte und Therapeuten gehen davon aus, daß Kinder durch eine Aufspaltung oder »Dissoziation« auf die sexuelle Nötigung und den damit verbundenen Schmerz, den Schock und die Angst reagieren: Die Erinnerung an den Mißbrauch bleibt zwar erhalten, wird aber von einer anderen Persönlichkeit oder auch verschiedenen Persönlichkeitsfragmenten in Schach gehalten – von »anderen«, die erscheinen, um mit dem Trauma fertig zu werden. Diese auch *alter* genannten Persönlichkeiten können in der Hypnose vom Therapeuten angesprochen werden; dabei werden sie von einer »inneren Helferpersönlichkeit« unterstützt, einem besonderen *alter*, das zwischen den verschiedenen Persönlichkeitsfragmenten vermittelt. Der Therapeut oder die Therapeutin können nun möglicherweise auch mit einem kindlichen *alter* in Kontakt treten, das einen sexuellen Mißbrauch oder andere unterdrückte oder verdrängte Erfahrungen der Wirtsperson bezeugen könnte. Anfang der achtziger Jahre trafen Theorien über Kindesmißbrauch, Dissoziation und Verdrängung aufeinander, und die heute herrschende Epidemie des Multiple-Persönlichkeit-Syndroms begann. Von 1980 bis 1984 lautete die offizielle Diagnose »Multiple Persönlichkeitsstörung« (»Multiple Personality Disorder« oder MPD). Im *Diagnostischen und statistischen Manual psychischer Störungen (DSM-IV)* von 1994 lautet die offizielle Eintragung dann »Dissoziative Identitätsstörung (vormals Multiple Persönlichkeitsstörung)«. Unter beiden Namen ist die Multiple Persönlichkeit zu einer verbreiteten Hystorie geworden, deren Vertreter sich bereits einen eigenen Stil angeeignet haben.

»Wenn es denn überhaupt jemals eine Bewegung gegeben hat«, schreibt Ian Hacking, ein Wissenschaftshistoriker, der die Multiple Persönlichkeit seit Jahren erforscht und dessen Buch *Multiple Persönlichkeit* von 1996 die umfassendste und weitreichendste Untersuchung zu diesem Thema und zu seiner Geschichte ist, »dann ist es die Bewegung der multiplen Persönlichkeit. Sie hat eine frische, amerikanische Qualität. Sie zieht erdverbundene Menschen vom Land an, die mit Wunderlichkeiten viel leichter zurechtkommen als die Schlauköpfe aus der Stadt.«[1] Hacking führt aus, daß »die Bewegung äußerlich auf Gleichheit ausgerichtet« sei: Patienten und Ärzte sitzen zusammen auf dem Podium, und ein »Coming out« sei durch die Schwulenbewegung leicht geworden. Ärzte wie Patienten figurieren inzwischen in einem zeitgenössischen Mythos.

Hacking skizziert die Entstehungsgeschichte dieser Szene so: es gab »die ersten Ansätze zu einer Multiplenbewegung in den sechziger Jahren; in den siebziger Jahren kam sie hoch, in den achtziger Jahren reifte sie heran, und in den neunziger Jahren paßte sie sich nunmehr den neuen Umwelten an«.[2] Gespaltene oder »multiplexe« Persönlichkeiten wurden in der medizinischen Literatur seit über einem Jahrhundert beschrieben, allerdings lag der Schwerpunkt des medizinischen Interesses auf dem »gespaltenen Bewußtsein« oder der »alternierenden Persönlichkeit«.

Doch dann erschien 1973 *Sibyl.*[3] Die New Yorker Psychotherapeutin Cornelia Wilbur hatte über einen sehr langen Zeitraum hinweg – in 2 534 Behandlungsstunden – eine Frau behandelt, die sie Sibyl Dorsett nannte, eine Multiple Persönlichkeit mit sechzehn *altern*; Sibyls Lebensgeschichte, aufgezeichnet von der Journalistin und Anglistin Flora Rheta Schreiber, wurde ein Bestseller und später erfolgreich verfilmt. Schreiber stellt Sybil als Modellfall einer *grande hystérie* vor; schon einer ihrer Psychiater hatte Sybil »eine brillante Hysterikerin« genannt. Ihr Fall »diente der modernen Epidemie der Multiple-Persönlichkeits-Diagnosen als Schablone«.[4] Bemerkenswert an Sibyls Fall ist, daß die Mutter das grausame Elternteil war, das die Tochter sexuell gequält hatte, nicht der Vater. Ein neues Feindbild war damit entstanden: die Frau als Kinderschänderin.

Wilbur führte bei der ersten organisierten Podiumsdiskussion über Multiple Persönlichkeitsstörung den Vorsitz, sie fand 1977 im Rahmen der Jahresversammlung der American Psychiatric Association statt. 1982 wurde die Multiple Persönlichkeitsstörung bereits von einer landesweiten Organisation verwaltet, es erschienen erste Titelgeschichten über das Phänomen. Rundschreiben, Seminare, Arbeitsgruppen rückten die Multiple Persönlichkeit von den Rändern der Psychotherapie in deren Mittelpunkt. »Nach eigener Überlieferung der Bewegung fielen die Würfel am Samstag, dem 30. April 1983, bei einem denkwürdigen Abendessen [...] in New York«, als eine Gruppe von Therapeuten der Multiplen Persönlichkeit eine internationale Forschungsgemeinschaft gründete, die International Society for the Study of Multiple Personality and Dissociation.[5]

Ein Jahr später legte Richard Kluft, einer der Gründerväter der Gemeinschaft, ein vierteiliges Entstehungsmodell der Multiplen Persönlichkeitsstörung vor: »1) Ein Kind, das zur Dissoziierung fähig ist, wird überwältigenden Reizen ausgesetzt, 2) diese können nicht durch weniger dramatische Abwehrmaßnahmen unter Kontrolle gebracht werden, 3) dissoziierte Inhalte werden mit Grundlagen der Persönlichkeitsbildung verknüpft, und 4) es gibt keine stabilisierenden Einflüsse, oder es sind zu viele *double-binds* vorhanden.«[6] In den diagnostischen Leitlinien der American Psychiatric Association von 1987 galten dann wieder allgemeiner gehaltene Kriterien, um die Finanzierung einer Behandlung durch die Krankenkassen zu erleichtern. 1988 erschien die erste Ausgabe der Fachzeitschrift *Dissociation*, und 1990 waren in den USA schon mehr als 20 000 Fälle diagnostiziert worden.[7] Collin Ross, Arzt und umtriebiger Vertreter der Multiplen Persönlichkeit, geht davon aus, daß ein Prozent der Bevölkerung der USA – über zwei Millionen Menschen – »die Kriterien, nach denen sich in jemandem multiple Persönlichkeiten verbergen«, erfüllen.[8]

Viele Dissoziationsexperten vertreten allerdings die Ansicht, daß es sich um eine iatrogene Erkrankung handelt, die in der Therapie erzeugt wird. Die Multiple Persönlichkeitsstörung führe paradigmatisch vor, wie Institutionen und medizinische Autoritäten eine Krankheit ventilieren können. Die Multiple Persönlichkeit sei »das Paradebeispiel einer Täuschung«; sie komme »als spontanes, natürliches Ereignis bei Erwachsenen nie vor«, aber »Suggestion und eine soziale Erwartungshaltung und entsprechend gespendete Aufmerksamkeit können eine zweite Persönlichkeit hervorbringen und aufrechterhalten«.[9] Paul McHugh, der den Fachbereich für Psychiatrie und Verhaltensforschung der Johns-Hopkins-Universität leitet, nimmt an, daß »es sich bei MPS um ein iatrogenes Verhaltenssyndrom handelt, das durch Suggestion gefördert und durch die besondere Zuwendung in der Therapie, soziale Konsequenzen und die Loyalität der Gruppe aufrechterhalten wird«.[10]

Selbst das jüngste *DSM-IV* ist vorsichtig geworden:»Personen mit einer Dissoziativen Identitätsstörung berichten häufig über die Erfahrung schweren körperlichen und sexuellen Mißbrauchs vor allem während der Kindheit. Über die Genauigkeit solcher Berichte herrschen kontroverse Meinungen, da Kindheitserinnerungen Verzerrungen unterliegen und Personen mit dieser Störung die Tendenz zu hoher Hypnotisierbarkeit haben und sehr empfänglich gegenüber Suggestion sind.«[11]

Multiple Persönlichkeit und Gender*: die Patienten*

Wie das Chronische Müdigkeitssyndrom und die Wiedergewonnene Erinnerung ist auch die Multiple Persönlichkeit vorwiegend ein weibliches Phänomen; neun von zehn Betroffenen sind Frauen. Wie das *DSM-IV* spezifiziert, haben Frauen »tendenziell mehr Identitäten als Männer, im Durchschnitt fünfzehn, während Männer durchschnittlich höchstens acht Identitäten aufweisen«.[12] Hacking beschreibt den folgenden prototypischen Fall der achtziger Jahre: »Eine weiße Frau aus der Mittelschicht, mit den Werten und Erwartungen ihrer sozialen Gruppe. Sie ist zwischen dreißig und vierzig und besitzt eine recht große Zahl deutlich unterschiedener *Alter*-Persönlichkeiten, sagen wir sechzehn. Sie hat einen großen Teil ihres Lebens damit verbracht, die Existenz dieser *Alter*-Persönlichkeiten zu leugnen. Zu ihnen gehören Kinder, Verfolger und mindestens ein männlicher *alter*. Als sie noch sehr jung war, wurde sie mehrmals von einer männlichen Vertrauensperson ihrer Familie mißbraucht. Sie hat viele andere Demütigungen von Menschen erlitten, deren Liebe sie brauchte. Solche Bedürfnisse gehören unter anderem zu den Werten ihrer Gesellschaftsschicht, welche von der mißbrauchenden Person vielleicht gefördert oder ausgenützt wurden. Sie ist zuvor in bestimmten Einrichtungen des psychiatrischen Systems gewesen, und es wurden bei ihr viele Beschwerden diagnostiziert, aber die Behandlungen haben ihr nicht dauerhaft geholfen – bis sie schließlich zu einem Kliniker kam, der für die Multiple Persönlichkeit empfänglich ist. Bestimmten Teilen ihrer Vergangenheit gegenüber ist sie amnestisch. Sie hat die Erfahrung gemacht, in einer seltsamen Situation ›zu sich zu kommen‹, ohne jede Vorstellung davon, wie sie da hineingeriet. Sie ist schwer depressiv und hat schon häufig an Suizid gedacht.«[13]

»Molly« zum Beispiel ist eine zweiundvierzigjährige geschiedene Mutter aus dem Mittleren Westen mit einer Horde von *altern*, die sie »die Kleinen« nennt: Kleines Mädchen, Mädchen, Stumm, Elizabeth, Abbie, Lizzie, Maggie, Jane und Durchsichtig. Molly verstümmelt sich selbst und durchlebt in der Therapie ihre Erinnerungen an den wiederholten sexuellen Mißbrauch in ihrer Kindheit wieder. »Wenn Molly uns erzählt, wie ihr Vater sie zwang, beim Schlachten von Hühnern zuzusehen, sie zwang, diese auszunehmen, und sie dann wiederholt in der Hütte hinter dem Hühnerstall vergewaltigte, dann spricht sie von Erfahrungen, die eine Reihe von Identitäten ins Leben riefen«, schreibt James M. Glass in seinem Buch über dissoziierte Persönlichkeiten im postmodernen Erfahrungsraum. »Mollys viele Identitäten leiten sich von der Brutalität her, mit der der väterliche Wille und die väterliche Macht sich durchsetzte, ohne jede Achtung gegenüber ihrem Körper oder ihrer Persönlichkeit.«[14]

In den neunziger Jahren berichteten multiple Persönlichkeiten auch vom Mißbrauch durch Frauen, und Feministinnen erkannten im mütterlichen Mißbrauch ein verborgenes und unterschätztes Problem. Eine Unterhaltungsliteratur, in der bösartige Mütter Lust und Macht haben, ihren Töchtern weh zu tun, nährt die zunächst vereinzelten Verdachtssmomente. In ihrer Untersuchung solcher Literatur identifizierte Rosaria Champagne dann Therapeutinnen mit Ersatzmüttern, die eine augenscheinlich nicht geringere Machtfülle besitzen: »Töchter mit multiplen Persönlichkeiten finden ein Gefühl des Ganzseins nur, wenn sie ihre Loyalität von der bösen Mutter auf die gute verlagern, eine Verschiebung, die oft durch Bestechungen und Bitten der Therapeutin-Mutter erreicht wird. Diese Therapeutinnen-Mütter sind in der Tat bessere als die ursprünglichen sadistischen Mütter. Doch die Heilung durch sie hat ihren Preis: die lebenslange Gefangenschaft in der Geschichte einer Mutter.«[15]

Louise Armstrong erblickt in der Verlagerung des Verdachts vom mißbrauchenden Vater auf die mißbrauchende Mutter die Gefahr einer Distanzierung von feministischem Aktivismus zugunsten der psychiatrischen Intervention: »Daß nicht so viele Mißbrauchsfälle durch Mütter bekannt waren, bedeutete, daß es sie zwar gab, sie aber so viel *schlimmer* waren, daß niemand damit an die Öffentlichkeit treten konnte. Und wenn das so war –

auch wenn es bislang unter der Oberfläche blieb –, dann bestand keinerlei Notwendigkeit, das *männliche* Privileg in Frage zu stellen: dann konnten wir uns einfach auf allgemein menschliche pathologische Erscheinungen konzentrieren.«[16] Dagegen findet die britische Anthropologin Jean La Fontaine: »Daß man so beharrlich behauptet, es gäbe viel von Frauen begangenen sexuellen Mißbrauch, der nie ans Tageslicht kommt, ist möglicherweise die Folge eines Unbehagens bei der Vorstellung, daß dieses sexuelle Problem ein ausschließlich männliches ist.«[17]

Warum gibt es in der Welt der Multiplen Persönlichkeit so viele Frauen? Hacking erinnert daran, daß Patientinnen mit ähnlichen Symptomen im neunzehnten Jahrhundert oft als Hysterikerinnen diagnostiziert wurden und daß die Bezeichnung »hysterisch« sehr viel häufiger auf Frauen als auf Männer angewandt wurde. Er gibt ein vierstufiges Erklärungsmodell vor: erstens leben Männer ihre lange aufgestaute Wut, die unter Umständen zur Dissoziation führen kann, vielfach durch Gewalttätigkeit und Verbrechen aus; Frauen richten diese Gewalt viel eher gegen sich selbst. Verschiedene Formen der Selbstverstümmelung wie das Ausreißen der Haare, Messerschnitte und anderes mehr wurden bei vielen Fällen Multipler Persönlichkeit beobachtet, die Berichte über weibliche Selbstverstümmelung haben sich nach Ofshe verdoppelt, seit die Multiple Persönlichkeit vor ungefähr einem Jahrzehnt Bestandteil eines allgemeinen kulturellen Wissens wurde.[18] Zweitens, so Hacking, ist die Dissoziation eine kulturell akzeptierte Form, unzulässige Emotionen auszudrücken: »Dissoziatives Verhalten ist eine von Frauen bevorzugte Sprache des Leidens.«[19] Die steigende Anzahl von Persönlichkeiten oder *altern* bei Frauen scheint mit der zunehmenden Zahl und Komplexität der gesellschaftlichen Rollen in Zusammenhang zu stehen, die Frauen zu erfüllen haben. Drittens sind mehr Mädchen als Jungen dem sexuellen Mißbrauch ausgesetzt. Viertens werden Frauen systematisch dazu erzogen, die therapeutische Suggestion zu akzeptieren, Männer aber gerade dazu, sich solcher Suggestion zu widersetzen.

Allerdings ist die Multiple Persönlichkeit bei den meisten männlichen Serienmördern zu einer plausiblen Verteidigungsstrategie avanciert. Ein kalifornischer Serienmörder verwendete sie vor Gericht als Alibi, und in Florida verliebte sich eine Journalistin in den »Schlitzer von Gainesville« und behauptete, daß *Alter* für seine Verbrechen verantwortlich seien. »Ich habe zu jedem Danny eine andere Beziehung«, verkündete sie. Eine böse »Zwillings«-Persönlichkeit hatte die Vergewaltigungen und Morde verübt.[20] Diese multiplen Serienmörder sind zunächst einmal in einem *Gender*-Kontext zu lesen. »Das bei einigen Klinikern so tief empfundene Bedürfnis, mehr männliche Multiple zu finden, stellt praktisch sicher, daß in absehbarer Zeit ein wachsender Anteil von Männern mit dissoziativer Identitätsstörung diagnostiziert werden wird. [...] Die männlichen Multiplen werden eine sehr vielfältige Herkunft haben. Die Suche nach ihnen hat bereits ein Interesse für Untersuchungen in Gefängnispopulationen ausgelöst. Außerdem gibt es die Schicht von Patienten, die in den Krankenhäusern für US-Veteranen behandelt werden.«[21]

Ein anderer Experte der Multiplen Persönlichkeit, Jim Schnabel, hebt vor allem hervor, daß die ganze Diskussion über Multiple Persönlichkeit kulturell determiniert ist. Ein Blick auf nichtwestliche Varianten könne sehr aufschlußreich sein: »Viele Formen der Besessenheit in der Dritten Welt weisen eine Dynamik auf, die erstaunlich an die moderne Multiple-Persönlichkeit-Bewegung erinnern.«[22] Viele Anthropologen begründen das Überwiegen von Frauen in solchen Kulten damit, daß sie ihrem »in männerdominierten Gesellschaften verbotenen Begehren« auf irgendeine Weise Ausdruck verschaffen müssen.[23] Sherrill Mulhern weist darauf hin, daß viele Analytiker Besessenheit durch Geister »als Theater zur Verbalisierung von Frustration und Kummer in männlich dominierten Gesellschaften« interpretieren »oder als Mittel, das Frauen einsetzen, um sich Vergeltung und Rache gegen Männer zu ermöglichen«.[24] Unter Bedingungen, in denen »Frauen Hunger, Schlägen, Verstümmelung und Ehescheidung in sozialen und legalen Systemen ausgesetzt sind, die ihnen fast immer jede Art von Rechtsmittel vorenthalten, [...] ist die Sprache der Besessenheit unter Umständen der einzig verfügbare Ausweg«.[25]

Wie ist diese besondere Anfälligkeit von Frauen für Multiple Persönlichkeit zu verstehen? Margo Rivera, eine feministische klinische Psychologin, die mit Multiplen arbeitet, hat festgestellt, daß Frauen oft verletzliche und schwache weibliche Kind-*alter* und starke, beschützende männliche *alter* haben: »Die Erfahrung dieser *Alter*-Persönlichkeiten«, erklärt sie, »wie sie miteinander um Status, Macht und Einfluß über das Individuum kämpfen, illustriert nachdrücklich die soziale Konstruktion von Männlichkeit und Weiblichkeit in unserer Gesellschaft.«[26]

Sieht man sich die Literatur- und Sozialgeschichte an, scheint es, als wäre die Persönlichkeitsspaltung seit über einem Jahrhundert eine Möglichkeit, »verbotenen« Aspekten des (weiblichen) Selbst Ausdruck zu verleihen. Um die Jahrhundertwende hatte Norton Prince in Boston zwei berühmte Fälle, die er Miss Beauchamp und B. C. A. nannte. Diese Frauen hatten drei verschiedene Persönlichkeiten entwickelt, um ihr Begehren und den unschicklichen Wunsch nach Unabhängigkeit unterzubringen. In seiner Therapie bestand Prince jedoch auf der Unterdrückung gerade der rebellischeren Persönlichkeiten – in seinem Kontext war das nur plausibel. Auch für viele Frauen ist es ja noch heute schwierig oder unmöglich, bestimmte erotische, auch asoziale Aspekte ihrer Psyche zu akzeptieren. Die anderen Ichs treten – wie die »Erinnerungen« an einen Mißbrauch – genau dann auf, wenn eine erwachsene Frau etwas tut, für das sie sich schämt. So wollen es übrigens auch die literarischen Konventionen der Unterhaltungsliteratur, die sich der Multiplen Persönlichkeit inzwischen angenommen hat. Anders als die in ihrer Tendenz eindeutige Selbstverstümmelung, die den Körper straft, wirkt die Dissoziation der Persönlichkeit psychologisch gleichzeitig als Strafe und Freispruch.

Geschichten vom Trauma

Zwischen literarischen Erzählungen und den Hystorien, die in unserer Kultur im Umlauf sind, entsteht unweigerlich eine Art Osmose. In Frauenromanen und -autobiographien führt die Erinnerung an ein traumatisches sexuelles Kindheitserlebnis in letzter Zeit oft zur Entdeckung multipler Ichs und ganz am Ende zur Selbsterkenntnis. Einer der am häufigsten zitierten Texte ist Sylvia Frasers *Meines Vaters Haus: Die Geschichte eines Inzests* von 1984. Protagonistin ist eine dissoziierte Persönlichkeit, die auf Frasers inzestuöses Verhältnis mit ihrem Vater verweist. Bis ins Erwachsenenalter hatte Fraser die Vorfälle vergessen. Unter Hypnose deckte sie bei einem einfühlsamen Therapeuten den Mißbrauch auf, der ihr eine zufriedenstellende Erklärung dafür lieferte, warum sie nie wirklich glücklich gewesen war und warum sie ihre Ehe durch eine Affäre zerstört hatte. Da ihr Therapeut überzeugt war, daß Kindesmißbrauch häufig Ursache der Multiplen Persönlichkeit ist, ermutigte er Fraser, ihr *alter ego* kennenzulernen. »Als der Konflikt, der durch die sexuelle Beziehung zu meinem Vater entstanden war, so drängend wurde, daß ich ihn nicht mehr aushalten konnte«, schreibt sie, »schuf ich für meinen Daddy eine heimliche Komplizin, indem ich meine Persönlichkeit zweiteilte.«[27]

Und es ist dieses andere Ich, gibt Fraser uns zu verstehen, das das Buch schreibt: »Mein anderes Ich hat tippen gelernt. Sie drückt die Tasten, wirft Unmengen aufsässiger Erinnerungen aus.«[28] »Man stelle sich vor«, schließt sie, »jemand findet heraus, daß ohne sein Wissen ein anderer Mensch jahrelang das Leben mit ihm geteilt hat.«[29] Fraser hat keine dramatischen oder auch nur sichtbaren Symptome, weder von *grande* noch von *petite hystérie*. Doch sie muß die Verantwortung für den fatalen Seitensprung ablehnen, der ihre Ehe ruiniert hat; die Schuld an der Affäre trägt ihr anderes Ich. Es war »nicht so sehr die Leidenschaft, die mich dazu verführte«, schreibt Fraser, »sondern vielmehr ein unwiderstehlicher Zwang, der sie antrieb. Wie eine

Schlafwandlerin stand ich ohnmächtig daneben, während eine andere, die wie ich aussah, all das wegwarf, was mir wichtig war, um sich noch einmal eine Kinderwelt aufzubauen, in der nichts anderes ersehnt oder gewollt wurde als die verbotene Affäre.«[30] Um den Ehebruch plausibel zu machen, muß Fraser eine inzestuöse Beziehung mit ihrem Vater vorschieben. Im Grunde kann sie sich an den Inzest selbst auch nie richtig erinnern, aber sie weiß, daß es ihn gab. Es muß ihn gegeben haben, denn warum wäre sie sonst nicht glücklich? Warum wäre sie nicht treu? Indem sie sich als Opfer sieht, kann Fraser sich dann ihre Untreue verzeihen, die ihren Mann so schwer traf, daß er kurz nach der Scheidung starb – und sogar das Schreiben.

Judith Herman nennt *Meines Vaters Haus* die paradigmatische Opfererzählung, eine gute Hystorie. »Zu Freuds Zeiten«, führt sie aus, »hätte sie als klassische Hysterikerin gegolten«, heute würde dagegen eine Multiple Persönlichkeit diagnostiziert. »Aufgrund ihrer erstaunlichen Kreativität konnte Sylvia Fraser die Geschichte einer Persönlichkeit rekonstruieren, die unter der Last des wiederholten, unausweichlichen Mißbrauchs geformt wurde.«[31] Doch Frasers Erzählung wirft auch die Frage nach ihrer Authentizität auf. Nach eigenen Angaben wird Fraser von schrecklichen Schuldgefühlen wegen ihres Fehltritts geplagt. Sie fühlt sich schuldig am Tod ihres Mannes. Die Mißbrauchserinnerung »kehrt« in einem Moment »zurück«, in dem Fraser verzweifelt versucht, ihr Selbstwertgefühl zu retten.[32] Ihre literarischen Mittel, unter anderem auch die Verwendung verschiedener Schrifttypen, zeigen, daß auch ihr Text von der Hystorie der Multiplen Persönlichkeit geformt ist.

Auch Roseanne Arnold beschreibt sich als Opfer des sexuellen Mißbrauchs; von ihrer Lebensgeschichte wurde sogar in der gewöhnlich eher skeptischen Zeitschrift *The New Yorker* berichtet. In einem Buch mit dem Titel *My Lives* führt Roseanne Arnold 1994 ihre Eßstörungen, Alkoholabhängigkeit, Selbstverstümmelung, frühe Schwangerschaft, Straffälligkeit und Prostitution darauf zurück, daß sie als Kind von ihrem Vater sexuell belästigt wurde – ein Ereignis, das sie verdrängt hatte, bis sie über vierzig war. Der sexuelle Mißbrauch führte zur Persönlichkeitsspaltung: »Die Teile in mir, die alles wußten, [...] hatten sich abgespalten, verselbständigt, waren eigene Wesen geworden, mit eigenen Geschichten, eigenen Ländern.«[33] Die anderen Wesen tun Dinge, die Roseanne zutiefst bereut, und sie tun die Dinge, die Roseanne nicht zu tun wagt. Arnold möchte andere Frauen ermutigen, ihre Geschichten zu erzählen: »Wie viele von uns gibt es? Sollen wir demonstrieren, damit wir und unsere Zahl sichtbar werden?«[34]

Die Theorie vom traumatischen Erlebnis, das der Multiplen Persönlichkeit zugrunde liegt, schlägt sich auch in der Handlung etlicher feministischer Romane nieder, wie zum Beispiel Margaret Atwoods *Die Räuberbraut* von 1994. Eine der drei weiblichen Hauptfiguren ist eine multipel, Ursache ist eine vergessene Mißbrauchserfahrung. In einer Rückblende auf Karens/Charis' Kindheit beschreibt Atwood, wie die Fragmentierung des Ich sich im selben Moment ereignet, in dem sie von einem Onkel vergewaltigt wird:

»Dann wirft er sich auf Karen und drückt seine schlaffe Hand auf ihren Mund und spaltet sie in zwei Teile. Er spaltet sie genau in der Mitte, und ihre Haut platzt auf wie die trockene Haut eines Kokons, und Charis fliegt heraus. Ihr neuer Körper ist leicht wie eine Feder, leicht wie Luft.«[35]

Jahre später kommt Karen wieder hervor – sie versucht, die Frau zu ermorden, die Charis den Geliebten weggenommen hat.

Die Parallelen zwischen den Krankengeschichten der Multiplen und den Formen ihrer Literarisierung sind nicht zufällig. Auf Überschneidungen zwischen Lebensbeichten, Schund- und ernster Literatur wurde im Zusammenhang der Multiplen Persönlichkeit oft hingewiesen. Vor allem bei diesem Thema »wirken Tatsachen, Fiktionen und Angst so hartnäckig zusammen. [...] Wenn der Kindesmißbrauch der Generalschlüssel für die öffentliche Akzeptanz des Themas Multiple Persönlichkeit ist, dann ist das phantasierte Verbrechen der Ersatzschlüssel.«[36]

Multiple Persönlichkeit: die Therapeuten

Die Bewegung, die das Multiple-Persönlichkeits-Syndrom bekannt gemacht hat, wird von einer ebenso umstrittenen wie streitbaren Gruppe von Ärzten und Therapeuten angeführt: Cornelia Wilbur, Richard Kluft, Ralph Allison mit seiner Idee von einer inneren Helferpersönlichkeit, Eugene Bliss, Frank Putnam, Bennett Braun, Richard Loewenstein und Colin Ross. Wie bei anderen epidemischen Hysterien tritt die Erkrankung im unmittelbaren Umkreis der Ärzte auf. Die Sheppard-Pratt-Klinik in Baltimore zum Beispiel verzeichnete seit 1987 einen starken Anstieg an MPS-Patienten – 1987 begann Richard Loewenstein dort zu praktizieren. Einer seiner Kollegen, der Psychiater Donald Ross, äußerte dann auch seine Bedenken: »Es breitet sich ein Gruppenwissen über Multiple Persönlichkeit unter den Patienten aus, und die Störung vervielfacht sich im Grunde nicht anders als eine Infektionskrankheit.«[37] Auch Bennett Brauns Abteilung für dissoziatives Verhalten an der Rush-Presbyterian-Klinik in Chicago ist eine hochansteckende Umgebung, in der sich die Multiple Persönlichkeit ausgebreitet hat. Das Shadows-Glen-Hospital in Houston, wo Judith Peterson Anfang der neunziger Jahre die Abteilung für Dissoziationsstörungen leitete, war ein drittes Zentrum von Patienten mit multiplen Persönlichkeiten. Sieben von ihnen haben mittlerweile Klage erhoben.

Allerlei Verschwörungstheorien sind dann zum immer wichtigeren Baustein im Glaubenssystem der Therapeuten geworden, seit dieses um die Multiple Persönlichkeit gebaute System ins Kreuzfeuer der Kritik geriet. Schon »Anfang der achtziger Jahre«, schreibt Sherrill Mulhern, »stützte sich die Hypothese von der MPS vor allem auf finstere Verschwörungstheorien.«[38] Mulhern schreibt aus der Perspektive einer Anthropologin über die Multiple Persönlichkeit und den Satanistischen Ritualmißbrauch. 1994 untersuchte sie, wie die Multiple-Persönlichkeit-Therapie allmählich ihre paranoiden Verdachtsmomente hervorbrachte: Zuerst nahmen einige Spezialisten an, daß die Anzahl und Komplexität der multiplen Persönlichkeiten, die ein Patient unter Hypnose offenbarte, den Schweregrad des sexuellen Kindheitstraumas anzeige – je mehr *alter*, desto mehr Mißbrauch. So legten die Multiplen Zeugnis ab von der »mächtigen gesellschaftlichen Verschwörung des Schweigens, die den sexuellen Kindesmißbrauch umgibt«.[39] Sodann entwickelten die Therapeuten Theorien über Allianzen und Verschwörungen zwischen den verschiedenen *altern*. Mehr als 80 Prozent der MPS-Patienten wußten vor der Therapie nichts von der Existenz anderer Ichs. Ärzte beschrieben die *Alter*-Persönlichkeiten als verfeindete Fraktionen, als verdeckt und unabhängig Handelnde, die sich gegenseitig die Vorherrschaft streitig machen, oft mit tödlichen Absichten und entsprechend fatalen Folgen für den Patienten. Und so sahen die Therapeuten sich als Vermittler in der »unbewußten Verschwörung einer potentiell unbegrenzten Zahl von Persönlichkeiten, die identifiziert, organisiert, begrenzt und dazu überredet werden müssen, ihre schrecklichen Geheimnisse preiszugeben«. Mulhern folgert: »Auch wenn es überzeugende Beweise dafür gibt, daß viele Multiple während der abreaktiven Psychotherapie nicht erlebte Traumen erinnern, sondern traumatische Erzählungen konfabulieren, glauben das weder sie noch ihre Therapeuten.«[40] Vielmehr glauben sie, daß sie gemeinsam eine Verschwörung aufdecken und Leid mildern.

Wenn sie in die Kritik geraten, wird das Verschwörungsmodell erweitert oder revidiert; Gegner, die versuchen, sie zum Schweigen zu bringen, werden so Teil des Modells. Der Kanadier Colin Ross zum Beispiel ist Arzt und Präsident der Internationalen Gesellschaft für die Erforschung der Multiplen Persönlichkeitsstörung (International Society for the Study of Multiple Personality Disorders) und einer der wichtigsten Repräsentanten der Multiplen Persönlichkeit. Aber auch Ross ist der Überzeugung, daß viele seiner Patienten Multiple sind, weil der CIA sie zu Geheimagenten ausgebildet habe, die »vom Geheimdienst ständig für Spionage- und Überwachungszwecke sowie möglicherweise für Mordanschläge eingesetzt« werden.[41] 1993 bezichtigte Ross den CIA, Kinder in geheimen Labors einer Gehirnwäsche zu unterziehen. Im kanadischen Fernsehen brachte er zum Ausdruck, daß er die konzentrierten Angriffe auf die Multiple-Persönlichkeit-Bewegung für vom CIA gesteuert und finanziert hält: »Wenn man bei der Erforschung von psychischen Dissoziationen Programme zur Gedankenkontrolle aufdeckt, die mit anderen Persönlichkeiten maskiert werden, dann sind diese Leute [vom CIA] natürlich nicht sehr begeistert. Sie mußten also eine Art politischer Abwehrstrategie entwickeln.«[42] In den USA erklärte Bennett Braun, übrigens ein früherer Präsident der erwähnten Internationalen Gesellschaft, daß das FBI ihn zu ermorden versuche, weil er es der Verwicklung in satanistische Verschwörungen, bei denen Multiple benutzt würden, beschuldigt hat.

Die Epidemie der multiplen Persönlichkeiten

Wie sieht die Zukunft der Multiplen Persönlichkeit aus, wie wird sie sich weiterentwickeln? Hacking sieht eine mögliche Spaltung der Bewegung in eine akademisch gebildete klinische Gruppe auf der einen Seitee, die von Psychiatern dominiert wird, und eine »populistische Allianz aus Patienten und Therapeuten«[43] auf der anderen Seite. Beide Gruppen werden zwangsläufig um Klienten und Krankenkassengelder konkurrieren. Von ärztlicher Seite »lautet die Botschaft: Werden Sie die Persönlichkeiten allesamt los. ›Dissoziation‹ ist nun zur Bezeichnung des ganzen Spiels, der Störung, der Zeitschrift und der Organisation geworden.«[44] Bei den Populisten werden die verschiedenen Persönlichkeiten grundsätzlich anerkannt und mit ihren Namen angesprochen; die Multiple Persönlichkeit wird zum Lebensstil. Was die streitenden Parteien vielleicht wieder vereinen wird, ist das Auftauchen und Erstarken des gemeinsamen

Feindes, der Anti-Wieder-Erinnerungsbewegung mit ihren Institutionen.[45]

Wie andere Hysterie-Epidemien auch, ist die Multiple Persönlichkeit in vielen Ländern gleichzeitig oder in kurzen Abständen aufgetaucht. 1989 war die MPS ein Syndrom, das nach einem einschlägigen Handbuch in den USA häufig und »im Rest der Welt« praktisch nicht existent war.[46] 1994 stellte das *DSM-IV* fest, daß die relative Häufigkeit der Störung in den USA auf eine kulturspezifische Erkrankung hinweisen könnte.[47] Doch nur ein Jahr später hat sich die Situation dramatisch verändert, und die Multiplen sprießen überall dort aus dem Boden, wo die Missionare des amerikanischen Multiple-Persönlichkeit-Syndroms willkommen sind. Der Ebola-Virus oder das Lassa-Fieber mögen aus dem Regenwald geboren sein – die Multiple Persönlichkeit wird von den USA exportiert und durch den Eifer amerikanischer Experten weltweit verbreitet.

Eine Therapeutin aus Neuseeland bekam 1989 von ihrer ersten multiplen Klientin zu hören: »Ach, das ist eine amerikanische Sache! So was haben wir hier nicht! Aber das Interesse nimmt ständig zu.«[48] Und in Istanbul diagnostizierten drei Therapeuten »nach der Lektüre der nordamerikanischen Literatur« den ersten türkischen Fall von Multipler Persönlichkeit; inzwischen »werden wöchentliche Seminare, Fallbeispiele und Supervisionstreffen über Dissoziationsstörungen in unserer Abteilung für klinische Psychotherapie abgehalten«.[49] In Norwegen finden seit 1993 Seminare zum Thema statt. Aus Deutschland berichtet die Therapeutin Michaela Huber: »Wir haben die Neuigkeiten an unsere Kollegen weitergegeben. Es gibt jetzt mehrere hundert deutsche Fachkräfte, die von amerikanischen, holländischen und deutschen Experten auf dem Gebiet der Dissoziation ausgebildet wurden.«[50] Europäische Studenten müssen heute schon Pflichtseminare zum Thema der Dissoziationsstörung belegen. Wenn Kurse und Seminare derart aus dem Boden schießen, kann davon ausgegangen werden, daß die Multiplen sich im gleichen Maß vermehren werden. Die Multiple

Persönlichkeit zeigt uns mit Hackings Worten »einen neuen Weg, ein unglücklicher Mensch zu sein«[51], und unglücklich sind nicht nur Amerikaner.

ROSEMARIES BABYS: DER SATANISTISCHE RITUALMIẞBRAUCH

Den Therapeuten, die sich in Chicago 1986 auf der Internationalen Konferenz zur Multiplen Persönlichkeit/Dissoziation versammelt hatten, fiel eine überraschende Entwicklung auf: Ungefähr 25 Prozent ihrer Patienten hatten Erinnerungen an Folter und Mißbrauch in geheimen Satanistensekten beschrieben. Aber statt sich über diese Geschichten zu beunruhigen, integrierten viele Therapeuten den »Satanistischen Ritualmißbrauch« (Satanic Ritual Abuse, SRA) in ihr theoretisches und psychologisches Repertoire. Auf der besagten Konferenz wurde ein Vortrag über Satanistischen Ritualmißbrauch gehalten; ein Jahr darauf waren es schon elf. 1989 eröffnete George Ganaway, der Direktor des Zentrums für Dissoziationsforschung an der Universität Georgia, »daß beinahe die Hälfte der Patienten in seiner Klinik und viele weitere an anderen Orten in Nordamerika ›lebhaft und ausführlich über Erinnerungen an kannibalistische Lustbarkeiten und kultischen Mißbrauch berichteten, zum Beispiel darüber, daß sie in der Adoleszenz als Seriengebärerinnen für Säuglinge benutzt worden seien, die man als Ritualopfer brauchte‹«.[1] Die Therapeuten hielten mit den Patienten Schritt, organisierten Seminare und veröffentlichten Artikel und Bücher, um Daten auszutauschen und möglichst das ganze therapeutische Gesundheitswesen auf das Problem aufmerksam zu machen. 1992 schien das Gebiet in wissenschaftlicher Hinsicht noch »in den Kinderschuhen zu stecken«.[2] Viele Psychiater blieben auch später skeptisch, und die Multiplenbewegung ist über die Wirklichkeit dieses spezifischen Syndroms nach wie vor gespalten.

Die Medien schalteten sich schon früh ein. »Eine erstaunliche Zahl von Frauen«, schrieb der Journalist Leslie Bennetts 1993, »meldet sich im ganzen Land mit ähnlichen Geschichten von satanistischen Sekten und rituellem Mißbrauch zu Wort. Die Berichte stammen von in jeder Hinsicht sehr unterschiedlichen

Frauen – verschiedener sozioökonomischer Hintergrund, verschiedene Ethnien, verschiedene Religionen, sogar verschiedene Rassen. [...] Ein ums andere Mal erzählten Frauen mir, wie sie bei Teufelsanbetungen gezwungen worden seien, Babys zu töten und zu essen, wie sie Kinder gesehen hätten, die zerteilt und gekocht und verbrannt wurden, wie sie unter Drogen gesetzt, mit Stöcken fürs Vieh gefoltert, mit Brandeisen gezeichnet und mit Kruzifixen und Tierkadavern vergewaltigt worden seien. Sie berichteten mir, wie sie mit lebenden Schlangen und toten Menschen lebendig begraben, an Kreuze gebunden und tagelang kopfüber dort hängen gelassen wurden, wie sie für Kinderpornos fotografiert und von teuflischen Prostitutionsringen in Käfige gesperrt wurden, die ihre kleinen Opfer zum weiteren Mißbrauch ausliehen.«[3]

Nach einem besonders spektakulären Fall, der sich 1983 in Kalifornien zugetragen hatte und erst sieben Jahre später mangels Beweisen vom Gericht abgewiesen wurde, erhoben plötzlich auch andere Frauen den Vorwurf, daß ihre Kinder in Kindertagesstätten oder Kindergärten in der beschriebenen oder ähnlicher Weise rituell mißbraucht worden seien. Darauf folgten aufsehenerregende Untersuchungen von Polizeibeamten, Ärzten und Sozialarbeitern, die die Kinder im Rektal- und Genitalbereich untersuchten, sie drängten, das Vorgefallene an anatomischen Puppen vorzuführen, und suggestive Fragen stellten. In der ersten Ausgabe von *Trotz allem* wurde 1988 noch eine Polizistin aus San Francisco zitiert, die unter Berufung auf die Deckungsgleichheit der Aussagen von Kindern aus den unterschiedlichsten Gegenden statuierte: »Kinder erfinden solche Geschichten nicht.«[4] Geschichten von rituellem und satanistischem Mißbrauch machten auch in England die Runde. In der Nähe von Manchester wurden 1990 zwanzig Kinder ihren Familien weggenommen, nachdem ein sechsjähriger Junge seinen Lehrern erzählt hatte, er habe gesehen, wie Babys ermordet, Kinder unter Drogen gesetzt und in Käfige gesperrt und Gräber ausgehoben worden seien. Nach einer zehnwöchigen Anhörung vor Gericht wurden die Klagen abgewiesen. 1991 wurden dann auf den einsamen Orkney Inseln neun Kinder aus ihren Familien entfernt, nachdem ein Dorfbewohner auf seltsame Zeremonien hingewiesen hatte, die er unter anderem bei jüdischen und Quäker-Familien beobachtet hatte. Kinder erzählten den Vernehmungsbeamten, sie hätten an Teufelsanbetungen teilgenommen, bei denen die Leute als »Ninja Turtles« verkleidet gewesen seien. Nach einer Untersuchung, die sechs Millionen Pfund verschlang, wurden die Anklagepunkte gegen die Erwachsenen fallengelassen und die Sozialarbeiter für ihre suggestiven Fragen gerügt. In einigen offensichtlichen Fällen hatte eine Mischung aus protestantischer Frustration und Horrorfilm Bilder und Handlung für die Phantasiegebilde geliefert.[5]

Von angeblichen Teufelsanbetern in Kindertagesstätten bis zu Gerüchten über Tierverstümmelung und rituelle Schändung: Ende der achtziger Jahre wurden die USA von gräßlichen Geschichten über satanistische Praktiken erschüttert. Von einer sensationsgierigen Fernsehberichterstattung und christlichen »Experten« in Sachen Satanismus angetrieben, rollte die Hysterie von Kleinstadt zu Kleinstadt und hinterließ in ihrem Gefolge verängstigte Kinder und aufgerüttelte Eltern. Zwei Arten von Geschichten verbanden sich bei dieser Epidemie: Von Kindern aufgestellte Behauptungen mischten sich mit der Wiedergewonnenen Erinnerung Erwachsener. Allerdings wurden die Beschuldigungen immer unglaublicher und verrückter, und die Gerichte lehnten immer mehr Verfahren mangels Beweisen ab. Das machte auch die Therapeuten unsicher, die sich zunächst zu Wortführern der neuen Richtung hatten machen wollen. Jahrelange Gerichtsverfahren und intensive Untersuchungen konnten keinerlei Beweis für die Existenz der satanistischen Sekten zutage fördern. Spezialagent Lanning der FBI-Einheit für Verhaltensforschung in Quantico, Virginia, hat seit 1983 über dreihundert Fälle von angeblichem Ritualmißbrauch untersucht und keinen Hinweis gefunden, der sich hätte erhärten lassen. Auch ein 1994 erschienener Bericht der englischen Regierung über eine Untersuchung von achtundvierzig angeblichen Mißbrauchsfällen erbrachte in keinem einzigen Fall Hinweise, die die Vorwürfe bekräftigt hätten. Die Reihe läßt sich fortsetzen. Der Therapeut George Ganaway warnt daher: »Wenn nicht wissenschaftlich belegte Beweise vorgelegt werden, kann es so weit kommen, daß Patienten und Therapeuten, die den Wahrheitsanspruch dieser Berichte bestätigen und öffentlich für ihn eintreten, einen eigenen Kult entwickeln und die eigenen Überzeugungen wechselseitig beglaubigen, die wissenschaftliche und psychotherapeutische Gemeinschaft aber insgesamt ignorieren (und von ihr ignoriert werden).«[6]

Aber worum geht es eigentlich in der Hystorie vom Satanistischen Ritualmißbrauch? Einem im angelsächsischen Raum häufig benutzten Handbuch von 1989 zufolge beschreiben Patientinnen »schwarze Magie und satanistische Riten, bei denen das kindliche Opfer Teil einer Zeremonie ist, in der es um seine Schändung und sexuelle Erniedrigung geht. Als Beispiele dafür werden angeführt: das Kind wird gezwungen, öffentlich mit einem Kruzifix zu masturbieren; zeremonielle Gruppenvergewaltigung durch alle (oder einige privilegierte) männliche Mitglieder der Sekte; Sexualkontakt mit einem Haustier der Familie oder dessen Zerstückelung; Aufforderungen, das Kind solle Blut oder Urin trinken oder ekelhafte Substanzen essen; ritualisierte Zeremonien, bei denen ein Kind nackt ausgezogen, an ein Kruzifix oder Gerüst gebunden und sexuell belästigt sowie genötigt wird zu glauben, es solle geopfert werden.«[7] Einige Geschichten von Teufelssekten sprechen außerdem von Gehirnwäsche, »Programmierung« und hypnotischer oder posthypnotischer Suggestion.

Mit ihren thematischen Schwerpunkten Inzest, Kindesmord, erzwungene Fortpflanzung, Kannibalismus und Verschwörung berühren diese Erzählungen die beunruhigendsten und am stärksten tabuisierten Phantasien unserer Kultur.[8] Angebliche Opfer satanistischer Kulte beschreiben Verschwörungen riesiger, länder- und generationenübergreifender Verbrecherorganisationen, die eine totale Kontrolle über ihre Mitglieder und ihre

Opfer haben; die Anführer bleiben unerkannt, weil sie in der Maske des Normalbürgers inmitten der Gemeinschaft leben. Die Angst vor der Rache der Sekte wird in Behandlungszentren gelegentlich so groß, daß auch das Krankenhauspersonal panische Ängste leidet und sich ständig von vermeintlichen Verfolgern bedroht fühlt. James Glass beschreibt die Atmosphäre am Sheppard-Pratt-Hospital, wo eine Patientin mit dem Ritualmißbrauchs-Syndrom behandelt wurde: »Plötzlich tauchten ständig Bücher, Polizeiberichte und Zeitungsartikel über Sekten auf; die Angestellten flüsterten in den Gängen. [...] Viele überlegten, ob sie nicht ihre Telefonnummern ändern lassen, sich falsche Adressen zulegen oder sich womöglich frei nehmen sollten, um mögliche Verfolger abzuschütteln. Die Leute sprachen nicht mehr mit jedem, und manche Mitarbeiter weigerten sich rundweg, irgend etwas, das mit Sekten zu tun hatte, mit mir zu besprechen, weil sie fürchteten, daß wir ›beobachtet‹ würden.«[9] Schließlich wird auch Glass selbst infiziert: Er fängt an zu glauben, daß er im Auto verfolgt wird, daß die Sekte in sein Büro einbricht und ein verdächtiger Fremder in seiner Vorlesung ein »Sektenspitzel« sei.[10] Nach Glass' Ansicht spielt es gar keine Rolle, ob die Berichte über den Terror satanistischer Sekten auf eine Wirklichkeit referieren. Was aber vielleicht doch zu untersuchen wäre, ist, wie durchlässig vollkommen normale Menschen sich gegenüber den paranoiden Hystorien des Satanistischen Ritualmißbrauchs erweisen, wie ja Glass' eigenes Beispiel deutlich zeigt.

Benjamin, Häschen und Scarlet: ein Prototyp

Wer sind die Patienten und Patientinnen, die von Satanistischem Ritualmißbrauch berichten? Claudette Wassil-Grimm hat eine typische Patientin skizziert: Eine Frau begibt sich wegen Depressionen oder Bulimie in Therapie. Vom Therapeuten hört sie, daß ihre Symptome jenen von Patienten ähneln, die in der Kindheit mißbraucht worden sind. Sie soll Ratgeberbücher über Inzest lesen, Opfergruppen besuchen und vielleicht ein Wochenende an einer intensiven Gruppentherapie teilnehmen. Sie erinnert sich jetzt vage an einen Mißbrauch. Die Erinnerungen werden stärker. Sie begreift, daß Nachbarn ihrer Familie ebenfalls damit zu tun haben – es muß sich um satanistische Rituale gehandelt haben. »Wenn sie von einem *flashback*, der ihr zeigt, wie sie ein Baby getötet und sein Blut getrunken hat, berichtet«, ist die Erinnerungsarbeit abgeschlossen. Jetzt kann die »Heilung« beginnen.[11] In einem Fall jüngeren Datums, der diesem prototypischen Bericht ähnelt, begab die Patientin sich wegen Depressionen in Therapie und erinnerte sich beobachtet zu haben, wie ihr Vater und ein anderer Mann eine Frau ermordeten, sie ausweideten und anschließend begruben.[12] In einem anderen Fall wurde die Patientin mit Brandeisen gefoltert, ihre Zwillingsschwester geopfert und in Stücke zerlegt.[13] Vielen Forschern ist die Verbindung zwischen dem Satanistischen Ritualmißbrauch und dem ins zwölfte Jahrhundert zurückreichenden berüchtigten Aberglauben, Juden würden Christenkinder schlachten, aufgefallen.[14] Wissenschaftler wie Benjamin Beit-Hallahmi an der Universität Haifa und Sherrill Mulhern finden es unbegreiflich, wie die »Teufelsgläubigen«, und gerade die Juden unter ihnen, die offensichtlichen Überschneidungen zwischen den satanistischen Narrationen und den antisemitischen Inhalten dieses Aberglaubens ignorieren können. Jeffrey Victor hat daran erinnert, daß die den Juden unterstellten Ritualmorde die Überzeugung verstärkten, daß »Juden (wie Häretiker) Verbündete des Teufels seien, Stellvertreter Satans auf Erden [...]. In der sich entwickelnden westlichen Dämonologie war es letztendlich der Teufel, der die Schuld am Unglück des Individuums wie an den gesellschaftlichen Katastrophen trug. Daher schien es nur folgerichtig, die Juden als die Beauftragten des Teufels für das Unglück guter, rechtschaffener Menschen zu bestrafen.«[15]

»S. R. Benjamin« ist eine promovierte jüdische Biochemikerin Mitte vierzig. Ihre Eltern, schreibt sie, gehörten zusammen mit einem Kinderarzt, einem Psychologen und einem Ingenieur einem Kinderporno-Ring an. Sie benutzten pseudoreligiöse Rituale mit satanistischen Elementen, um Kinder und besonders ihre eigene kleine Tochter zu terrorisieren. Benjamin gibt an, daß sie als Prostituierte versteigert wurde, den Tod von mindestens einem Kind miterlebt hat und an der Ermordung eines Babys beteiligt war. Sie schildert lebhaft, wie sie mit Elektroschocks und Drogen gefoltert, wiederholt von ihrem Vater vergewaltigt und gezwungen wurde, ihr Kaninchen mit einem langen Nagel zu penetrieren. Nach dem Tod ihrer Mutter wurde sie als Zwölfjährige schwanger und von ihrem Vater und ihrer Großmutter zur Abtreibung gezwungen.

Benjamin war eine ausgezeichnete Studentin gewesen, die von diesen schrecklichen Erfahrungen bis 1986 nichts wußte. Sie stand damals kurz vor ihrem Studienabschluß, war mit einem netten, verständnisvollen Mann verheiratet und hatte eine Affäre mit einem anderen. Benjamin, inzwischen Veteranin der erfolglosen Therapien, mit denen sie ihre zahllosen Phobien unter Kontrolle kriegen will, besuchte einen Workshop für Opfer von Kindesmißbrauch, wo die Erinnerungen mit dramatischer Plötzlichkeit in ihr aufstiegen. In Yale und später in Harvard, wo sie nach ihrer Promotion arbeitete, begann sie sich dann an Folterungen zu erinnern und in der Therapie die drei Persönlichkeiten zu präsentieren, die sie zu ihrem Schutz entwickelt hatte: »Benjamin, ohne Alter, religiös und fürsorglich; Häschen, klein und scheu, und Scarlet, das einzige weibliche *alter* und dasjenige, das sich mit dem sexuellen Mißbrauch befaßte.« Benjamins Mitarbeiter in Harvard begegneten ihrem Schmerz, ihren Tränen, Panikanfällen und ihrem generellen Nichtfunktionieren völlig verständnislos. Noch heute kann sie diese Grausamkeit kaum fassen, hat ihren Mitarbeitern aber verziehen: vielleicht mußten auch sie viel leiden.

Trotz ihrer psychischen Probleme beendete Benjamin ihr Forschungsprojekt und wurde als wissenschaftliche Mitarbeiterin im Forschungslabor einer Universität eingestellt. Dort drängten die Erinnerungen an Pornographie und satanistische Rituale erneut in ihr Bewußtsein. Sie hat das Gefühl, daß sie endlich mit ihren Erfahrungen umzugehen gelernt hat: Ihre Geschichte hat sich zwar zugetragen, aber sie bestimmt nicht ihre Gegenwart. Soweit die Erzählung einer Patientin, die sich für das Opfer eines Satanistischen Ritualmißbrauchs hält.

Wie viele Namen in *Trotz allem* ist »S. R. Benjamin« ein Pseudonym; Bass und Davis verraten uns allerdings, daß ihr Vater, ein Mitglied der Anti-Wieder-Erinnerungsbewegung, »bestreitet, seine Tochter je mißbraucht zu haben. Für ihn steht fest, daß sie an einer unheilbaren Psychose leidet.«[16] Benjamin selbst gibt zwar zu, daß sie phobisch ist, zu Panikattacken, zu Selbstverstümmelung und Suizidgedanken neigt und sich generell schuldig fühlt. Die Schuldgefühle führt sie aber darauf zurück, daß sie bei satanistischen Zeremonien möglicherweise anderen Kindern Schaden zugefügt hat. Sie tröstet sich mit dem Gedanken, daß sie zu diesen Verbrechen gezwungen wurde; möglicherweise wurden die Grausamkeiten von der Sekte auch nur inszeniert, um sie einzuschüchtern und fügsam zu machen.

Wie ist Benjamin in all den Jahren mit so viel Grauen fertig geworden? Ist es vorstellbar, daß Vergewaltigung, Abtreibung, Kinderprostitution, sogar Mord unentdeckt bleiben konnten? Benjamin selbst gesteht, daß sie Zweifel am Wahrheitsgehalt ihres Berichtes hegt. Doch sobald die eine Krankengymnastin die Schmerzen in ihren Knien wegerklären will, geht sie zu einer weniger distanzierten anderen, die ihre Geschichte akzeptiert. Benjamin berichtet, viel über Folter von politischen Häftlingen, die Judenvernichtung und Satanismus gelesen zu haben. Besonders beeindruckt hat sie eine Folge von *Raumschiff Enterprise*, in der der Vulkanier Mr. Spock gefoltert wird, aber dennoch seine »Kompetenz und Integrität« bewahrt.

Wenn man Benjamins Geschichte als Hystorie liest, wird offensichtlich, daß sie Ausdruck der sexuellen Schuldkomplexe und puritanischen Wertvorstellungen ihrer Gemeinschaft ist. Ein jüdisches Mädchen läßt sich nicht vom Holocaust sexuell erregen und betrügt nicht seinen Ehemann. Um solches Verhalten vor sich selbst zu rechtfertigen, erfindet Benjamin eine gigantische Verschwörung des Bösen. Sexuelle Regungen zu haben erfüllt diese sonst so souveräne Intellektuelle mit so starken Schamgefühlen, daß sie sich bestrafen, sich mit Zigaretten verbrennen und an Selbstmord denken muß. Um sich selbst vergeben zu können, stellt sie sich sehr lebendig vor, daß die Sexualität von außen kommt, von jemandem, der stärker ist als sie. Vielleicht wurde in Benjamins Familie Sexualität mit grausamer Härte vermittelt. Kann sie tatsächlich mit zwölf Jahren und nach dem Tod ihrer Mutter schwanger geworden sein? Fand womöglich wirklich eine Abtreibung statt, in deren Folge sie sich wie eine Kindsmörderin fühlt? Ist ein solches Trauma die Erinnerung, der sie sich nicht stellen kann?

Gelegentlich ist zu hören, daß das »Motiv der Kleinkindopferung in satanistischen Ritualen den Angst- und Schuldgefühlen entstammt, die bei Abtreibungen entstehen«.[17] Doch für die Autorinnen Bass und Davis schrillt auch hier keine Alarmglocke. Sie nehmen den Satanistischen oder, wie sie es nennen, »sadistischen« Ritualmißbrauch in ihrem Buch *Trotz allem* völlig ernst und beharren darauf, daß diese Geschichten keineswegs unvorstellbar seien – Leser, die sie in Frage stellen, beteiligen sich daher an einer »kollektiven Verleugnung«.[18] Die unwahrscheinlichen oder widersprüchlichen Passagen dieser Erzählungen erklären sie damit, daß die Teufelsanbeter absichtlich Verwirrung stiften, »um die Glaubwürdigkeit des Opfers zu verringern, falls es Hilfe suchen sollte«.[19]

Ritualmißbrauch und gender

Es ist nicht überraschend, daß zumeist Frauen die Erinnerung an einen Satanistischen Ritualmißbrauch wiedergewinnen. Psychiater erklären die Tatsache damit, daß »traumatisierte Frauen im allgemeinen in der Psychiatrie landen, während Männer mit ähnlichen Vorgeschichten sich auf oft gewalttätige Art und Weise abreagieren. Sie enden dann im Gefängnis.«[20]

Frauen sind es auch, die eine Subkultur des Satanistischen Ritualmißbrauchs bilden. Sie sind es, die immer wieder in entsprechende Fälle verstrickt werden, absurde Beschuldigungen aussprechen und vor Gericht ziehen. Neuerdings wurde vermutet, daß es eine weitere »weibliche Rolle ist, betroffener Elternteil eines SRA-Opfers zu sein. [...] Mütter übernehmen alle anfallenden Aufgaben, vom Transport der Kinder in die Therapie über die Teilnahme an Betroffenengruppen bis zur täglichen Pilgerfahrt vor Gericht.«[21] Die Autoren Debby Nathan und Michael Snedeker gehen davon aus, daß der Aufruhr um den angeblichen Satanistischen Ritualmißbrauch diesen Frauen ein legitimes Ventil für ihre unterdrückte Frustration und Wut bietet. Mehr Mütter als Väter von rituell Mißbrauchten suchen Beratungsstellen auf; Frauen benutzen die Therapie, »um Fragen zu überdenken, die ihnen seit Jahren am Herzen liegen, mit denen sie sich aber erst auseinandersetzen können, seit der Kontext einer möglichen Schädigung ihrer Kinder entstanden ist.« Häufig werden bei dieser Gelegenheit Klagen über gleichgültige oder allzu fordernde Ehemänner vorgebracht; manche berichten, daß sie den Sexualkontakt mit ihrem Partner abgebrochen haben, nachdem sie vom – angeblichen – Mißbrauch der Kinder erfahren haben. Es folgten Scheidungen oder Trennungen. Die Erzählung vom rituellen Mißbrauch, schließen Nathan und Snedeker, »hat diesen Frauen also geholfen, sich aus unbefriedigenden Ehen zu befreien, ohne sich in ihrer Rolle als Ehefrau oder Mutter schuldig fühlen zu müssen. Der Grund, warum sie nicht mehr mit ihren Männern zurechtkamen, war ja die Sorge um ihre Kinder.«[22]

Satanistischer Ritualmißbrauch und Feminismus

Feministische Therapeutinnen und feministische Aktivistinnen sind besonders im angelsächsischen Raum tief in die Debatte um den Satanistischen Ritualmißbrauch wie in weitere Nebenerscheinungen der Bewegung um die Wiedergewonnene Erinnerung verstrickt. Nathan und Snedeker nennen »Feministinnen besonders anfällig für Verschwörungstheorien über sexuellen Mißbrauch«.[23] Linda Alcoff und Laura Gray, zwei amerikanische feministische Professorinnen, verglichen Aussagen über Ritualmißbrauch mit Aussagen von Vergewaltigungsopfern, denen nicht geglaubt worden war: »Die Reaktionen bilden in beiden Fällen ein einheitliches Muster – entweder werden die Opfer schon vor ihrer Aussage zum Schweigen gebracht, oder ihre Äußerungen werden als verrückt, unwahr oder unglaubwürdig abgetan.«[24]

Ironischerweise hat die Angst vor SRA ursprünglich vor allem religiös-fundamentalistische und konservative Kreise befallen, denen die Anliegen des Feminismus denkbar fremd sind. Ende der achtziger Jahre war es so weit gekommen, »daß die Gegner staatlicher Eingriffe in das Familienleben sich auf die wegen angeblichem rituellen Mißbrauch erhobenen Beschuldigungen beriefen, um vor Kinderschutzgesetzen und Therapie zu warnen; sie verurteilten im Rundumschlag den Feminismus und alle Feministinnen als skrupellose Zerstörerinnen glücklicher Familien. Verfechterinnen der Existenz des rituellen Mißbrauchs wiesen daraufhin jede Kritik als antifeministischen und kinderfeindlichen Rückfall zurück, übersahen dabei allerdings ihre eigene Rolle in der Diskreditierung des Kinderschutzes und der Frauenbewegung.«[25]

Nathan und Snedeker beklagen die Allianz zwischen kritischen Feministinnen und »einem moralischen Kreuzzug, der sich gefährlich mit Abtreibungsgegnern, Schwulenhassern, Rassisten und erzkonservativen Traditionalisten einläßt, die Frauen zurück an den Herd wünschen [...]. Tatsächlich hat sich die Vorstellung des rituellen Mißbrauchs im Lauf des letzten Jahrzehnts in diesem Flügel des Feminismus derart eingebürgert, daß die Verunglimpfung und auch die rechtskräftige Verurteilung beschuldigter Frauen hier kaum mehr als ein Achselzucken auslöst.«[26]

Vom Erzählen teuflischer Geschichten

Warum glauben so viele intelligente und gebildete Menschen an derart abstruse Geschichten? Der Begriff des Satanistischen Ritualmißbrauchs ist sehr weit gefaßt und kann beliebig ausgedehnt werden; die unterschiedlichsten Phänomene haben darin Platz. Inzwischen erinnert sich jeder, etwas gelesen oder gehört zu haben, das damit zu tun hatte. Aber auch wenn die Wortführer dieser Hystorie SRA mit anderen Kultmorden oder Massenselbstmorden, etwa in Sekten, identifizieren: die Beteiligten geben dort keine normale bürgerliche Existenz vor. Auch Kinderschänder und Kindersexringe belegen echten und massiven Mißbrauch, der aber in keiner Verbindung zum Satanismus steht. Unterprivilegierte Jugendliche, die sich Totenköpfe auftätowieren und Heavy metal hören, wirken vielleicht furchterregend, haben aber nichts mit den generationenalten, mächtigen und geheimen Teufelsanbetern der Hystorie zu tun.

Auch bestimmte Formen des Sprechens affirmieren das Syndrom. Da besonders in der Therapie nicht ständig vom »angeblichen« Satanistischen Ritualmißbrauch gesprochen wird, erscheint dieser plötzlich existent. »Als hätte der Begriff irgendeine objektive Bedeutung, abgesehen von den subjektiven Deutungen, die jeder einzelne damit verbindet.«[27]

Schließlich macht der Glaube an SRA eine Einordnung erschreckender menschlicher Perversionen möglich. Der »Ritualmißbrauch wirkt überzeugend, gerade weil er an die Grundannahmen der Kultur rührt. Es fällt schwer zu glauben, daß Eltern, auch wenn sie wenig gesellschaftliches Ansehen genießen, ihren eigenen Kindern Schaden zufügen und andere dazu auffordern könnten. Der Pakt mit dem Teufel bietet jedoch eine mehr oder weniger plausible Erklärung. […] Indem man die Marginalisierten der Gesellschaft dämonisiert und mit unbekannten Satanisten in Verbindung bringt, werden sonst nicht zu verarbeitende Mißbrauchsfälle in klare Manifestationen des Bösen verwandelt.«[28]

Erzähler der Hystorie vom Ritualmißbrauch sind flexibel. Mit praktischen Fragen konfrontiert, wandeln sie Details der Erzählung einfach entsprechend ab. Wenn eine Patientin behauptet, gesehen zu haben, wie Säuglinge ermordet und begraben wurden, die Polizei aber keine Leichen finden kann, erklärt der Therapeut, daß die Patientin hypnotisch darauf programmiert worden ist, den Ort zu verschweigen, oder daß sie Angst hat, die wahren Schuldigen anzuklagen, oder daß die Sekte sie zu der falschen Überzeugung gebracht hat, daß ein Verbrechen geschehen sei, damit ihr in Zukunft niemand mehr Glauben schenkt.[29] Wenn keine Leichen gefunden werden, behaupten Patienten gelegentlich, daß die Satanisten sie gegessen oder verbrannt hätten. Wenn die Polizei erklärt, daß gewöhnliches Feuer nicht heiß genug ist, um einen Körper vollständig zu vernichten, wird von speziellen Industrieverbrennungsanlagen berichtet.

Die Gläubigen beharren auf der Stichhaltigkeit der Erzählungen; offenbar ist ihnen die Funktionalität literarischer Konventionen, die Integrationskraft von Gerüchten und vor allem die Wirkung von Suggestionen bei der Fabrikation von Scheinerinnerungen nicht geläufig. Therapeuten werden auf Konferenzen zum Glauben an ihre Mythen angehalten. Ihnen werden Zeugnisse »Überlebender« präsentiert, die stehende Ovationen erhielt. Das ganze spektakuläre Theater, das schon in der Salpêtrière so hervorragend funktionierte, wird auf zeitgenössischen Konferenzen über den Satanistischen Ritualmißbrauch noch überboten. Auch hier sind die Patientinnen lernfähig. Sherrill Mulhern hat Protokolle verglichen und stellt fest: »Anfangs sagten die Patientinnen nicht dasselbe, aber nach einer gewissen Zeit gleichen die Berichte sich an.«[30] Die Erinnerungen stellen sich erst ein, nachdem der Patient oder die Patientin geraume Zeit in der Therapie zugebracht hat: »Es fängt mit einzelnen Bildern bzw. Gefühlen an, die über mehrere Persönlichkeiten verteilt sind, die allmählich identifiziert und zusammengesetzt werden müssen.«[31] Der »Satanismus« in den Narrationen vom rituellen Mißbrauch ist daher »im Grunde die kompilierte Form der satanistischen Konfabulation verschiedener Individuen, die durch stundenlange Vernetzung zwischen Therapeuten, Teufelsforschern und Opfern zu einem einzigen Satanismus homogenisiert wurden«.[32] Die Therapeuten erzeugen die Erinnerungen, indem sie bei den Patienten eine lange Liste von Punkten abfragen, vagen und belanglosen Gefühlen eine unverhältnismäßige Bedeutung geben und bruchstückhafte Erzählungen in eine geschlossene Form bringen.

Doch auch da, wo Therapeuten kulturelle Einflüsse in den zirkulierenden Vorstellungen über den Teufel benennen, erkennen sie doch vielfach nicht deren Bedeutung. Sie zitieren Tolkien oder verweisen auf Filme über Exorzismus und Poltergeister. Andere zitieren mittelalterliche Traktate über Hexerei als Garanten einer seriösen Diskussion.

Ira Levins Bestseller *Rosemaries Baby*, der 1968 mit Mia Farrow in der Hauptrolle von Roman Polanski verfilmt wurde, stellt nach wie vor eine wichtige Quelle für Details und Dekor der SRA-Erzählungen dar. Der Film hatte einen enormen Einfluß – nicht zuletzt, weil Polanskis Frau von Mitgliedern der Charles-Manson-Sekte ermordet wurde, ein Ereignis, das eine Zeitlang die ganze Welt beschäftigte. Der Teufelsjünger des Buches, der übrigens Roman heißt, ist Anführer einer satanistischen Sekte, die einen Pakt mit dem erfolglosen jungen Schauspieler Guy schließt: Guy wird Karriere machen, wenn er seine Frau Rosemarie dazu bringt, das Kind Satans zu gebären. Die Nachbarn werden Rosemarie nach und nach verdächtig, schließlich informiert sie sich über Hexerei: »Sie gebrauchen *Blut* bei ihren Ritualen, weil Blut Macht hat, und das Blut, das die meiste *Macht* hat, ist das Blut eines *neugeborenen Kindes*, eines noch ungetauften Kindes, und sie gebrauchen noch mehr als Blut. Sie gebrauchen auch das *Fleisch*!«[33] Trotz ihrer Seelenqualen bringt Rosemarie das Baby zur Welt; es liegt in einer schwarzen Wiege, in schwarze Windeln gewickelt, umgeben von schwarzen Kerzen und schwarz eingeschlagenen Geschenken. Sie wird mit der Sekte zusammenarbeiten und das Kind aufziehen.

Rosemaries Ärzte

Es sind Romane und Filme, die seine Bildlichkeit erzeugen und in der Öffentlichkeit verbreiten, doch können die Geschichten vom Satanistischen Ritualmißbrauch sich nicht entfalten, bevor Therapeuten sich nicht mit ihrer Autorität für die einzelnen Fälle verwenden. In den USA haben angesehene Therapeuten explizit erklärt, daß sie Heiler sind und nicht Polizisten, wenn ihre Meinung eingeholt wird. »Ich bin Psychologe«, sagte ein Mitglied der US-Notrufstelle für mißbrauchte Kinder 1989, »ich brauche keine Beweise.«[34]

SRA-Therapeuten sind inzwischen selbst aktenkundig geworden. Judith Peterson wurde von sieben Patientinnen angezeigt. Mary Shanley, eine neununddreißigjährige Grundschullehrerin, war von ihrem Arzt Bennett Braun ins Krankenhaus überwiesen worden. Unter dem Einfluß starker Psychopharmaka, Betablocker und Sedativa fing Shanley an zu glauben, daß sie von ihrer Mutter zur Hohenpriesterin eines satanistischen Kultes ausgebildet worden sei. Sie erinnerte sich, an Ritualen teilgenommen und Opferungen miterlebt zu haben. Mit dreizehn Jahren will sie ein Baby geboren haben, das geopfert wurde.[35] Nach einem therapeutischen Workshop gelangten Shanley und ihr Mann zu der Überzeugung, daß ihr neunjähriger Sohn zur Therapie gehen sollte, die Sekte würde ihn sonst ermorden. Shanley wurde nach Spring Shadows Glen in die Obhut von Judith Peterson überwiesen.[36]

Der Fall kam ins Fernsehen. Shanley, die hier »Mary S.« genannt wurde, erzählte ihre Geschichte. Die Sendung erzeugte den Eindruck, daß hinter diesem und vergleichbaren Fällen finanzielle Motive angenommen werden müssen: Patienten mit Multipler Persönlichkeit und Ritualmißbrauchserlebnissen seien oft »sehr gut krankenversichert«. Shanleys Versicherung zahlte über 2,5 Millionen Dollar für ihre Behandlung, und eine Krankenschwester der Klinik sagte aus, daß die betreffende Abteilung »viel einbringt«.[37] Petersons Rechtsanwälte haben inzwischen Gegenklagen angestrengt. Peterson selbst sieht sich als Opfer ihrer Patientinnen: »Dann übertrugen sie ihre Scham und Schuldgefühle auf mich, die Therapeutin: Töte den Überbringer der Botschaft. Lüge. Diese Klientin [Shanley/Mary S.] durchlebt ihr Trauma von neuem, indem sie mich zum Opfer macht. Auf einmal bin ich, die Therapeutin, das Opfer.«[38]

Professor Cory Hammond von der Universität Utah behauptet seit langem, daß die satanistischen Sekten Teil einer Nazi-Verschwörung sind, angeführt von einem verräterischen Juden. Hammond, ein Psychologe und Hypnosespezialist, hält seit Jahren Vorlesungen über Satanistischen Mißbrauch, trotz seiner ausdrücklichen Befürchtungen, von den Sekten für die Preisgabe ihrer Geheimnisse ermordet zu werden. Auf einer Konferenz über Mißbrauch und Multiple Persönlichkeitsstörung gab er dem angeblichen jüdischen Sektenführer 1992 auch einen Namen: Green, ursprünglich Grünbaum. Als Jugendlicher hätte Green diabolischen NS-Wissenschaftlern als Kenner der Kabbala zugearbeitet. In Amerika angelangt, hätte er sich mit dem CIA verbündet, vor allem um Methoden der Gehirnwäsche und Gedankenkontrolle auszuarbeiten. Hammond ist überzeugt, daß Greens satanistische Sekten die Absicht verfolgen, »Zehntausende von geistigen Robotern« hervorzubringen, »die zu Pornographie, Prostitution, Drogenschmuggel und internationalem Waffenhandel bereit sind. Letztendlich wollen die Leute an der Spitze der satanistischen Sekte einen satanistischen Orden errichten, der die Welt beherrscht.«[39]

Hammond führt im einzelnen aus, daß die Programmierung der Kinder im Alter von zwei oder drei beginnt. Sie werden festgeschnallt, kommen an einen Tropf mit hochwirksamen Psychopharmaka und werden an Elektroden angeschlossen; Elektroschocks verstärken die Lerninhalte. Hammonds klingt tatsächlich wie Huxley:

»Alpha enthält die allgemeine Programmierung. Bei Beta geht es anscheinend um sexuelle Programme, beispielsweise, wie man auf eine bestimmte Weise oral verkehrt, wie man pornographi-

sche Filme mit Kindern produziert und inszeniert oder wie man Kinderprostitution organisiert. Delta ist der Killer; den Menschen, die Delta als andere Persönlichkeit haben, wird beigebracht, bei Zeremonien zu töten und auch sich selbst einige Verletzungen zuzufügen. Theta ist der übersinnliche Killer. Dieses Phänomen geht auf ihren Glauben zurück, übersinnliche Fähigkeiten zu haben, wozu auch die Überzeugung gehört, daß sie jemanden dazu bringen können, einen Hirntumor zu entwickeln und zu sterben. Bei Omega handelt es sich um selbstzerstörerische Programme, die Patienten dazu verleiten können, sich selbst zu verstümmeln oder zu töten. Gamma-Systeme sind Schutz- und Täuschungsprogramme, die Fehlinformationen produzieren, mit denen man in Versuchung geführt und in die Irre geleitet werden soll. Es gibt noch weitere, mit griechischen Buchstaben bezeichnete Programme. Zeta hat mit der Produktion von Filmen zu tun, bei denen es zu echten Tötungen von Menschen kommt. Omikron hängt mit den Verbindungen der Sekten zur Mafia, zur Geschäftswelt und zu führenden Politikern zusammen.«[40]
Nach Hammonds Theorie kontrollieren Sektenmitglieder diese Roboter mit Computern und aktivieren sie mit bestimmten Signalen. Das Programm könne auch aufgerufen werden, indem man der Patientin einen Löschcode vorspricht. »Wenn Sie den Code aussprechen und die Patientin fragen, was sie erlebt, wird sie folgendes beschreiben: Computer surren, Dinge werden gelöscht, explodieren und lösen sich in nichts auf.«[41] Hammond benutzt Handzeichen, um sich mit seinen hypnotisierten Patientinnen zu verständigen, die (verbal) praktisch nichts zu sagen haben; die Ergebnisse solcher Prozeduren werden der Hystorie einverleibt – einer widerwärtigen und erschreckend ausgefeilten antisemitischen Hystorie. Wenn Hammond auf das Fehlen von Beweisen angesprochen wird, verweist er auf Leichenbestatter und Ärzte, »die gefälschte Sterbeurkunden ausstellen können«.[42]

Eine englische Therapeutin, Joan Coleman, gründete 1989 einen Informationsdienst für alle Störungen, die auf Ritualmißbrauch hindeuten. Ihre erste Patientin berichtete, wie sie

1967 Zeugin des rituellen Mißbrauchs und der Ermordung von drei vietnamesischen Kindern geworden sei.[43] Das Ritual in dieser Geschichte umfaßte die klassischen Elemente des Hexensabbats – Kerzen, umgedrehte Kreuze, weite Mäntel und Masken. Die Teufelsanbeter tranken Blut aus einem Abendmahlskelch und aßen das Fleisch von Kindern. Coleman zeigte sich entsetzt, zog aber offenbar keine weiteren Erkundigungen über die Wirklichkeit der berichteten Ereignisse ein. Die zweite Patientin, die Coleman mit Satanistischem Ritualmißbrauch konfrontierte, konnte von verwilderten, zurückgebliebenen oder unter Schock stehenden Kindern erzählen, die in Käfigen im Keller eines Hauses hingen, »aus denen sie nur zum Zweck des Mißbrauchs oder zu Operationsexperimenten geholt wurden, die der Sektenführer durchführte, den die Patientin für einen Arzt hielt«.[44] Coleman akzeptierte auch diese Geschichte ohne weiteres. Statt zu versuchen, ihre Entstehungsbedingungen zu objektivieren, entwirft sie das Bild einer hierarchisch strukturierten Sekte, zu deren Mitgliedern Ärzte, Anwälte, Politiker, Geistliche, Botschafter und andere Angehörige der Oberschicht zählen. Die Basis bildet der aus dreizehn Personen bestehende Hexensabbat, der zu größeren Kreisen oder Logen zusammenkommt, denen ein Hohepriester oder eine Hohepriesterin vorsteht. Der Hexensabbat huldigt dem Teufel mit wöchentlichen religiösen Zeremonien oder an besonderen Festtagen; es werden Menschenopfer dargebracht. Die Kinder der Sektenmitglieder werden einer intensiven Gehirnwäsche und ständigen Gedankenkontrolle unterworfen. Sie bekommen Talismane; manche erinnern sich an Operationen, in denen ihnen ein Überwachungsgerät eingepflanzt wurde, damit sie bestraft werden können, wenn sie die Sekte je verraten. Die Kinder werden regelmäßig von Eltern und Priestern oder Priesterinnen sexuell mißbraucht. Bei einigen Mißbrauchsfällen kommen auch Elektroschocks zum Einsatz, und christliche Symbole sind häufig Teil des Rituals.

Colemans Leichtgläubigkeit ist gerade angesichts der Detailfreudigkeit ihrer Darstellung erschreckend. Wie andere Therapeuten verfügt sie über ein raffiniertes System, um das Fehlen von Beweisen selbst beweisförmig zu machen. Die großen Gegenstände, Altäre zum Beispiel, werden in den Garagen der Mitglieder versteckt. Ritualgegenstände wie Ziegenköpfe und Schwerter werden in Militaria-Läden aufbewahrt. Die Bücher des Bösen sind in Safes sicher eingeschlossen. Blutspuren werden von Planen verdeckt. Leichen werden vergraben, in Flüssen versenkt, in Öfen oder Krematorien verbrannt, in Säurebädern aufgelöst, durch den Fleischwolf gedreht, an Hunde oder Schweine verfüttert oder von den Anhängern verspeist. Die Opfer sind Ausreißer aus asozialen Familien, die nicht als vermißt gemeldet werden, abgetriebene Föten, Kinder von Mitgliedern, Heimatlose und Abtrünnige.

Die Mitglieder dieser Sekten haben offensichtlich alle Hände voll zu tun: neben der Ausübung ihrer häufig anspruchsvollen Berufe gehen sie geregelt zum Hexensabbat, beteiligen sich an Mißhandlungen und müssen mit zeitraubenden Methoden die Leichen loswerden. Warum wählt man ein solches Leben? Coleman hat auch dafür eine Antwort: Die Anführer verdienen Unsummen mit Erpressung, Kinderpornographie, Prostitutionsringen und kleineren Waffenschiebereien. Die weniger prominente Basis wird mit Geld für den Urlaub oder einem neuen Auto bestochen; außerdem »helfen die Anführer den bürgerlichen Karrieren der Mitglieder auf die Sprünge«.[45]

Die renommierteste Wortführerin von SRA in England ist die Kindertherapeutin Valerie Sinason, die auch ein einflußreiches Buch zum Thema geschrieben hat. In der Londoner Psychiatrieszene ist sie bekannt und geschätzt. Sie gilt als hervorragende Medizinerin, die an geistig behinderten Patienten beispielhafte Arbeit geleistet hat.

Sinason selbst sieht sich als Anwältin jener schwerstbehinderten Patienten, zu deren Behandlung nur wenige Therapeuten bereit sind. Wie die Mediziner, die das automatische Schreiben mit Alphabettafeln für Autisten entwickelt haben, bestreitet auch Sinason, die Aussagen ihrer Patienten selbst hervorzubringen und Mißbrauch und Satanismus auf ihre Patienten zu projizieren.

Sinasons guter Ruf als Therapeutin ist auf ihrem Glauben an den Satanistischen Ritualmißbrauch begründet. Es wäre mehr als peinlich für sie, ihren Standpunkt aufgeben zu müssen. Als eine Studie der englischen Regierung in vierundachtzig Fällen keine Hinweise fand, die die behaupteten Teufelsriten hätten belegen können, blieb Sinason unerschütterlich; der Presse sagte sie, daß es den Mißbrauch wirklich gebe, daß aber natürlich manche Menschen zu satanistischen Phantasien neigten.[46] »Wenn man sieht, daß Menschen, an denen man hängt, nie zu ihrem Recht kommen, hat man die Pflicht, die zuständigen Stellen darauf hinzuweisen«, erklärte sie der Presse.

Sinasons Einleitung zur englischen Ausgabe von Lawrence Wrights *Erinnerungen an Satan. Ein Vater wird angeklagt* zeigt exemplarisch, wie sie zwischen wissenschaftlicher Objektivität und ihren persönlichen Überzeugungen vermittelt. Wright ist Journalist. Seine Reportage über den Fall der Familie Ingram in Olympia, Washington, fand einen enormen Widerhall, als sie 1993 zuerst im *New Yorker* erschien. Paul Ingrams heranwachsende Töchter beschuldigten ihn 1988 des sexuellen Mißbrauchs und die ganze Familie konservativer Christen und deren Bekannte der Verwicklung in satanistische Rituale. Ingram, ein gläubiger Kirchgänger, wehrte sich zu spät gegen die Beschuldigungen. Er wurde zu zwanzig Jahren Gefängnis verurteilt. Lawrence Wrights gut recherchierte und sehr nachdenkliche Untersuchung führte der amerikanischen Öffentlichkeit die Gefahren der Wiedergewonnenen Erinnerungen und jeder Form des fanatischen Glaubens eindringlich vor Augen. Wright so weit zu bringen, eine Einleitung von Valerie Sinason zu akzeptieren, und umgekehrt Sinason so weit zu bringen, eine respektvolle Einleitung für ein Buch zu schreiben, das im Grunde ihre gesamte berufliche Laufbahn diskreditiert, war eine beachtliche Leistung des englischen Verlags.[47]

Diese Einleitung ist allerdings ein strategisches Meisterwerk.

Anfangs scheint Sinason die Berechtigung von Wrights Argument anzuerkennen: *Erinnerungen an Satan* sei ein »äußerst wichtiges, intelligentes Buch, das drängende Fragen aufwirft«.[48] Die vordergründige Aufgeschlossenheit verschwindet jedoch rasch in einem Dickicht von Einschränkungen und Relativierungen: wenn Wright recht hat, dann »wurde einer Familie unwissentlich großes Unrecht zugefügt«. Sinason gibt zwar zu, daß es im Einzelfall zu falschen Anschuldigungen gekommen sein könnte, sie beharrt aber darauf, daß es viel mehr »wahre Vorfälle« als Beschwerden über falsche Beschuldigungen gebe. Sie beruft sich auf die »vorsichtige Schätzung« eines Kollegen, daß 15 bis 30 Prozent aller Mädchen vor dem sechzehnten Geburtstag sexuell mißbraucht würden, häufig inzestuös.

Sinason bittet um Toleranz für andere »Sichtweisen« und bekräftigt noch einmal, daß das Fehlen harter Fakten weniger Gewicht haben, das sofortige Einschreiten von Ärzten, denen Mißbrauchsfälle zugetragen werden, dagegen Priorität haben müsse. Ausgebildete Fachkräfte, schreibt Sinason, seien sehr wohl fähig zu entscheiden, wo ein Mißbrauch vorliegt und wo nicht. Für diese Annahme findet sich bei ihr allerdings kein Anhaltspunkt.

Die Gefahren des Satanistischen Ritualmißbrauchs

Ist SRA nur eine Modediagnose, oder zeigt das Syndrom echte soziale Gefahren an? Mulhern nennt die Satanismus-Panik »ein Gerücht auf der Suche nach einer Inquisition«.[49] Die Medien präsentieren das Gerücht als Folge wirklicher Ereignisse und deren epidemischer Ausbreitung. Den Entstehungsmythen von AIDS vergleichbar, verweisen die Darstellungen oft auf eine einzige Quelle: den satanistischen Patienten X. Die Journalisten bemühen sich außerdem, die Epidemie auf einen äußeren Einfluß zurückzuführen. So die *Times* in London, wenn sie schreibt: »Der Einfluß von amerikanischen christlichen Fanatikern führte zu Vorwürfen wegen Satanistischem Mißbrauch, die Ende der achtziger Jahre auch in England auftauchten. Der Begriff entstand 1980 in Amerika.« Die *Times* berichtet, daß der Begriff »in England Fuß faßte, als Pamela Klein, die an einem Vergewaltigungs-Krisenzentrum in Illinois gearbeitet hatte, 1985 hierherzog«. Und unter der Schlagzeile »Das Monster, das die US-Phantasie unsicher macht« schrieb ebenfalls die *Times*: »Das mythische Untier namens Satanistischer Sexualmißbrauch kam in Amerika zur Welt, wo es alle Merkmale einer Massenpanik vereinigt, die von Fernsehen, Film und Büchern angeheizt, von der Phantasie genährt, von einem Schwall von Anschuldigungen am Leben erhalten und von der Leichtgläubigkeit der Psychotherapeuten und der Öffentlichkeit weiter bestärkt wird.«[50]

Die Wirklichkeit sieht komplexer aus. Die satanistischen Theorien, die heute in England kursieren, stammen aus mehreren, voneinander unabhängigen Quellen. Und im Grunde war der Teufel schon immer eine Metapher für das, was in uns, nicht was außerhalb von uns ist, wie Brian Appleyard einmal formulierte. Trotz der menschlichen Angewohnheit, das Böse außerhalb des Selbst zu imaginieren, ist es doch in allen Individuen und allen Kulturen anzutreffen. Solange wir das nicht akzeptieren können, haben wir weiter mit dem Bösen zu kämpfen.

Vor Gericht werden Klagen wegen satanistischem Mißbrauch jetzt skeptischer aufgenommen. Im Dezember 1995 wurden der Laienpfarrer Robert Roberson und seine Frau Constance von dem Vorwurf freigesprochen, einen Sexring angeführt zu haben, in dem Kinder vergewaltigt und rituell mißbraucht würden. »An dem Fall war überhaupt nichts dran«, sagte ein Geschworener gegenüber der *New York Times*. »Warum zerren sie so einen Fall vor Gericht? Da standen diese beiden Leute, hatten jeden Gottesdienst der letzten drei oder vier Jahre besucht und noch nie von solchen Dingen gehört, wie sie die Anklage beschrieb, und die Ankläger hatten sie noch nicht einmal persönlich darauf angesprochen.«[51] Mehr als ein Dutzend Verurteilungen wurden seit 1990 rückgängig gemacht.

Doch viele Verurteilte sitzen noch immer im Gefängnis. Statt die mangelhafte Beweislage einzugestehen, haben Patienten, Therapeuten und andere Anhänger inzwischen ihre Definition des Mißbrauchs erweitert, »indem sie den Begriff ›satanistisch‹ durch ›sadistisch‹ ersetzen und die Liste möglicher Verschwörer so ausweiten, daß sie auch traditionelle Teufel der Gesellschaft wie den Ku-Klux-Klan, die Neonazis, die Milizen, dubiose Sekten und die Gehirnwäschefanatiker des CIA umfaßt«.[52] Diese paranoide Hartnäckigkeit verheißt nichts Gutes für die Zukunft. Und die Medienpräsenz kann das Problem noch zuspitzen: »Helfen wir bedürftigen oder traumatisierten Individuen, wenn wir sie ermutigen, uns immer unglaublichere Geschichten davon zu erzählen, wie das Leben sie benachteiligt hat? Machen wir jahrhundertelanges Wegsehen und Verleugnen dadurch wieder gut, daß wir jetzt jeder Beschuldigung wegen Kindesmißbrauch glauben, wie absurd oder unwahrscheinlich sie auch ist?«[53] Wie die Antwort auf diese Fragen ausfällt, das wird im Lauf der nächsten Jahre darüber entscheiden, ob die Gerüchte über SRA zu einer hysterischen Inquisition führen oder als Kuriosa in die Geschichte eingehen.

ENTFÜHRUNG DURCH AUSSERIRDISCHE

Selbst wer an den Satanistischen Ritualmißbrauch glaubt, hat vermutlich mit Entführungen durch Außerirdische seine Probleme. Den Teufel zu fürchten ist eine Sache, aber an den Besuch kleiner grüner Männchen zu glauben ist etwas anderes. Doch gilt hier eine verdrehte Logik, die ich »Showalters Gesetz« nennen werde: Je abstruser die Hystorie, um so beeindruckender die Experten. Unter den Multiplikatoren und Moderatoren der Entführungen durch Außerirdische sind Literaten, Professoren, Historiker, renommierte Journalisten und Erfolgsautoren.

Sie nennen sich Ufologen. Sprache und Terminologie sind in der Welt der Raumschiff-Entführung so entscheidend wie unter den Anhängern der Multiplen Persönlichkeit und bei den Erinnerungsbewegungen. Ufologen der unteren Ränge heißen »Kontaktierte«, es sind Menschen, die mit sensationellen Geschichten hausieren, die von Begegnungen mit Außerirdischen und Aufenthalten auf weitentfernten Planeten erzählen. Die meisten Kontaktierten meldeten sich vor der Blütezeit der eigentlichen Ufologie mit wichtigen Nachrichten von »den Wesen« zu Wort; unter Ufologen gelten sie als religiöse Fanatiker, Verrückte oder Betrüger. »Entführte«, die behaupten, von Außerirdischen mitgenommen worden zu sein, haben die nächste Stufe der Hierarchie erklettert: sie stehen meist mit Therapeuten, Hypnotiseuren und Ufologen in Kontakt und präsentieren relativ übereinstimmende Geschichten. Mitte der neunziger Jahre ist *experiencer* – jemand, der »die Erfahrung« gemacht hat – zum bevorzugten Begriff avanciert, vielleicht weil mit diesem Ausdruck die Frage der Entführung vermieden wird und das ganze Thema auf eine höhere Ebene befördert scheint. C. D. B. Bryan nennt diese Episoden in Anlehnung an Steven Spielbergs erfolgreichen Film »unheimliche Begegnungen der vierten Art«.

Seit den ersten vereinzelten Berichten über fliegende Untertassen vor fünfzig Jahren haben sich die Entführungsszenarien stark gewandelt. Ende Juni 1947 beschrieb ein Pilot namens Kenneth Arnold neun helle, untertassenförmige Flugobjekte, die er am Himmel über dem Staat Washington gesehen hatte. Eine Woche später, in deren Verlauf die Objekte in den USA massenhaft gesichtet wurden, meldeten die Zeitungen, daß eine fliegende Untertasse in der Wüste nahe Roswell, New Mexico, abgestürzt sei – aus unbekannten Gründen werde der Vorfall von der Regierung vertuscht. Im Lauf der Jahre erweiterte sich »die Erfahrung« dann zu ausführlichen Treffen mit Wesen von anderen Planeten. Keith Thompson hat versucht, diese Berichte zu erklären: »Auch wenn es natürlich zahlreiche Varianten gibt, hat das Erlebnis von Kontaktierten in der Regel doch die Form einer Erlösungsgeschichte. Sie erscheinen als moderne Propheten, als Mittelspersonen zwischen den widerspenstigen Sterblichen und ihren außerirdischen Helfern, die eingreifen, um die Menschheit vor dem eigenen Leichtsinn zu bewahren. Viele Kontaktierte berichten von Kindheitserlebnissen mit mysteriösen Himmelserscheinungen und Treffen mit rätselhaften Wesen, die ihnen an Wendepunkten ihres Lebens mit Ratschlägen, esoterischen Lehren und allgemeiner beratend zur Seite standen. Manche von ihnen suchen selbst den Kontakt zu höheren Wesen, andere haben Vorahnungen von kurz bevorstehenden Kontakten, und wieder andere behaupten, sie seien auserwählt worden.«[1] Obwohl die Wesen von verschiedenen Planeten stammten – Venus, Jupiter, Mars –, berichteten die frühen Kontaktierten, daß sie wie Menschen aussähen. In den fünfziger Jahren waren die Geschichten bereits stärker ausgeschmückt: Ufo-Zeugen berichteten von schwarzgekleideten Männern, die bei ihnen zu Hause aufgetaucht seien; häufig fuhren sie schwarze Autos. Der Ufologe John Keel fühlte sich auf den Landstraßen von schwarzen Cadillacs verfolgt.

Wer sich für einen ernsthaften Ufologen hielt, der lehnte diese Kontaktierten-Hystorien ab und bestritt sie; aber die Geschichten fügten sich in volkstümliche Glaubensvorstellungen. Carl

Gustav Jung veröffentlichte 1959 seine symbolische Deutung des Ufo-Phänomens unter dem Titel *Geheimnisvolles am Horizont. Von Ufos und ähnlichen Phänomenen.*[2] In diesem schmalen Band interpretierte Jung die Ufo-Erzählungen als Reflexion der Mythen und Archetypen des kollektiven Unbewußten; er erkannte in ihnen ein frühes Anzeichen der bevorstehenden Jahrtausendwende.

Die zweite Welle von Entführungsgeschichten setzte 1966 ein, als das Ehepaar Barney und Betty Hill erzählte, wie es auf einer Fahrt durch die White Mountains in New Hampshire entführt worden sei. Unter Hypnose berichteten sie, daß die Außerirdischen sie sofort getrennt hatten, als sie im Ufo angelangt waren. Bei Betty führten die Wesen einen Schwangerschaftstest durch, Barney entnahmen sie eine Spermaprobe. Nach der Rückkehr vergaßen die Hills die Episode, bis sie sich wegen Alpträumen um psychologische Hilfe bemühten. Ihr Psychiater ging von einer *folie à deux*, einer gemeinsamen Wahnvorstellung aus, die möglicherweise mit den verdrängten Spannungen einer gemischten Ehe zu tun hatte. Andere Forscher haben seither spekuliert, daß die Hills ihre Vorstellungen aus Filmen und Fernsehsendungen über Wesen aus dem All bezogen haben könnten. Dennoch gelten die Hills als Gründereltern der Bewegung um die Entführung durch Außerirdische.[3]

In den siebziger Jahren waren ähnliche Geschichten dann bereits die Regel geworden, und die Entführten veranstalteten ganze Kongresse. Allerdings, so wendet David Jacobs ein, »unterschieden sich die Geschichten so stark voneinander, daß es fast unmöglich war zu sagen, was wirklich passiert war. Wenn überhaupt etwas passiert war.«[4] Das heißt, nicht übereinstimmende oder untypische Berichte wurden nicht anerkannt. Erst als die Entführten mit Ufologen sprachen, die die Metaerzählungen kannten, traten die gemeinsamen Muster zutage. Alle Entführten hatten ihre Erinnerungen vergessen und mußten mit Hypnose behandelt werden – ein Hindernis, aber natürlich auch ein Vorteil für die Forscher.

Die Erzählungen gewannen in den siebziger Jahren deutlichere Konturen, als mehrere Ufologen, die in Magazinen und Zeitschriften von ihrer Arbeit berichteten, die Theorie aufstellten, daß die Wesen die Erde besuchten, um die menschlichen Sexualfunktionen zu untersuchen. Die Geschichte von Betty Hill wurde erneut analysiert, und jetzt wurde vermutet, daß bei ihr eine Bauchhöhlenspiegelung vorgenommen worden sei. Gleichzeitig nahmen jetzt auch konservative Spiritisten Kontakt mit Außerirdischen auf. 1981 schrieb Budd Hopkins ein Buch *Fehlende Zeit. Von Ufos entführt* und lieferte damit eine allgemein zugängliche Darstellung der Entführungserfahrung und einen Metatext, an den sich alle weiteren Erzählungen anlehnen konnten.

Die Entführungs-Hystorie in ihrer heutigen Form ist extrem konventionalisiert, ein Aspekt, den leichtgläubige Journalisten wie professionelle Ufologen gerade als unwiderlegbaren Beweis ihrer Wahrheit ansehen. Die Grundelemente des Szenarios wurden von David Jacobs, dem Charcot der Außerirdischen-Entführungen, skizziert. In seinem Buch *Geheimes Leben* ist sogar ein Diagramm der gesamten Entführungserfahrung von Anfang bis Ende zu finden, das er die »Matrix eines typischen Entführungsszenarios«[5] nennt.

Laut Jacobs haben die Entführungen drei Hauptmotive: die Erforschung des menschlichen Körpers, Geistes und seiner reproduktiven Funktionen. Die Wesen von anderen Planeten studieren »Fortpflanzungsverfahren mit dem Ziel, Nachwuchs zu produzieren«.[6] »Der Großteil der Entführungen beginnt [...] nachts, wenn das Opfer allein ist, ob es nun wach ist oder schläft. Bisher wurde kein Entführungsfall bekannt, der in einer großen Menschenmenge, deutlich sichtbar, während einer öffentlichen Veranstaltung stattfand.«[7] Die Wesen erscheinen in geheimnisvolles Licht gebadet, sie landen mit ihrem Raumschiff oder kommen durch Wände und Fenster. Sie transportieren ihre Opfer durch geschlossene Fenster, ein Phänomen, das noch nie beobachtet wurde, weil sie in diesem Moment unsichtbar sind. Alle anderen in der Umgebung sind bewußtlos.

In der ersten Phase des Entführungsszenarios wird das Opfer von den sogenannten »Kleinen Wesen«, in Amerika meist »Kleine Graue« genannt, in den Untersuchungsraum des Raumschiffs gebracht. Die Wesen untersuchen den Körper des Opfers, betasten ihn, sehen sich die Haut von Kopf bis Fuß eingehend an und führen bei weiblichen Entführten gynäkologische Untersuchungen durch. Manchmal entnehmen sie Abstriche und Hautproben von den Genitalien und anderen Körperteilen. Am Ende der Untersuchung »pflanzen die Außerirdischen entweder ein kleines, rundes, anscheinend metallisches Objekt in Ohr, Nase oder Kieferhöhle der Entführten oder sie entfernen ein derartiges Objekt«.[8] Der Fremdkörper wird gewöhnlich durch die Nase eingeführt, deshalb sehen Ufologen Nasenbluten auch als Zeichen an, daß sie von Außerirdischen entführt wurden. Gelegentlich wird er den Genitalien eingepflanzt.

Während der Durchführung dieser Aufgaben starren die Kleinen Wesen ihre Opfer aus schwarzen, pupillenlosen Augen durchdringend an. Wenn sie fertig sind, werden sie von einem Großen Wesen abgelöst, das viele weibliche Entführte intuitiv für einen Mann, einen Arzt, eine Autoritätsfigur halten. Als erstes führt er etwas durch, was Jacobs als »Mindscan« (eine Aufnahme des Geistes) beschreibt: er beugt sich über die Entführte und sieht ihr tief in die Augen, ein Humphrey Bogart vom andern Stern, was sie mit Liebe und dem Wunsch erfüllt, sich völlig hinzugeben. (Wenn der Entführte – sehr selten – ein Kind ist, ist das Große Wesen eine mütterliche Frau.)

Für Jacobs ist der Höhepunkt dieses Vorgangs der Moment der »Eierernte«, die Embryonenimplantation oder Embryonen- und Fötenentnahme. Ein Größeres Wesen führt eine sehr lange, dünne Nadel in den Körper der Frau ein, um ein Ei oder auch einen Embryo zu entnehmen. Manchmal wird dem Körper der Frau ein befruchtetes Ei eingepflanzt, und sie fühlt sich schwanger. Macht sie dann zu Hause einen Schwangerschaftstest, so fällt er positiv aus. Der Arzt bestätigt die Schwangerschaft. Doch sechs oder zwölf Wochen später bekommt sie wieder ihre Periode. Sie ist aus unerklärlichen Gründen nicht mehr schwanger. Sie hatte keine Fehlgeburt und scheidet nichts Ungewöhnliches aus. Ihr Arzt bestätigt, daß der Fötus plötzlich verschwunden ist.

Im Raumschiff entnimmt indessen ein attraktives weibliches Wesen Sperma von den männlichen Entführten. »Alle entführten Männer, ab der Pubertät«, so Jacobs, »haben eine Prozedur zur Spermaentnahme über sich ergehen lassen müssen«, die mit einer pumpenartigen Maschine bewerkstelligt wird.[9] Zweck dieser Prozedur ist es, »den Außerirdischen dabei zu helfen, andere Wesen zu produzieren. [...] Sie sind nicht hier, um uns zu helfen. Sie haben ihren eigenen Plan zu erfüllen, und es ist uns nicht gestattet, dessen volle Parameter zu kennen.« Düster schließt er: »Eindringlinge sind unter uns.«[10]

Wenn David Jacobs der Charcot der Ufologie ist, dann ist John Mack ihr Freud, der Denker, Theoretiker und Philosoph, der Systeme und Gesetzmäßigkeiten begründet. 1977 erhielt Mack für seine psychoanalytische Biographie von Lawrence von Arabien den Pulitzerpreis. Er spielt an der Harvard Medical School eine wichtige Rolle, hat die Psychiatrieabteilung am Cambridge Hospital gegründet und fungiert als Direktor des gemeinnützigen Center for Psychology and Social Change, das etwa zwei Drittel seines Budgets, rund 250 000 Dollar jährlich, von Laurence S. Rockefeller erhält. 1994 wurde Macks *Entführt von Außerirdischen* veröffentlicht, in dem er davon ausgeht, daß die Entführung durch Außerirdische jenseits der abendländischen Erkenntnismöglichkeiten liegt und uns zur Entwicklung eines neuen Wissens von der Welt zwingt. Diese Geschichten seien nur ein Zeichen, »daß wir ein Teil unseres oder sogar mehrerer Universen sind, die die verschiedensten Intelligenzformen beherbergen, von denen wir uns getrennt haben, wobei wir auch das Wissen um diese anderen Formen verloren haben«.[11] Mack sieht Verbindungen zwischen unserer begrenzten, positivistischen Erfahrung und anderen globalen Problemen wie dem Wuchern der Großkonzerne, dem Rassenhaß und der Umweltzerstörung.[12]

Gelegentlich werden in den Ufo-Entführungsgeschichten auch Metaphern für sexuellen oder Satanistischen Mißbrauch vermutet; Mack meint jedoch im Gegenteil, daß die Wiedergewonnene Erinnerung in Wirklichkeit Entführungserlebnisse mit Außerirdischen verdeckt. Er stimmt mit Hopkins und Jacobs darin überein, »daß das Entführungsphänomen auf eine zentrale Weise in ein Züchtungsprogramm eingebunden ist, das in die Erschaffung von außerirdisch-menschlichen Mischlingsnachkommen mündet«.[13] Er ist dabei allerdings überzeugt, daß nur die besten Absichten hinter diesen Experimenten stehen, »daß der Entführungsprozeß nicht böse ist und daß die arbeitenden Intelligenzen uns keinen Schaden zufügen wollen. Ich habe vielmehr das Gefühl – ich möchte sagen, den Glauben –, daß es bei dem Entführungsphänomen im Kern um die Erhaltung des Lebens auf der Erde geht, in einer Zeit, in der das Leben auf unserem Planeten grundlegend bedroht ist.«[14]

Journalisten widmen den Ufologen und ihren Patienten wohlwollende Untersuchungen. Viele nehmen die Berichte ernst und glauben, daß »irgend etwas sehr Mysteriöses vor sich geht«.[15] Der Autor des *New Yorker* James Wolcott dagegen bleibt nüchtern: Die Entführten kommen ihm wie »eine Sekte von Verrückten« vor, die sich »in der New-Age-Boutique bei den Reinkarnationen, bei Channellings, Aurasoma und Kristallen bedient haben und offenbar ausprobieren wollen, wie weit sie mit ihrer persönlichen Märchengeschichte gehen können«.[16]

Ufogeschichten

Die Bücher von Hopkins, Jacobs, Mack und Bryan bestehen zum großen Teil aus Interviews mit den Entführten. Der Befrager macht häufig Bemerkungen zur Bewegtheit und zum tiefen Ernst der Entführten beim Erzählen ihrer Erlebnisse unter Hypnose oder auch nach der Hypnose. Diese Emotionen bilden den Hauptbeweis für die Echtheit der Erzählungen. Die Symptome der Betroffenen entsprechen jenen der bekannten Hysterien; zum Ausdruck gebracht werden Ängste vor der Dunkelheit, vor dem nächtlichen Alleinsein, vor Krankenhäusern, vor dem Fliegen, vor Aufzügen, vor Tieren und Fluginsekten. Auch Ausschläge, runde Narben, Nasenbluten, schmerzende Nebenhöhlen und Magen-Darm-Beschwerden gelten als Anzeichen einer Entführung.

Die Ufologen beharren darauf, daß die Entführten sich aus allen Schichten der Bevölkerung rekrutieren. Mack nahm zuerst an, daß vor allem Arbeiter betroffen seien, geht aber inzwischen davon aus, daß höhere Schichten sich nur nicht so willig zu erkennen geben. Um Ärzte und Rechtsanwälte machen die Außerirdischen offenbar einen Bogen.

Wie viele Menschen sind nun tatsächlich betroffen? Es sind relativ wenige, die behaupten, entführt worden zu sein, und verglichen mit der Chronischen Müdigkeit oder den Wiedergewonnenen Erinnerungen befindet sich die Außerirdischenentführung noch im Anfangsstadium. Mack hat etwa fünfzig Fälle untersucht, die seinen Kriterien entsprachen. Jacobs stützt sich auf sechzig Fälle und gibt an, weitere dreihundertfünfzig Fälle eingehend studiert zu haben. Hopkins, der gelegentlich der Vater dieses Forschungsgebiets genannt wird, spricht von ungefähr fünfzehnhundert Fällen. Wie zu erwarten, wird mit Pseudostatistiken und Hochrechnungen gespielt. Mack glaubt, daß über eine Million Amerikaner »die Erfahrung« gemacht haben.[17] In der Presse wird manchmal eine Umfrage zitiert, aus der hervorgehen soll, daß mehr als eine halbe Million Amerikaner Entführungen miterlebt haben; dabei wurden allerdings die Antworten einer kleinen Gruppe von Befragten hochgerechnet und offenbar von überarbeiteten Journalisten blind abgeschrieben. Zweifellos werden diese Umfragen und Hochrechnungen sich als *selffulfilling prophecies* bestätigen, wenn das neue Modell kulturell akzeptabel wird und die Menschen ihre Beschwerden und Erinnerungen daran anpassen.

Viele Entführungsgeschichten sind mit Details über Verschwörungen und Formen der Überwachung ausgeschmückt. Linda, »die Königin« unter Hopkins' Entführten, berichtete von »sicheren Häusern« der CIA, UNO-Limousinen und Verfolgungen durch Regierungsagenten. Bryans Starpatientinnen Carol und Alice beschreiben schwarze Hubschrauber, die sie nach ihrer Entführung über Alices Farm gesehen haben wollen. Schwarze Hubschrauber spielen in Ufo-Magazinen eine wichtige Rolle; Anhänger erklären, daß es sich um getarnte Ufos handelt oder aber um militärische Überwachungseinheiten, die Hinweise auf die Existenz von Ufos zu vertuschen versuchen.[18] Wie die Männer in Schwarz in ihren schwarzen Cadillacs sind auch die schwarzen Hubschrauber Bestandteil der Literatur rechtsextremer und paramilitärischer Gruppen; nicht nur an diesem Punkt überschneiden sich Entführungsberichte und andere paranoide Verschwörungsängste; Implantate kehren auch im Denken von Timothy McVeigh wieder.

Unter narrativen Gesichtspunkten fällt zunächst die Eleganz ins Auge, mit der diese Handlungsstränge die lästige Beweisführung oder Bezeugung durch Dritte umgehen. Die Entführungen finden nicht vor Zeugen statt, so die Ufologen, weil die Außerirdischen um strenge Geheimhaltung bemüht sind. Sie finden nachts statt, weil die Abwesenheit des Entführten dann eher unentdeckt bleibt und das Erlebnis als Traum abgetan werden kann. Von den medizinischen Geräten abgesehen, haben die Entführten wenig Erinnerungen an das Raumschiff – es scheint allerdings weder Toiletten noch Küchen zu geben.

Mit der materiellen Wirklichkeit nicht in Einklang zu bringende Details werden von Ufologen zu »Mysterien« erklärt, zu Dingen, die nicht verstanden werden können, weil sie auf einer höheren Erkenntnisebene stattfinden. Die Auseinandersetzung mit Entführten, schreibt Mack, habe ihn »veranlaßt, die herrschende Weltsicht oder den Realitätskonsens in Frage zu stellen«.[19] »Wie die Wesen Licht anwenden, um Materie zu verwandeln und zu transportieren«, sagt Jacobs, sei noch unbekannt – unmöglich sei es nicht.[20]

Ufo-Erotik

Die meisten Entführten sind weiblich; die meisten Außerirdischen sind männlich. Unter den sechsundsiebzig Fällen, die Mack untersucht hat, waren siebenundvierzig Frauen, und in gewisser Weise ähneln ihre Erzählungen jenen vom Kindesmißbrauch und Satanistischen Ritualmißbrauch. Die Vergewaltiger sind allerdings nicht von dieser Welt. Außerdem sind sie gutartig; die Entführten sehen sich oft als die auserwählten Künderinnen einer höherstehenden intergalaktischen Spezies.

Eine Karikatur im *New Yorker* warf kürzlich ein bezeichnendes Licht auf die populäre Vorstellung von der Verführung durch einen Außerirdischen: eine hochnäsige Matrone nimmt zwar den Blumenstrauß von ihrem außerirdischen Besucher in Empfang, beklagt sich jedoch: »Und ich dachte, jetzt würden exotische Sexexperimente stattfinden.« Die Großen Wesen sind gewöhnlich äußerst männlich, befehlend und erotisch. Jacobs beschreibt: »Von Zeit zu Zeit führen die Außerirdischen als Teil ihres Mindscan-Programms schnelle, intensive sexuelle Erregungen und sogar Orgasmen in Frauen herbei.«[21] Bryans Lieblingsentführte Alice berichtete ihm von erotischen Träumen, die sie nach ihrer Entführung zwei Monate lang hatte. »Ich habe keine Ahnung, woher sie stammen. Irgend etwas ist da los.«[22]

Die Entführungsszenarien ähneln oft Softporno-Geschichten oder Masturbationsphantasien, wie sie von Autorinnen wie Shere Hite oder Nancy Friday beschrieben wurden. Viele von Nancy Fridays Geschichten aus den siebziger Jahren haben eine ähnlich gynäkologische Bildlichkeit mit masochistischen Anklängen und medizinischen oder auch okkultistischen Details. Auch wenn die Frauen, die Jacobs und Bryan ihre Geschichte erzählt haben, zum Teil puritanischen Religionsgemeinschaften angehören oder zölibatär leben: solche Vorstellungen sind normale weibliche sexuelle Phantasien. Für die Entführten hingegen scheint ihre Sexualität besonders problematisch zu sein: »Er läßt mich Dinge fühlen«, berichtete eine junge Frau.

»Er läßt meinen Körper Dinge fühlen, die ich nicht fühle. Er impft mir Gefühle ein, sexuelle Gefühle. [...] Ich würde das nicht fühlen. Er läßt mich das fühlen.«[23] Das Verlangen, angefaßt, angeschaut, penetriert zu werden, kann nicht ihr eigenes sein; es muß von sehr, sehr weit weg kommen, aus den Tiefen des Weltalls.

Manche männlichen Entführungsopfer berichten von bizarren sexuellen »Visionen«, die auf einen Ekel vor der weiblichen Sexualität hindeuten. Macks Patient Joe zum Beispiel hat »eine Vision von einem riesigen, vaginalen Haarknäuel«, der »derb, schleimig und schmutzig« war.[24] Auch Männer haben Angst vor eingepflanzten Gegenständen. Ein Entführter namens Richard Price brachte einen bernsteinfarbenen Gegenstand zum Vorschein, den er als sein Penis-Implantat bezeichnete. Laboruntersuchungen erwiesen unzweideutig, daß das »Implantat« aus Baumwollfasern bestand, die möglicherweise von seiner Unterwäsche stammten.[25]

Die Besucher

Whitley Striebers Buch *Die Besucher* von 1987 löste einen großen Wirbel in der Ufo-Gemeinde aus und führte zu zahllosen Nachahmungen. Wie *Rosemaries Baby* einen großen Einfluß auf die Bildlichkeit und den Stil der Erzählung vom Satanistischen Mißbrauch ausübte, so gibt *Die Besucher* den Handlungsrahmen für die Entführung durch Außerirdische vor. Strieber beschreibt in Träumen und Erinnerungen, wie er Mitte der achtziger Jahre von außerirdischen Besuchern entführt und über Monate hinweg Untersuchungen unterzogen wurde, bei denen eine lange Nadel in sein Gehirn eingeführt und Stuhlproben aus seinem Körper entnommen wurden. Später versuchte er durch Hypnose, Gespräche mit Hopkins und anderen Ufologen, Vertiefung in Ufo-Literatur und Treffen mit anderen Entführten die Erinnerung an das Vorgefallene wiederzuerlangen.

Whitley Strieber ist wie kein anderer geeignet, dieses Buch zu schreiben: ein Mann mit einer starken, fast obsessiven Phantasie, ein Jünger der New-Age-Theologie und des New-Age-Mystizismus und erfolgreicher Autor von Bestsellern über das Übernatürliche und anderer Bücher. In einem Interview beschrieb Strieber seine texanische Kindheit voller Gewalt und rätselhafter, unbegreiflicher Ereignisse. Ein Onkel wurde ermordet, sein Großvater »starb in tiefster Todesangst vor meinen Augen«, das Haus brannte ab. 1966 wurde Strieber beinahe getötet, als der geistesgestörte Charles Whitman in Austin in die Menge schoß: Whitman »erschoß zwei Mädchen direkt hinter mir. Und sie lagen schreiend im Gras und flehten um Hilfe. [...] Eine kotzte Brocken von sich selbst aus dem Mund. Und ich roch das Blut und den Gestank von Eingeweiden.«[26]

In *Die Besucher* streitet Strieber dieses und andere Erlebnisse jedoch ab: »Jahrelang habe ich etwa behauptet, dabeigewesen zu sein, als Charles Whitman 1966 seine Schießerei vom Turm der Universität von Texas aus veranstaltete. Aber ich war nicht dort.«[27] Was Strieber in *Die Besucher* beschreibt, ist ein Leben voller falscher Erinnerungen und erfundener, abstruser Geschichten. Als Student hatte er Ende der sechziger Jahre immer länger anhaltende Absencen, Zustände geistiger Abwesenheit, die bis zu sechs Wochen dauerten. Strieber gesteht, eine ganze Reihe von Geschichten erfunden zu haben, um zu erklären, wo er während dieser Zeit war und warum er Angstzustände und das Gefühl hatte, ständig fliehen zu müssen. Er reiste wochenlang quer durch Europa, will sich aber an nichts erinnern können, glaubt jedoch, in Florenz, Straßburg und Barcelona gewesen zu sein; dort »mietete ich mich in einem schäbigen Hotel auf den Ramblas ein. [...] Ich lebte wie ein Flüchtling. Nie wollte ich allein sein, immerzu rannte ich durch die Straßen, dankbar für die endlosen Menschenmassen. Der Rest meiner Erinnerungen ist ein einziges Durcheinander.«[28] Während der nächsten achtzehn Jahre nach der Reise – bis er das Buch schrieb – erzählte er immer wieder, er hätte sechs Wochen in Florenz verbracht. Eine

Zeitlang sagte er, daß er in Wirklichkeit in Rußland und dann während der Mai-Unruhen 1968 in Frankreich gewesen sei, obwohl er genau wußte, »daß die Streiks zwei Monate vor meiner Ankunft beendet waren«. »Aber wozu brauchte ich diese absurden Geschichten?« fragt Strieber sich. »Es sind keine Lügen; wenn ich sie erzähle, glaube ich selbst daran. Ich lüge nicht. Vielleicht erzähle ich sie mir selbst, um vor mir zu verbergen, was mich mein ganzes Leben lang zum Flüchtling gemacht hat.«[29]

1970 heiratete Strieber; seine glückliche Ehe und die Liebe seiner Frau Anne taten ihm offensichtlich gut. Er veröffentlichte seinen Roman *Wolfsbrut* und verkaufte ihn an Hollywood; von vereinzelten Panikattacken und Vorahnungen abgesehen, war sein Zustand jetzt stabilisiert. Nach der Geburt seines Sohnes 1979 kehrten jedoch einige der alten Schrecken zurück. Eines Nachts, erinnert Strieber sich, wachte er »mit dem sonderbaren Gefühl auf, daß Leute durch die Fenster unseres recht einsamen Hauses eindrangen«.[30] Anfang der achtziger Jahre verschlimmerten sich seine Ängste, und im März 1983 hatte er wieder eine Absence. In Panik zog Strieber ständig um, immer auf der Flucht. Seine Frau und er kauften ein einsam gelegenes Blockhaus. In den zwei Jahren vor seiner »Entführung« hatte Strieber eine ganze Reihe rätselhafter Erlebnisse. Im Frühjahr 1985, als er lesend im Bett lag, hatte er das Gefühl, durchs Zimmer zu fliegen. Als er seiner Frau davon erzählte, »hat sie nur gelacht und mich weiter so behandelt, als ob ich vollkommen normal wäre«. Im Oktober 1985 durchlebte das Paar eine Krise; sie wollte sich von ihm trennen, »denn das Zusammenleben wurde unerträglich«.[31]

Die »Entführung« fand am zweiten Weihnachtsfeiertag statt; aber Strieber vergaß sie, bis er einige Monate später hypnotisiert wurde. Er durchlitt eine tiefe Depression und schrieb eine Kurzgeschichte mit dem Titel »Pain«, deren Bildlichkeit seinen Romanen in vielem ähnelt: »Die Erzählung handelt von einem Mann, der einer geheimnisvollen Frau namens Janet begegnet, die sich als eine Art übermenschliches Wesen entpuppt, ein Engel oder ein Dämon. Der Mann wird gefangengenommen und in einem winzigen Zauberkabinett eingekerkert. Durch das Leid, das ihm widerfährt, gewinnt er Einsichten und neue seelische Kraft.«[32]

Strieber beschreibt sich als »streitbarer, rebellischer Katholik, manchmal Episkopale. [...] Ich habe mich als Hexer betätigt. Ich habe mit der Anbetung der Erde als Göttin-Mutter experimentiert.« Er interessiert sich seit langem für religiösen Mystizismus und die Werke Meister Eckarts, Gurdjieffs und für Bücher über Zen-Buddhismus. Vor seiner eigenen Entführung im Dezember 1985 hat er nach eigenen Angaben einen Artikel über das Ehepaar Hill und »ein oder zwei« Bücher über Ufos gelesen. Sogar Hopkins bezweifelte schließlich Striebers Glaubwürdigkeit, als er Geschichten zu hören bekam, die Strieber später abstritt, »erfunden« nannte oder aber gegen alle Evidenz aufrechterhielt. Rechtsgerichtete Terroristen hätten ihm gedroht, seinen Sohn zu entführen, und der CIA wolle die Veröffentlichung von *Die Besucher* verhindern. Einer anderen Entführten erzählte er, daß er bei einer seiner Entführungen ihren abgeschlagenen Kopf auf einem Regal habe liegen sehen, nahm das aber später zurück.[33]

Whitley Strieber hat sich also als unzuverlässiger Zeuge erwiesen. Dennoch gewinnen die Geschichten von den Außerirdischenentführungen immer mehr Anhänger. Frauen suchen in einer Kultur, die es ihnen noch immer schwer macht, ihre Sexualität zu akzeptieren, nach von außen kommenden Erklärungen für ihre Phantasien und ihre Erregung. Vielleicht bildet sich aber auch eine neue Glaubensrichtung, in der Außerirdische die Funktion von Engeln übernehmen, die mit der nahenden Jahrtausendwende zugleich auch selbst zurückkehren: »Das Ufo bietet eine befriedigende Mischung aus Techno-Futurismus, Religion und einer ganz persönlichen spirituellen Suche, die keine Unterwerfung unter von außen auferlegte Regeln erfordert. In einer vernunftorientierten Gesellschaft ist es fast einfacher, an Außerirdische zu glauben, die allzeit bereit sind, herabzuschweben und die Erde zu retten, als an Gott. Der Ufo-Mythos spricht außerdem Menschen an, die Regierungen und Autoritäten mißtrauen; der Ufologen-Jargon ist mit angedeuteten Vertuschungsmanövern und grundsätzlich mit der Vorstellung von ›uns‹ und ›denen‹ gespickt. Der Außerirdische wird als Verbündeter gegen die feindlichen Führer vereinnahmt.«[34]

Wie auch immer: wir können davon ausgehen, daß die Historie von den Außerirdischenentführungen durch Anhäufung von Gegenbeweisen nicht zum Verschwinden gebracht wird. Mack wiederum hält den Beweiszwang grundsätzlich für einen logischen Fehler, typisch für die empiristische Voreingenommenheit westlicher Wissenschaftler, die sich auf einem niedrigeren Bewußtseinsniveau bewegen als die Außerirdischen. Eine 1995 zu Macks Überprüfung einberufene Kommission des Harvard-Lehrkörpers übte scharfe Kritik an seinen Forschungen. Macks Anwälte konterten, daß die Freiheit der Wissenschaft bedroht sei. »Wenn man etwas tut, das gegen die Grundannahmen der eigenen Kultur verstößt«, verteidigte sich Mack, »wird man immer angegriffen. Das Thema ist für die westliche Wissensordnung schwer hinzunehmen, weil es mehrere Aussagen enthält: nicht nur stehen wir nicht an der Spitze der Intelligenzpyramide, sondern wir haben auch keine Macht über unser Schicksal.«[35] Im August 1995 stellte Harvard die Untersuchung ein.[36]

Das Phänomen der Ufologie scheint sich selbst zu generieren, und die »herkömmliche Wissenschaft scheint mehr und mehr vor einem Rätsel zu stehen. Befürworter der Außerirdischen-Hypothese werden immer dogmatischer in ihren Forderungen. Immer mehr Leute sind fasziniert vom Weltraum und von neuen Grenzen des Bewußtseins. Immer mehr Bücher und Artikel erscheinen, die unsere Kultur in Richtung auf ein neues Menschenbild verändern.«[37] Beunruhigenderweise sind diese Mythen nicht statisch – sie eskalieren, verleiben sich ältere Hystorien von Kindesmißbrauch, multiplen Persönlichkeiten und satanistischen Ritualen ein. Das derzeitige Stadium – Hystorien voller Fortpflanzungsexperimente, Überwachung, Gedankenkontrolle und Verschwörungen auf Regierungsebene – führt geradewegs zum Rechtsextremismus. Darum sind diese Space-Age-Phantasien nicht einfach als harmlose Science-fiction abzutun.

Noch ist die Entführung durch Außerirdische vor allem ein amerikanisches Phänomen. Nach Macks Rechnung stehen die USA mit Ufo-Sichtungen vor allen anderen Ländern, gefolgt von England und Brasilien, »was darauf zurückzuführen ist, daß in diesen Ländern praktizierende Hypnotiseure und Therapeuten zur Verfügung stehen, die mit den Entführten arbeiten«.[38] Allerdings weichen Entführungsberichte aus nicht-amerikanischen Ländern vom Schema des Kontakts mit grauen Wesen verschiedener Größen ab. Die Europäer scheinen ihre traditionelle Weltoffenheit auch auf die Außerirdischen anzuwenden: Entführte scheinen, so Mack, hier »mit einer größeren Vielfalt von Wesen Kontakt zu haben als in Amerika«.[39] In den Niederlanden sind die Männchen zum Beispiel klein, grün, orange oder lila, in Deutschland vorwiegend klein und grün. Bei den Franzosen wurden Außerirdische in silbernen Anzügen gesichtet. Die britischen Entführten sehen eine Art Robert Redford, den die Experten als den Großen Blonden, den Nordischen oder Schutzengel-Außerirdischen bezeichnen. Grundsätzlich ist er männlich und »einen Meter achtzig bis zwei Meter zehn groß, gutaussehend, mit blondem, schulterlangem Haar. Seine blauen Augen sind freundlich und liebevoll. Er ist väterlich, lächelnd, zärtlich, jugendlich, allwissend und trägt eine enganliegende Uniform.«[40] Er riecht nach Zimt. Das ist übrigens die Art Außerirdischer, von der auch ich gerne entführt werden möchte – aber als Amerikanerin habe ich da wohl kaum Aussichten.

Im 28. August 1995 wurde in verschiedenen europäischen Ländern und den USA die Autopsie einer weiblichen Außerirdischen im Fernsehen gezeigt. Die französischen Wissenschaftler, die am nächsten Tag zu einer Fernsehdiskussion zusammentraten, reagierten mit ihrem ganzen körpersprachlichen Repertoire, um ihre Ablehnung zu dokumentieren. Auch diese zweite Sendung begann mit einer Videoaufzeichnung: gezeigt wurde die russische Dokumentation eines Raumschiffabsturzes und die Autopsie einer Außerirdischen, neben der nicht identifizierte schwarze und fleischige Objekte in einer Art Schale zu erkennen waren. Die französischen Wissenschaftler entlarvten das Video als freche Fälschung, mit der das französische Fernsehen die Intelligenz seiner Zuschauer beleidige. Anders in Deutschland: nach der zum Thema der Entführung durch Außerirdische ausgestrahlten Sendung boten hier zwei Therapeuten Hilfe für Opfer und Betroffene an. Anders auch in Irland: Die Moderatorin der irischen Sendung über die vermeintliche Ufo-Autopsie machte sich laut über die »amerikanischen Außerirdischen« lustig und erklärte: »Die brauchen wir in Irland nicht. Wir haben bereits eine höhergestellte Spezies, die uns tief in die Augen sieht und uns zwingt, gegen unseren Willen Kinder zu bekommen. Wir nennen sie Priester.«[41]

Doch die amerikanischen Ufologen sind optimistisch. Sie denken bereits über Mittel und Wege nach, ihre Methoden in andere Länder zu exportieren und Konferenzen rund um den Globus zu organisieren. »Aufgrund der Publikationen über therapeutische und hypnotische Techniken, mit denen in den Vereinigten Staaten derzeit bahnbrechende Arbeit geleistet wird«, schreibt Mack zuversichtlich, »werden uns in den kommenden Jahren wesentlich mehr Informationen über Entführungserfahrungen in Europa zur Verfügung stehen.«[42]

HEXENJAGD

In Nathaniel Hawthornes klassischer Erzählung *Der junge Nachbar Brown* verläßt ein Mann seine frischangetraute Braut, um sich zu einem geheimen Stelldichein mit dem Teufel einzufinden. Verständlicherweise hat er Angst vor diesem Gang in den dunklen Wald, doch der Teufel »sah [...] ihm sehr ähnlich«, so daß man ihn gut und gerne für Nachbar Browns Vater hätte halten können. Der Teufel beruhigt ihn: »Ich half deinem Großvater, dem Konstabel, als er das Quäkerweib so munter durch die Straßen Salems peitschte. Und ich war es, der deinem Vater die Pechkiefernfackel brachte, an meinem eigenen Herd entzündet, mit dem er in König Philipps Krieg ein Indianerdorf in Brand steckte. Beide waren meine guten Freunde; wie oft sind wir miteinander diesen Pfad hier gewandelt und nach Mitternacht fröhlich heimgekehrt.«[1] Tatsächlich erblickt Nachbar Brown, als sie in die Mitte des Waldes gelangen, mit Entsetzen die angesehensten Gemeindemitglieder versammelt, um Satan zu huldigen. Außer den Frommen, Keuschen und Angesehenen sind auch »Männer von ausschweifendem Lebenswandel und Frauen von üblem Ruf« anwesend.[2] Man unterhält sich scheinbar angeregt. Und vor dem Altar steht eine weitere Frischbekehrte: seine eigene Frau Faith.

Mit dieser berühmten Fabel will Hawthorne natürlich nicht andeuten, daß alle braven Menschen Salems heimlich den Teufel anbeteten. Vielmehr zeigt er, wie sich hinter der strengen Fassade des amerikanischen Puritanismus ein Fanatismus verbarg, der sich in Ausbrüchen von Verfolgung und Gewalt Luft machte, die letztendlich in den Salemer Hexenprozessen kulminierten. Auf der unentwegten Suche nach den Sünden des Fleisches und religiösen Verfehlungen verleugneten die Puritaner die eigene Lust an Bestrafung und Verdammung. Arthur Millers *Hexenjagd* setzt den Beginn der Hexenjagden dort an, wo der entstehende Individualismus auf die ideologische Starre Salems trifft.

Hawthorne legt eine andere Interpretation der Geschichte nahe: »War Nachbar Brown im Wald eingeschlafen und hatte einen wilden Traum vom Hexensabbat geträumt?«[3] Dann könnte die Geschichte auch von der Treulosigkeit eines Ehemanns handeln – von dem unterdrückten Wunsch, seine Braut zu betrügen, den er auf sie projiziert, so daß sich in ihm die fixe Idee festsetzt, sie hintergehe ihn. Hexengeschichten funktionieren fast immer auf diesen beiden Ebenen, sie verurteilen die paranoide Intoleranz, die jede Form von religiösem Fanatismus antreibt, und projizieren sexuelle Angst- und Schuldgefühle oder inszenieren eine solche Projektion.

Was hat *Der junge Nachbar Brown* uns über Hystorien am Ende des zwanzigsten Jahrhunderts zu sagen? Wie die Hexenjagden der 1690er, die Mode des Magnetismus der 1790er, die Hypnosekuren der 1890er, so artikulieren die hysterischen Syndrome der 1990er Jahre nur zu deutlich verborgene Bedürfnisse und Ängste unserer Kultur. Es geht noch immer um Projektionen sexueller Phantasien, echte oder eingebildete Schuld, Rachsucht und innige Beichten. Noch wird keiner aufgehängt oder verbrannt, doch genug unschuldigen Menschen wird mit falschen Verdächtigungen nachgestellt, und Hunderttausende vergeuden ihr Leben mit kostspieligen Therapien, die ihnen weder Erleichterung noch Heilung bringen.

Hawthorne verstand die Macht verleugneter Sexualität. In seinen Anmerkungen zur *Hexenjagd* bemerkte Arthur Miller: »Unsere Gegner werden stets in geschlechtliche Sünde gehüllt, und aus dieser unbewußten Überzeugung bezieht der Dämonenglaube sowohl seine anreizende Sinnlichkeit als auch seine Macht, Wut und Schrecken zu erregen.«[4] Viele der aktuellen Syndrome haben eine deutliche sexuelle Komponente, es ist eine Sexualität, die verleugnet und auf ein Außen projiziert werden muß – den Vater, eine Sekte, eine Chemikalie, einen Außerirdischen. Besonders die weiblichen Patienten äußern regelmäßig intensive Schuld- und Schamgefühle; sie haben Angst, schlecht zu sein, weil sie diese sexuelle Komponente zugleich als schön und schmerzhaft erfahren. Für sie gibt es noch eine lange Kulturgeschichte aufzuarbeiten.

Hawthorne erkannte den Dämonen- und Geisterglauben als die Kehrseite der institutionalisierten Religion. Die Frage ist, ob nicht eine Art spirituelles Vakuum und die unklare Suche nach religiösen oder metaphysischen Sicherheiten hinter den hysterischen Syndromen der neunziger Jahre stehen. Ian Hacking erblickt Ähnlichkeiten zwischen Traumaerinnerungen und der christlichen Bekehrung: die Wieder-Erinnerung »beginnt mit dem Kennwort ›Verleugnung‹. [...] Darauf folgt die Therapie als Bekehrung, als Bekenntnis und als Wiedergewinnung von Erinnerungen an die eigene Vergangenheit. Mit diesem vertrauten Muster geschieht nun aber eine allmächtige Verdrehung: es wird zur Anklage. Das Bekenntnis ist nicht das Bekenntnis *Ihrer* Sünden, sondern der Sünden Ihres Vaters.«[5]

Die Wiedergewonnene Erinnerung erscheint als Glaubensersatz, der in Zeiten der ideologischen Verunsicherung Anhänger gewonnen hat. »Wir haben es mit einem religiösen Phänomen zu tun«, schreibt Mark Pendergrast, »daher sind auch so viele christliche Therapeuten und Seelsorger unter den eifrigsten Advokaten der Wiedergewonnenen Erinnerung.« Ärzte und Therapeuten mögen zu Priestern der Bewegung aufgerückt sein, doch die »Märtyrer, Anhänger und Propheten der Bewegung sind die Opfer«.[6] Auch mit der »puritanischen Erweckungsbewegung«, die »durch das puritanische Nordamerika gefegt ist, nicht gegen die Flut des christlichen Fundamentalismus, sondern in Verbindung mit ihr«[7], wurde die Erinnerungsbewegung verglichen. Die im Satanistischen Ritualmißbrauch benutzten Symbole parodieren oder verkehren religiöse Riten. Die religiöse Komponente bei den Entführungen durch Außerirdische ist evident. Sogar das Chronische Müdigkeitssyndrom kann in manchen Fällen der Wunderheiler kurieren. Der junge Nachbar Brown aus Hawthornes Fabel kehrt nicht nach Salem zurück. Er beschuldigt seine Nachbarn, stellt sie zur Rede und ruiniert ihr Leben. Heute kennen viele Betroffene weitaus weniger Zurückhaltung: die aktuellen Hystorien verwischen die Grenze zwischen therapeutischer Erzählung und öffentlichem Zeugnis. Psychoanalyse und Religion bildeten traditionell intime Räume für Beichte und Tröstung. Für Psychotherapeuten und Kirchenleute gab es keine Notwendigkeit, die Aussagen ihrer Klienten detektivisch zu überprüfen. Auf einer Konferenz der American Psychiatric Association 1992 wurde der Fall eines Patienten vorgestellt, der behauptete, von Außerirdischen entführt worden zu sein. Sein Psychiater hatte diesen »leicht hypnotisierbaren Mann« mit Therapie und Hypnose behandelt; nach drei Monaten konnte der Patient sein normales Leben weiterführen. Es tat ihm gut, über die Entführung zu sprechen, und es half ihm, sie in seine Identität zu integrieren. Doch verließ er das Sprechzimmer am Ende »so überzeugt, daß er entführt worden war, wie bei seinem ersten Besuch«. Daraus ließ sich folgern, daß es »vom Standpunkt der klinischen Nützlichkeit her vielleicht keine große Rolle spielt, ob das Ereignis wirklich stattgefunden hat. [...] Letztendlich können wir [Mediziner] den Unterschied zwischen für wahr befundenen Phantasievorstellungen und tatsächlichen Erinnerungen nicht feststellen. [...] Im Grunde besteht möglicherweise kein struktureller Unterschied zwischen den beiden.«[8]

Doch aus ritualisierten Erzählungen sind ritualisierte Zeugnisse geworden. Zeugnis abzulegen, räumt Judith Lewis Herman ein, »hat zugleich eine private Dimension, in der es um Beichte und Spiritualität geht, und einen öffentlichen Aspekt, der politische und strafrechtliche Konsequenzen hat«.[9] Gerade Literaturwissenschaftler wissen, daß eine Geschichte und besonders das Erzählen der eigenen Geschichte einen therapeutischen Effekt haben kann, auch wenn sie erfunden ist. Die Schreibtherapie, das Psychodrama, die Tanztherapie, alle Arten der Kreativität und Kunst sind wirksame Formen der Selbsthilfe. Das »Wiedererzählen eines Lebens« ist ein wichtiger Teil des psychischen Wachstums, um Verantwortlichkeit zu erlernen und das Selbstwertgefühl zu steigern. Ob Einzelheiten dieser Erzählung verifizierbar sind, erscheint weniger wichtig als ihre Effekte auf die Imagination des Individuums. Intime psychoanalytische oder künstlerische Zeugnisse vor Medien und Gerichten auszubreiten ist allerdings riskant. Die Gesellschaft wird sich gegen Hystorien wehren, wenn diese eine politische oder juristische Dimension bekommen und nicht mehr vor allem therapeutisch sind.

Hinter den modernen Formen der Hysterie stehen äußerst reale und erkennbare Probleme. Krieg macht Menschen krank. Die Männer, die an den Folgen des Golfkriegs leiden, kämpfen gegen widersprüchliche soziale Mythen; gegen die Vorstellung, daß psychische Krankheiten unmännlich und illegitim seien, und gegen das Bild vom Krieger und Helden, vom Rambo, Muskelmann oder Söldner, der die »Kriegerträume«[10] der USA nach Vietnam auslebt. Das Golfkriegssyndrom scheint unsere konfliktreichen Begriffe von Männlichkeit und Krieg außerhalb des Ich zu verhandeln. Ähnlich komplexe Konflikte lösen auch Frauen in Hystorien. Die Wiedergewonnene Erinnerung an einen sexuellen Mißbrauch mag im Einzelfall zweifelhaft sein, doch Kindesmißbrauch, Vergewaltigung und Gewalt gegen Frauen ist allgegenwärtig – eine Realität, die sich in das Sicherheitsempfinden und die Autonomie jeder Frau einschreibt. Frauen haben in ihrem Leben das Fehlen von Herausforderungen und Grenzerfahrungen traditionell durch hysterische Störungen ausgeglichen; mit ihnen haben sie auch auf Sorgen und Enttäuschungen reagiert. Der Feminismus hat in den neunziger Jahren eine problematische Rolle eingenommen; er hat bei Frauen große Erwartungen geweckt, ohne diese auch erfüllen zu können. In gewisser Weise kann das weder der Feminismus noch irgendeine andere utopische Philosophie oder Ideologie. Der Feminismus kann uns jedoch dabei helfen, nicht in die Opferrolle zurückzufallen und den Angeboten der Infantilisierung zu widerstehen, ohne andererseits plumpe Rache zu hegen.

Historisch waren Hexenverfolgungen meist von kurzer Dauer. Die Gemeinschaften erkannten, daß die Verurteilungen noch unerträglicher waren als die unterstellten Verbrechen; es waren keine möglichen Opfer aus Randgruppen mehr vorhanden, oder es wurden eigennützige Absichten der Ankläger entdeckt. In seinem Epilog zur *Hexenjagd* formulierte Arthur Miller einen elegischen Abgesang auf das Ende der Hexenjagden in Salem: »In einer feierlichen Versammlung erklärte die Gemeinde die Ausstoßung für ungültig – dies im März des Jahres 1712. [...] Immerhin legte das Richterkollegium eine schriftliche Aussage nieder, mit der Bitte um Vergebung an all jene, die gelitten hatten. Einige der den Opfern zugehörigen Höfe wurden dem Verfall überlassen, und länger als ein Jahrhundert wollte niemand sie kaufen oder bewohnen. Praktisch war die Macht der Theokratie in Massachusetts gebrochen.«[11] In Salem, schreibt Charles Mackay, »kam der Stimmungsumschwung plötzlich wie der erste Rausch. Auf einmal waren die Kolonisten überzeugt, daß sie einen Fehler gemacht hatten. Die Richter geboten den Verfolgungen Einhalt, sogar bei jenen, die ihre Schuld eingestanden hatten. Sobald diese wieder auf freiem Fuße waren, widerriefen sie alles, was sie vorher gesagt hatten. [...] Die Geschworenen bei den Gerichtsverhandlungen taten in den Kirchen öffentlich Buße, und die, die gelitten hatten, wurden als Opfer betrachtet, nicht mehr als Verbündete des Teufels.«[12]

Möglich, daß auch die hysterischen Hexenjagden unserer Tage ein Ende finden werden. Menschen, die auf der Grundlage von Wieder-Erinnerungen verurteilt worden sind, werden heute freigesprochen und rehabilitiert. Gerichtsurteile wurden revidiert. Vorwürfe wegen Satanistischem Ritual- oder Kindesmißbrauch werden widerrufen, und schon haben sich Journalisten der unschuldig Angeklagten angenommen. Bücher und Fernsehdokumentationen tragen jetzt dazu bei, daß besonders der Wiedergewonnenen Erinnerung und dem Satanismus mit mehr Skepsis begegnet wird.

Doch die Hysterie-Epidemien der neunziger Jahre richten

noch immer viel Schaden an, da sie uns von den tatsächlichen Problemen und Krisen unserer Gesellschaften ablenken, indem sie ferner ein bedenkenlos irrationales und paranoides Denken konsensfähig machen. Millers Botschaft wartet noch immer darauf, wirklich verstanden zu werden. *Hexenjagd* handelt nicht einfach nur von Salem, sondern von der paranoiden Struktur des Denkens selbst.

Heute scheint sich eine neue Hystorie zu bilden, kaum daß eine frühere in Frage gestellt wird. Kaum kursiert eine Studie, daß das Golfkriegssyndrom gar nicht existiert, meldet sich schon ein Arzt zu Wort und erklärt, daß die Symptome »mit denen der Chronischen Müdigkeit/Immunreaktionsstörung praktisch identisch« sind.[13] Während die Hystorie des Satanistischen Ritualmißbrauchs angezweifelt wird, werden die Themen Säuglingstötung und Computer-Programmierung von Menschen auf andere Felder übertragen. Nicht nur in Fantasyserien werden Außerirdische, Verschwörungen und Sekten bearbeitet; im April 1996 beschwerte sich eine Medienkritikerin öffentlich, daß »einem ganz schwindlig wird, wenn man sich die Zahl der angeblichen Regierungskomplotte gegen die Bevölkerung vor Augen führt, die das Fernsehprogramm eines einzigen Abends tagaus, tagein aufdeckt«.[14] Diesen Fernsehbildern wird geglaubt. Ein Professor der Astronomie berichtete 1996, daß die Hälfte der Studenten und Studentinnen in seinem Seminar an eine Verschwörung der Regierung zur Verheimlichung der Existenz von Ufos glaubt; als Beweis führen die jungen Wissenschaftler Fernsehsendungen an.[15]

Es braucht allen Mut, um sich mit den Phantasien, Mythen und Ängsten auseinanderzusetzen, aus denen die Hystorien der neunziger Jahre gebildet sind. Hinter unsichtbaren Feinden, Teufeln und Außerirdischen erblicken wir uns selbst, und unsere eigenen psychologischen Strategien müssen wir erkennen. Hysterie ist weder Merkmal eines erweiterten Bewußtseins noch Stigma einer peinlichen Schwäche. Frauen leiden nach wie vor an hysterischen Symptomen, nicht weil wir irrational sind oder allesamt mißbraucht wurden, sondern weil wir, genau wie Männer, Menschen sind, die Gefühle in Symptome verwandeln, wenn wir zum Sprechen nicht in der Lage sind. »Man kann sie alle nur bedauern, so wie man uns eines Tages bedauern wird«, schrieb Miller im Rückblick auf Salem. »Auch heute noch ist es dem Menschen unmöglich, sein soziales Leben anders als unter Druck zu ordnen, und das Gleichgewicht zwischen Ordnung und Freiheit muß auch heute erst noch hergestellt werden.«[16] Die psychologische Dynamik der Hysterie ist zu entziffern – wenn wir lernen, mit ihr umzugehen, dann haben wir auch die Möglichkeit, die vielen Formen der Hexenjagd gemeinsam einzudämmen und kommende hysterische Epidemien abzuwenden.

DANK

Es war ein glücklicher Tag, als ich 1978 meine Arbeit am Wellcome Institute for the History of Medicine in London aufnahm – eine unübertreffliche Cafeteria und hervorragendes Personal, und eine ziemlich brauchbare Bibliothek. Sally Bragg hat mir stets das Gefühl gegeben, im Wellcome willkommen zu sein, und mir geholfen, seine erstaunlichen Schätze bestmöglich zu nutzen. Ich bin dankbar für die Großzügigkeit und das Vorbild insbesondere von Bill Bynum, Roy Porter, Michael J. Clark und Julia Sheppard. Viele Freunde und Freundinnen, Kollegen und Kolleginnen in England unterstützten und ermutigten meine Arbeit, selbst wenn sie mit meinen Schlußfolgerungen nicht einverstanden waren; mein Dank geht an Juliet Mitchell, Susie Orbach, Lisa Tickner, John Forrester, Lisa Appignanesi, Louise Armstrong, Lisa Jardine, John Clay, Sally Alexander, Linda Grant, Ann Dally, Sarah Dunant, Diane Middlebrook, Anna Furse, Jacqueline Rose, Barbara Taylor, Marina Warner und Michael Robinson. Erica Davies und Ivan Ward am Freud Museum haben wichtige Symposien über Hysterie veranstaltet. Sherrill Mulhern in Paris ließ mich ihre erstaunliche Kassetten- und Büchersammlung benutzen; Jan Goldstein und Rae Beth Gordon boten wertvolle wissenschaftliche Ratschläge, und Catherine Saint Louis half mir, wertvolle Quellen in der Bibliothèque Nationale aufzuspüren.

An der Universität in Princeton hat der Council for Research in the Humanities and Social Sciences meine Forschungsreisen der letzten Jahre finanziert. Neue Freunde unter den Hysterianern, besonders Martha Noel Evans, Sander Gilman, Mark Micale, George Rousseau, Dianne Hunter und Ian Hacking, haben sich als ideale Mitglieder einer lebendigen, wenn auch weitverstreuten Wissenschaftlergemeinschaft erwiesen. Stuart Burrows hat stapelweise Literaturhinweise in der British Library und im Internet ausfindig gemacht. Ich war mit einer wunderbaren Familie, der dieses Buch gewidmet ist, und Freundinnen und Freunden gesegnet, die nie zu beschäftigt waren, um zuzuhören, zu reden oder E-Mails zu schicken: Michael Cadden, Wendy Martin, Joyce Carol Oates, Larry Danson, Richard Kaye und Carol Smith. Für vielfältige Unterstützung danke ich auch Elaine Markson und Mary Clemmey, M. Mark, Jennifer Crewe, McCoy und Tanya Stobbs.

ANMERKUNGEN

Die Brutstätte der Hysterie

1 Laurie Garrett, *Die kommenden Plagen. Neue Krankheiten in einer gefährdeten Welt.* Übs. von Tatjana Kruse, Frankfurt/M. 1996, S. 55.
2 Ilza Veith, *Hysteria: The History of a Disease*, Chicago 1965, S. 273 f.
3 Roberta Satow, »Where Has All the Hysteria Gone?«, *Psychoanalytic Review* 66 (1979/1980), S. 463–477.
4 Harold Mersky, *The Analysis of Hysteria*, London 1978.
5 Siehe Étienne Trillat, *Histoire de l'hystérie*, Paris 1986, S. 274.
6 Norman Cohn, *The Pursuit of the Millenium*, London 1957, S. 314. (Die Stelle ist in der deutschen Übersetzung von Eduard Thorsch, *Das Ringen um das Tausendjährige Reich. Revolutionärer Messianismus im Mittelalter und sein Fortleben in den modernen totalitären Bewegungen*, Bern 1961, nicht enthalten.)
7 Sigmund Freud, »Zur Ätiologie der Hysterie«, *Werke (*Studienausgabe) Bd. VI, Frankfurt/M. 1989, S. 66.
8 Zit. in: Hillary Johnson, *Osler's Web: Inside the Labyrinth of the Chronic Fatigue Syndrome Epidemic*, New York 1996, S. 351.
9 David M. Jacobs, *Geheimes Leben. Dokumentierte Berichte über Entführungen durch UFOs aus erster Hand.* Vorwort von John E. Mack. Übs. von Anja Ruchatz, Rottenburg 1995, S. 14, 27.
10 Roy Porter, »The Body and the Mind, the Doctor and the Patient: Negotiating Hysteria«, in: Sander Gilman, Helen King, Roy Porter, G. S. Rousseau, Elaine Showalter, *Hysteria Beyond Freud*, Berkeley 1993, S. 235.
11 Mark S. Micale, *Approaching Hysteria*, Princeton 1994, S. 182.
12 Robert M. Woolsey, »Hysteria 1875 to 1975«, *Diseases of the Nervous System* 37 (Juli 1976), S. 379.
13 Siehe David E. Sanger, »What Great Grief Has Made the Empress Mute?« *New York Times* (25. Oktober 1993). Die Kaiserin fand ihre Stimme im Februar 1994 wieder.
14 Micale, *Approaching Hysteria*, a. a. O., S. 288–291.
15 Mark J. Penn und Douglas E. Schoen, »A Tale of Four Cities«, *New York* (21. August 1995), S. 30.
16 Jacques Lacan, Auszug aus einem unveröffentlichten Vortrag vom 26. Februar 1977 in Brüssel, zit. in: Elisabeth Roudinesco, *Wien-*

Paris. Die Geschichte der Psychoanalyse in Frankreich. Übs. von Brigitta Restorff, Weinheim/Berlin 1994, S. 100.

17 Jacobs, *Geheimes Leben*, a. a. O., S. 14.

18 Lynne V. Cheney, *Telling the Truth*, New York 1995, S. 172.

19 Diane Price Herndl, »The Writing Cure«, *NWSA Journal* 1 (1988), S. 54.

20 Siehe Elaine Showalter, *The Female Malady: Women, Madness and English Culture 1830-1980*, New York 1985.

21 Roy Porter, »The Body and the Mind«, a. a. O., S. 242.

22 Josef Breuer und Sigmund Freud, *Studien über Hysterie*, Frankfurt/M. 1970, S. 236 f.

Die Wirklichkeit der Hysterie

1 Philip R. Slavney, *Perspectives on »Hysteria«*, Baltimore 1990, S. 1 f.

2 Ebd.

3 Ebd.

4 Charles Lasègue, »Des hystéries périphériques«, *Archives générales de médecine* (1. Juni 1878), S. 655.

5 Edward Shorter, »The Reinvention of Hysteria«, *Times Literary Supplement* (17. Juni 1994), S. 26.

6 Porter, »The Body and the Mind«, a. a. O., S. 226.

7 Edward Shorter, *Moderne Leiden. Zur Geschichte der psychosomatischen Krankheiten*. Übs. von Kurt Neff, Reinbek 1994, S. 12.

8 Porter, »The Body and the Mind«, a. a. O., S. 229.

9 Thomas Willis, *Essay on the Pathology of the Brain*, o. O. 1684.

10 Henry Maudsley, *The Pathology of Mind*, London 1879, S. 450.

11 Gregorio Kohon, »Reflections of Dora: The Case of Hysteria«, *International Journal of Psychoanalysis* 65 (1984), S. 73.

12 Janine Chasseguet-Smirgel, »The Femininity of the Analyst in Professional Practice«, *International Journal of Psychoanalysis* 65 (1984), S. 169–178.

13 Georges Guillain, *J.-M. Charcot, 1825–1893: Sa vie, son œuvre*, Paris 1955, S. 135.

14 Richard Webster, *Why Freud Was Wrong*, New York 1995, S. 544.

15 Porter, »The Body and the Mind«, a. a. O., S. 242.

16 Robert A. Aronowitz, »From Myalgic Encephalitis to Yuppie Flu: A History of Chronic Fatigue Syndromes«, in: Charles E. Rosenberg und Janet Golden (Hg.), *Framing Disease*, New Brunswick 1992, S. 155.

17 Ian Hacking, *Multiple Persönlichkeit. Zur Geschichte der Seele in der Moderne*. Übs. von Max Looser, München 1996, S. 35 f., 49 f.

18 Shorter, *Moderne Leiden*, a. a. O., vor allem Kap. I und II.

19 S. A. K. Wilson, »Some Modern French Conceptions of Hysteria«, *Brain* 33 (1901), S. 297.

20 Siehe Joan Jacobs Brumberg, »From Psychiatric Syndrome to ›Communicable Disease‹: The Case of Anorexia Nervosa«, in: *Framing Disease*, S. 134–154. Brumbergs Ansatz ist für mich in vielem richtungsweisend.

21 Michel Foucault, *Sexualität und Wahrheit*, Bd. I, *Der Wille zum Wissen*. Übs. von Ulrich Raulff und Walter Seitter, Frankfurt/M. 1977, S. 126.

22 Henri F. Ellenberger, »Psychiatry and its Unknown History«, in: Mark S. Micale (Hg.), *Beyond the Unconscious. Essays of Henri F. Ellenberger in the History of Psychiatry*, Princeton 1993, S. 239–253.

23 Hilde Bruch, *Eßstörungen. Zur Psychologie und Therapie von Übergewicht und Magersucht*. Übs. von Rita Schumann, Frankfurt/M. 1991. Dies., *Der goldene Käfig. Das Rätsel der Magersucht*, Übs. von Willi Köhler, Frankfurt/M. 1989. Die Originalausgaben erschienen 1973 und 1978 in New York.

24 Dies., *Eating Disorders: Obesity, Anorexia Nervosa, and the Person within*, New York 1973, S. 251. Der zitierte Abschnitt ist in der gekürzten deutschen Ausgabe nicht enthalten.

25 Brumberg, »From Psychiatric Syndrome to ›Communicable Disease‹, a. a. O., S. 142.

26 Ebd., S. 143.

27 Joan Jacobs Brumberg, *Todeshunger. Die Geschichte der Anorexia nervosa vom Mittelalter bis heute*. Übs. von Karin Dufner und Katharina Förs, Frankfurt/M. 1994, S. 23 f.

28 Ebd., S. 23 f., 236.

29 Sandra M. Gilbert, »More Men May Seek Eating-Disorder Help«, *New York Times* (28. August 1996), S. 9.

30 Charles Mackay, *Extraordinary Popular Delusions and the Madness of Crowds*, London 1841.

31 Simon Wessely, »Have You Heard? We Are Being Poisoned«, *The Times*, London (4. Juli 1995), S. 14.

32 Ebd.

33 Ebd.

34 »Doctor Faults State Report on Faintings«, *New York Times* (4. September 1994), S. 31.

35 Miraya Navarro, »A Monster on the Loose? Or Is It Fantasy?« *New York Times* (26. Januar 1996), S. 10.

36 Richard Hofstadter, »The Paranoid Style in American Politics«, in: Hofstadter, *The Paranoid Style in American Politics and Other Essays*, New York 1965, S. 39.
37 Brian Levack, *Hexenjagd. Die Geschichte der Hexenverfolgungen in Europa*, Übs. von Ursula Scholz, München 1995, S. 153.
38 Cohn, *Das Ringen um das Tausendjährige Reich*, a. a. O., S. 74.
39 Levack, *Hexenjagd*, a. a. O., S. 165.
40 Ebd., S. 168.
41 Arthur Miller, *Hexenjagd*, in: *Dramen 1, 1947–1955*. Übs. von Hannelene v. Limpach u. Dietrich Hilsdorf, Frankfurt/M. 1966, S. 250 f., 261.
42 Katherine Dunn und Jim Redden, »Fear and Loathing«, *Los Angeles Times Book Review* (4. Juni 1995), S. 11.
43 Michael Kelly, »The Road to Paranoia«, *New Yorker* (Juni 1995), S. 62 ff.
44 Alex Wichel, »To Rise Again from a Life in Ruins«, *New York Times* (4. Januar 1996), S. 10.
45 Sherrill Mulhern, »Satanism, Ritual Abuse, and Multiple Personality Disorder«, *International Journal of Clinical and Experimental Hypnosis* 42 (Oktober 1994), S. 266.
46 Miller, *Hexenjagd*, a. a. O., S. 272.
47 Thomas Stretch Dowse, *Lectures on Massage and Electricity in the Treatment of the Disease*, London 1889, S. 191.
48 Edwin Bramwell und John Tuke, zit. in: Micale, »Hysteria Male/Hysteria Female«, in: Marina Benjamin (Hg.), *Science and Sensibility*, London 1991, S. 23.
49 J. Mitchell Clark, *Hysteria and Neurasthenia*, London, New York 1904, S. 5.
50 Simon Jenkins, »Dumbing the Tories«, *The Times* (1. Juli 1995), S. 18.
51 David Bell, »Hysteria: A Contemporary Kleinian Perspective«, Vortrag gehalten anläßlich des Symposiums *Hysteria Today. 100 Years Since Freud* des Freud Museums im Februar 1995.
52 Pierre Janet, *The Major Symptoms of Hysteria*, New York 1920, S. 2 f., 5.

Eine Geschichte der Hysterie: die großen Ärzte

1 Axel Munthe, *Das Buch von San Michele*. Übs. von G. Uexhüll-Schwerin, Berlin 1931, S. 307 f.
2 »Banquet offert à M. le professeur Charcot«, *Progrès médical* 11 (1883), S. 999.
3 Alexandre Souques, »Charcot intime«, *Presse médicale* 42 (27. Mai 1925), S. 17.
4 Pierre Janet, zit. in: Guillain, *J.-M. Charcot*, a. a. O., S. 55.
5 Henri Ellenberger, »Charcot and the Salpêtrière School«, in: Micale (Hg.), *Beyond the Unconscious*, a. a. O., S. 139.
6 Martha Noel Evans, *Fits and Starts: A Genealogy of Hysteria in Modern France*, Ithaca 1991, S. 34.
7 Micale, *Approaching Hysteria*, a. a. O., S. 269.
8 Ellenberger, »Charcot and the Salpêtrière School«, a. a. O., S. 145.
9 Siehe Shorter, *Moderne Leiden*, a. a. O., S. 291 f.
10 Jan Goldstein, *Console and Classify. The French Psychiatric Profession in the Nineteenth Century*, New York 1987, S. 326.
11 Munthe, *Das Buch von San Michele*, a. a. O., S. 327.
12 Ebd., S. 346.
13 Charles Richet, »Les démoniaques d'aujourd'hui et d'autrefois«, *La revue des deux mondes* 37 (1880), S. 346.
14 Evans, *Fits and Starts*, a. a. O., S. 11.
15 George Frederick Drinka, *The Birth of Neurosis: Myth, Malady and the Victorians*, New York 1983, S. 138.
16 Albert D. Vandam, »The Trail of ›Trilby‹«, *The Forum* 20 (September 1895–Februar 1896), S. 43 f.
17 Siehe Ulrich Baer, »Photography and Hysteria: Towards a Poetics of the Flash«, in: *Yale Journal of Criticism* 7 (1994), S. 66 ff.
18 Goldstein, *Console and Classify*, a. a. O., S. 330.
19 Ellenberger, »Charcot and the Salpêtrière School«, a. a. O., S. 150.
20 Evans, *Fits and Starts*, a. a. O., S. 41.
21 Mark S. Micale, »On the ›Disappearance‹ of Hysteria: A Study in the Clinical Deconstruction of a Diagnosis«, *Isis* 84 (1993), S. 525.
22 Paul Dubois, *Die Psychoneurosen und ihre psychische Behandlung*. Übs. von Dr. med. Ringier, Bern 1909. Zit. in: Shorter, *Moderne Leiden*, a. a. O., S. 316.
23 Micale, »On the ›Disappearance‹ of Hysteria«, a. a. O., S. 89.
24 Armin Steyerthal, *Was ist Hysterie? Eine nosologische Betrachtung*, Halle an der Saale 1908, S. 20, 24.
25 Micale, »On the ›Disappearance‹ of Hysteria«, a. a. O., S. 500.

26 Ebd., S. 501.
27 Webster, *Why Freud Was Wrong*, a. a. O., S. 9.
28 John Forrester und Lisa Appignanesi, *Die Frauen Sigmund Freuds*. Übs. von Brigitte Rapp und Uta Szyszkowitz, München 1996, S. 102.
29 Breuer und Freud, *Studien über Hysterie*, a. a. O., S. 14 ff.
30 Freud, »Zur Ätiologie der Hysterie«, a. a. O., S. 54.
31 Breuer und Freud, *Studien über Hysterie*, a. a. O., S. 20.
32 Ebd.
33 Eine provokante Erörterung dieses Falls und seiner Bedeutung bietet Dianne Hunter, »Hysteria, Psychoanalysis, and Feminism: The Case of Anna O.«, in: *Feminist Studies* 9 (Herbst 1983), S. 465–488.
34 Sigmund Freud, »Selbstdarstellung« (1925), in: *Gesammelte Werke*, Bd. XIV, London 1948, S. 43.
35 Freud, »Zur Ätiologie der Hysterie«, a. a. O., S. 64.
36 Ebd., S. 72.
37 Sigmund Freud, *Briefe an Wilhelm Fließ 1887–1904. Vollständige Ausgabe*, Jeffrey M. Masson (Hg.), Bearbeitung der deutschen Fassung von Michael Schröder, Frankfurt/M. 1986, S. 223.
38 Jeffrey M. Masson, *Was hat man dir, du armes Kind, getan? Oder: Was Freud nicht wahrhaben wollte*. Übs. von Barbara Brumm, Reinbek 1986, S. 9f.
39 Judith Lewis Herman, *Father-Daughter Incest*, Cambridge 1981, S. 10.
40 Ebd.
41 Masson, *Was hat man dir, du armes Kind, getan?*, a. a. O., S. 169.
42 Freud, »Zur Ätiologie der Hysterie«, a. a. O., S. 65.
43 Ebd., S. 57.
44 Breuer und Freud, *Studien über Hysterie*, a. a. O., S. 216.
45 Freud, »Zur Ätiologie der Hysterie«, a. a. O., S. 66.
46 Frederick Crews, *The Memory Wars: Freud's Legacy in Dispute*, New York 1995, S. 59.
47 Webster, *Why Freud Was Wrong*, a. a. O., S. 213.
48 Freud, »Bruchstücke einer Hysterie-Analyse«, *Werke* (Studienausgabe) Bd. VI, a. a. O., S. 101.
49 Ebd., S. 112.
50 Ebd., S. 111.
51 Siehe auch Charles Bernheimer und Claire Kahane (Hg.), *In Dora's Case: Freud-Hysteria-Feminism*, New York 1985.
52 Jeffrey M. Masson, *Die Abschaffung der Psychotherapie: ein Plädoyer*. Übs. von Hans-Jürgen Baron von Koskull, München 1991, S. 88.

53 Kurt Eissler, »The Effect of the Structure of the Ego in Psychoanalytic Technique«, *Journal of the American Psychoanalytic Association* 1 (1953), S. 114.

54 Juliet Mitchell, »The Question of Femininity and the Theory of Psychoanalysis«, in: Gregorio Kohon (Hg.), *The British School of Psychoanalysis*, London 1986, S. 386.

55 Evans, *Fits and Starts*, a. a. O., S. 2.

56 Frederick Crews, »The Unknown Freud«, *New York Review of Books* (18. November 1993), S. 55.

57 Webster, *Why Freud was wrong*, a. a. O., S. 22.

58 Frederick Crews, Leserbrief, *New York Times* (13. Dezember 1995).

59 Sebastian Faulks, »Freudian Snips«, *The Guardian* (31. Oktober 1995), S. 6.

60 Sherry Turkle, *Psychoanalytic Politics: Jacques Lacan and Freud's French Revolution*, New York 1978; London 1979, S. 14.

61 Elisabeth Roudinesco, *Histoire de la Psychoanalyse en France, 1925–1985*, Bd. II, Paris 1994, S. 427.

62 Evans, *Fits and Starts*, a. a. O., S. 174.

63 André Breton und Louis Aragon, »Le cinquantenaire de l'hystérie, 1878–1928«, in: Breton, *Œuvres complètes*, Bd. I, Paris 1988, S. 948 ff.

64 Catherine Clément, *Vies et Légendes de Jacques Lacan*, Paris 1981, S. 23, 69.

65 Mark S. Micale und Roy Porter (Hg.), *Discovering the History of Psychiatry*, New York, Oxford 1994, S. 13.

66 Siehe Stuart A. Kirk und Herb Kutchins, *The Selling of DSM: The Rhetoric of Science in Psychiatry*, New York 1992, S. 8.

Politik, Patientinnen und Feminismus

1 Judith Lewis Herman, *Die Narben der Gewalt. Traumatische Erfahrungen verstehen und überwinden.* Übs. von Verena Koch und Renate Weitbrecht, München 1994, S. 51.

2 William Barry, »The Strike of a Sex«, *Quarterly Review* 179 (1894), S. 312.

3 Lisa Tickner, *The Spectacle of Women*, Chicago 1988, S. 315.

4 Avicenna (Pseud.), »Weibliche Ärzte«, *Die Fackel* (3. Mai 1907), S. 12, 23.

5 Silas Weir Mitchell, *Doctor and Patient*, Philadelphia 1888, S. 48.

6 Forrester und Appignanesi, *Die Frauen Sigmund Freuds*, a. a. O., S. 98.

7 Siehe Elizabeth Lunbeck, *The Psychiatric Persuasion*, Princeton 1994, S. 209–228.

8 Ebd.

9 Ebd.

10 Ebd.

11 Ebd.

12 »Sof'ia Niron« (Pseud.), in: *Russkie vedemosti* 1 (November 1888); Nachdruck in: S. V. Kowalewskaja, *Vospominanija Povesti*, Moskau, 1974, S. 275–281. Für diesen Hinweis danke ich Prof. Debora Silverman, Institut für Geschichte, UCLA.

13 Georgette Déga, *Essai sur la cure préventive de l'hystérie féminine par l'éducation*, Paris 1898, S. 24, 26.

14 Evans, *Fits and Starts*, a. a. O., S. 73.

15 Nancy Chodorow, *Feminism and Psychoanalytic Theory*, New Haven 1989, S. 199–218.

16 Ebd., S. 208 ff.

17 Forrester und Appignanesi, *Die Frauen Sigmund Freuds*, a. a. O., S. 427.

18 Chodorow, *Feminism and Psychoanalytic Theory*, a. a. O., S. 213.

19 Ebd., S. 217.

20 Der Begriff »herstory« wurde von amerikanischen Feministinnen gebildet und der herkömmlichen Geschichtsschreibung entgegengesetzt, die ausschließlich die Geschichte des Mannes, »his story«, wiedergebe. (A. d. Ü.)

21 Carroll Smith-Rosenberg, »The Hysterical Woman: Sex Roles and Role Conflict in Nineteenth-Century America«, *Social Research* 39 (1972), S. 652–678. Nachdruck in Smith-Rosenberg, *Disorderly Conduct: Visions of Gender in Victorian America*, New York 1985, S. 197–216.

22 Mark Pendergrast, *Victims of Memory: Incest Accusations and Shattered Lives*, Hinesburg 1995, S. 429.

23 Nancy Tomes, »Feminist History of Psychiatry«, in: Micale und Porter (Hg.), *Discovering the History of Psychiatry*, a. a. O., S. 358.

24 Evans, *Fits and Starts*, a. a. O., S. 205.

25 Ebd., S. 203 f.

26 Ebd., S. 215.

27 Hélène Cixous, »Sorties«, in: Hélène Cixous und Catherine Clément, *La jeune née*, 10/18, Paris 1975, S. 184.

28 Evans, *Fits and Starts*, a. a. O., S. 210.

29 Claire Kahane, »Introduction: Part Two«, in: Bernheimer und Kahane (Hg.), *In Dora's Case*, a. a. O., S. 27.

30 Mandy Merck, »The Critical Cult of *Dora*«, in: Merck, *Perversions*, London 1993, S. 33–44.

31 Micale, *Approaching Hysteria*, a. a. O., S. 84.

32 Janet Malcolm, »Reflections: J'appelle un chat un chat«, in: Bernheimer und Kahane (Hg.), *In Dora's Case*, a. a. O., S. 305.

33 Dianne Hunter, »Hysteria, Psychoanalysis, and Feminism: The Case of Anna O.«, a. a. O., S. 484.

34 Diane Price Herndl, »The Writing Cure«, a. a. O., S. 53.

35 Showalter, *The Female Malady*, a. a. O., S. 249 f.

36 Siehe Ilene J. Philipson, *On the Shoulders of Women: The Feminization of Psychotherapy*, New York, London 1993, S. 54 f.

37 Ebd., S. 114, 116, 148.

38 Ellen Bass und Laura Davis, *The Courage to Heal*, New York 1994, S. 482. Die Stelle ist in der deutschen Übersetzung: Ellen Bass und Laura Davis, *Trotz allem: Wege zur Selbstheilung für sexuell mißbrauchte Frauen*, Übs. von Karin Ayche, Berlin 1996, nicht enthalten.

39 Ian Hacking, *Multiple Persönlichkeit*, a. a. O., S. 86.

40 Judith Lewis Herman, *Father-Daughter Incest*, a. a. O., S. 29.

41 *Diagnostisches und statistisches Manual psychischer Störungen* (*DSM-IV*), hg. von der American Psychiatric Association, deutsche Bearbeitung von Henning Seß, Hans Ulrich Wittchen, Michael Zandig, Göttingen 1996, S. 487.

42 Laura S. Brown, »Not Outside the Range: One Feminist Perspective on Psychic Trauma«, in: Cathy Carruth (Hg.), *Trauma: Explorations in Memory*, Baltimore 1995, S. 102 f.

43 Ebd.

44 Maria P. Root, »Reconstructing the Impact of Trauma on Personality«, in: L. S. Brown und M. Baillou (Hg.), *Personality and Psychopathology: Feminist Reappraisals*, New York 1992.

45 Carol Tavris, *The Mismeasure of Woman*, New York 1992, S. 321.

Hysterische Männer

1 Silas Weir Mitchell, »A Case of Uncomplicated Hysteria in the Male«, unveröffentlichtes Manuskript, Philadelphia 1904.

2 Mark S. Micale, »Hysteria Male/Hysteria Female«, in: Marina Benjamin (Hg.), *Science and Sensibility*, London 1991, S. 3.

3 Pierre Marie, »Éloge de J.-M. Charcot«, in: *Bulletin de l'Académie de Médecine* 93 (1925), S. 576–593.

4 Robert Brudenell Carter, *On the Pathology and Treatment of Hysteria*, London 1853, S. 34.
5 Thomas Laycock, »A Treatise on the Nervous Diseases of Women«, (1840); zit. in: Janet Oppenheim, *Shattered Nerves: Doctors, Patients and Depression in Victorian England*, New York 1991, S. 143.
6 Ernst Freiherr von Feuchtersleben, *Lehrbuch der ärztlichen Seelenkunde*, Graz 1976, S. 245.
7 Émile Batault, *Contribution à l'étude de l'hystérie chez l'homme*, Paris 1885, S. 48.
8 Jean-Martin Charcot, *Poliklinische Vorträge*, Bd. I. Übs. von Sigmund Freud. Leipzig, Wien 1894, S. 29.
9 Brian Donkin, zit. in: Oppenheim, *Shattered Nerves*, a. a. O., S. 144, 115.
10 F. S. Gosling, *Before Freud: Neurasthenia and the American Medical Community*, Urbana 1987, S. 47.
11 Archibald Church, zit. in: Gosling, *Before Freud*, a. a. O., S. 115, und Oppenheim, *Shattered Nerves*, a. a. O., S. 144.
12 Siehe »The Railway God«, in: George Frederick Drinka, *The Birth of Neurosis*, a. a. O., S. 108-122.
13 Charcot, *Poliklinische Vorträge*, Bd. II., a. a. O., S. 222, 338.
14 Paul Fabre, »De l'hystérie chez l'homme«, *Gazette médicale Paris* 3 (3. Dezember 1881), S. 867.
15 Jules Déjerine, *L'hérédité dans les maladies du système nerveaux*, Paris 1886, S. 125.
16 Jean Martin Charcot, *Neue Vorlesungen über die Krankheiten des Nervensystems, insbesondere über die Hysterie*. Autorisierte deutsche Ausgabe von Sigmund Freud. Leipzig, Wien 1886, S. 213.
17 Charcot, »Des propensités hystéro-traumatiques chez l'homme«, *Semaine médicale* 7 (1887), S. 491.
18 Charcot, *Poliklinische Vorträge*, Bd. II., a. a. O., S. 44.
19 Déjerine, *L'hérédité dans les maladies du système nerveaux*, a. a. O., S. 36.
20 Charcot, *Neue Vorlesungen über die Krankheiten des Nervensystems, insbesondere über die Hysterie*, a. a. O., S. 205.
21 Ruth Harris, »Introduction«, in: *J.-M. Charcot, Clinical Lectures on Diseases of the Nervous System*, a. a. O., S. xxxiii.
22 Charcot, *Neue Vorlesungen über die Krankheiten des Nervensystems, insbesondere über die Hysterie*, a. a. O., S. 221 f.
23 Émile Batault, *Contribution à l'étude de l'hystérie chez l'homme*, a. a. O., S. 110.

24 Charcot, *Neue Vorlesungen über die Krankheiten des Nervensystems, insbesondere über die Hysterie*, a. a. O., S. 222.
25 Charcot, *Poliklinische Vorträge*, Bd. II, a. a. o., S. 337.
26 Ebd., S. 338.
27 Ebd., S. 339.
28 Ebd., S. 339.
29 Ebd., S. 340.
30 Ebd., S. 340.
31 Ebd., S. 343.
32 Michèle Ouerd, »Introduction«, in: Charcot, *Leçons sur l'hystérie virile*, Paris 1984, S. 27.
33 Goldstein, *Console and Classify*, a. a. O., S. 154.
34 Cyril Burt, *The Subnormal Mind*, Oxford 1977, S. 5.
35 Philip Gibbs, in: Eric Leed, *No Man's Land: Combat and Identity in World War I*, Cambridge 1979, S. 187.
36 Ebd., S. 185.
37 Siehe Oswald Bumke, *Erinnerungen und Betrachtungen. Der Weg eines deutschen Psychiaters*, München 1953, S. 182, und Hans Bürger-Prinz, *Ein Psychiater berichtet*, Hamburg 1971, S. 102.
38 Vgl. E. Showalter, P. Lefebvre und S. Barbass, »L'hystérie de guerre. Étude comparative de ses manifestations au cours des deux derniers conflits mondiaux«, *Annales médico-psychologiques* 142 (1982), S. 262–266; zit. in: Shorter, *Moderne Leiden*, a. a. O., S. 454.
39 Martin Blumenson, *Patton: The Man Behind the Legend*, New York 1985, S. 210 f.
40 Siehe Nathan G. Hale, Jr., *The Rise and Crisis of Psychoanalysis in the United States*, New York 1995, S. 276–281.
41 Zahava Solomon, *Combat Stress Reaction: The Enduring Toll of Golf War*, New York 1993, S. vii, 163.
42 Siehe Richard A. Kuhl et al., *Trauma and the Vietnam War Generation*, New York 1990.
43 Vgl. Michael Yapko, *Fehldiagnose: sexueller Mißbrauch*. Übs. von Stephan Gebauer, München 1996, S. 15 f.
44 Harriet E. Lerner, »The Hysterical Personality: A ›Woman's Disease‹« in: Elizabeth Howell und Marjorie Bayes (Hg.), *Women and Mental Health*, New York 1987, S. 205, 196.
45 Sigmund Freud, *Briefe an Wilhelm Fließ*, a. a. O., S. 177.
46 Wilhelm Reich, *Charakteranalyse*, Köln 1989, S. 256.
47 Carroll Smith-Rosenberg, *Disorderly Conduct: Visions of Gender in Victorian America*, New York 1985, S. 331.

48 »The Storming of St. Pat's«, *New York Times* (12. Dezember 1989), S. 24.

49 Jane Ussher, *Women's Madness: Misogyny or Mental Illness?* New York, London 1991, S. 169.

50 Lucien Israël, *Die unerhörte Botschaft der Hysterie*. Übs. von Peter Müller und Peter Posch, München, Basel 1987, S. 67.

Hysterische Erzählungen

1 Libby Purves, »I Think I Was a Good and Faithful Wife«, *The Times* London (4. Februar 1994), S. 15.

2 Charles Richet, »Les démoniaques d'aujourd'hui et d'autrefois«, a. a. O., S. 348.

3 Francisque Sarcey, »Le mot et la chose« (1863); zit. in: Jacqueline Carroy-Thirard, »Hystérie, théâtre, littérature au dix-neuvième siècle«, *Psychoanalyse à l'université* (März 1982), S. 299.

4 Jann Matlock, *Scenes of Seduction: Prostitution, Hysteria, and Reading Difference in Nineteenth-Century France*, New York 1994, S. 126 f.

5 Claire Kahane, »Hysteria, Feminism, and the Case of The Bostonians«, in: Richard Feldstein und Judith Roof (Hg.), *Feminism and Psychoanalysis*, Ithaca 1989, S. 286 ff.

6 Pionierarbeit leistete auf diesem Gebiet Michele Birnbaum, bes. mit dem Vortrag »Racial Hysteria«, gehalten im Dezember 1992.

7 Max Nordau, *Entartung*, Bd. I, Berlin 1892, S. 26.

8 Ebd., S. 42.

9 Breuer und Freud, *Studien über Hysterie*, a. a. O., S. 131.

10 Freud, »Bruchstück einer Hysterie-Analyse«, a. a. O., S. 95 ff.

11 Ebd., S. 96.

12 Freud, »Zur Psychotherapie der Hysterie«, *Werke* (Studienausgabe) Ergänzungsband, a. a. O., S. 86.

13 Freud, »Bruchstück einer Hysterie-Analyse«, a. a. O., S. 92.

14 Steven Marcus, »Freud and Dora: Story, History, Case History«, in: Bernheimer und Kahane (Hg.), *In Dora's Case*, a. a. O., S. 79.

15 Peter Brooks, *Body Work: Objects of Desire in Modern Narrative*, Cambridge 1990, S. 8.

16 John Forrester, *The Seductions of Psychoanalysis*, Cambridge 1990, S. 8.

17 Susan Katz, »Speaking Out Against the ›Talking Cure‹«, *Women's Studies* 13 (1987), S. 297–324.

18 Hélène Cixous, »Le rire de la méduse«, *L'arc* 61 (1975), S. 39-54.
19 Elaine Hedges und Shelley Fishkin, *Listening to Silences: New Essays in Feminist Criticism*, New York 1994, S. 3.
20 Toril Moi, *Feminist Theory and Simone de Beauvoir*, London 1990, S. 92.
21 Ebd.
22 Evans, *Fits and Starts*, a. a. O., S. 209.
23 Sandra M. Gilbert und Susan Gubar, *The Madwoman in the Attic*, New Haven 1979, S. 98 f.
24 Virginia Woolf, *Ein eigenes Zimmer*, in: Woolf, *Ein eigenes Zimmer. Drei Guineen. Essays.* Übs. von Susanne Thurm, Leipzig 1992, S. 49 f.
25 Alice Walker, *In Search of Our Mother's Garden*, New York 1983, S. 232 f.
26 Jean O. Love, *Virginia Woolf*, Berkeley 1977, S. 195.
27 Louise DeSalvo, *Virginia Woolf: die Auswirkungen sexuellen Mißbrauchs auf ihr Leben und Werk.* München 1990, S. 15.
28 Ebd., S. 16, 17, 19, 285.
29 Jan Marsh, *Christina Rossetti: A Literary Biography*, London 1994, S. 258 f.
30 Barbara White, »Neclected Areas: Wharton's Short Stories and Incest, Part II«, *Edith Wharton Review* 8 (Herbst 1991) S. 6 f.
31 Julia Kristeva, »Oscillation du ›pouvoir‹ au ›refus‹«, Interview mit Xavière Gauthier, *Tel quel* (Sommer 1974), o. S.
32 Juliet Mitchell, »Psychoanalysis: Child Development and Femininity«, in: Mitchell, *Women: The Longest Revolution*, London 1984, S. 289 f. Die deutsche Übersetzung ist gekürzt: *Frauen – die längste Revolution. Feminismus, Literatur, Psychoanalyse.* Übs. von Max Looser, Frankfurt/M. 1987.
33 Mary Jacobus, *Reading Woman*, New York 1986, S. 201.
34 Eve Kosofsky Sedgwick, »Preface«, *The Coherence of Gothic Conventions*, New York 1986, S. vi.
35 Diane Price Herndl, »The Writing Cure«, a. a. O., S. 68.
36 Charlotte Perkins Gilman, *Die gelbe Tapete*, in: Gilman, *Die gelbe Tapete und andere Erzählungen.* Übs. von Karl H. Schulz, Frankfurt/M., Berlin 1988, S. 55 f.
37 Jacobus, *Reading Woman*, a. a. O., S. 229.
38 Barbara Johnson, »Is Female to Male as Ground Is to Figure?« in: Feldstein und Roof (Hg.), *Feminism and Psychoanalysis*, a. a. O., S. 255, 258.
39 Gillian Brown, »The Empire of Agoraphobia«, *Representations* 20 (Herbst 1987), S. 152.

40 Michelle A. Massé, *In the Name of Love: Women, Masochism, and the Gothic*, Ithaca 1992, S. 16.
41 Herndl, »The Writing Cure«, a. a. O., S. 74.
42 Lisa Gornick, »Developing a New Narrative: The Woman Therapist and the Male Patient«, in: Judith L. Alpert (Hg.), *Psychoanalysis and Women: Contemporary Reappraisals*, Hillsdale 1986, S. 257–285.
43 Ebd.
44 Ebd.
45 Jan Goldstein, »The Uses of Male Hysteria: Medical and Literary Discourse in Nineteenth-Century France«, *Representations* 34 (Frühjahr 1991), S. 143.
46 Gustave Flaubert, George Sand, *Eine Freundschaft in Briefen*. Hg. und erläutert von Alphonse Jacobs. Übs. von Annette Lallemand, Helmut Scheffel und Tobias Scheffel, München 1992, S. 111.
47 Siehe Katz, »Speaking Out Against the ›Talking Cure‹«, a. a. O., S. 312.
48 »Interview with Pat Barker«, in: Donna Perry, *Backtalk: Women Writers Speak Out*, New Brunswick 1993, S. 43-62.
49 Dorothy Canfield, *The Home-Maker*, New York 1924, o. S.
50 Ebd.
51 Martin Amis, *The Sunday Times* (24. September 1995).
52 David Lodge, *Therapie*. Übs. von Renate Orth-Guttmann, Zürich 1995, S. 12, 14.
53 Ebd., S. 22, 32.
54 Ebd., S. 318.

Hysterie und das Theatralische

1 Jules Falret, *Etudes cliniques sur les maladies mentales et nerveuses*, Paris 1890, S. 502.
2 Jacqueline Carroy-Thiraud, »Hystérie, théâtre, littérature au dixneuvième siècle«, a. a. O., S. 302.
3 Georgette Déga, *Essai sur la cure préventive de l'hystérie féminine par l'éducation*, a. a. O., S. 72.
4 Siehe den faszinierenden Artikel von Rae Beth Gordon, »Le Caf'con at l'hystérie«, *Romanticisme* 64 (1989), S. 53–66.
5 Hélène Zimmern, »Eleonora Duse«, *Fortnightly Review* (1900), S. 983.
6 Elin Diamond, »Realism and Hysteria: Toward a Feminist Mimesis«, *Discourse* 13 (Herbst–Winter 1990/91), S. 63.

7 Harry Campbell, *Differences in the Nervous Organization of Man and Woman: Physiological and Pathological*, London 1891, S. 169.

8 Siehe auch Felicia McCarren, »The ›Symptomatic Act‹ Circa 1900: Hysteria, Hypnosis, Electricity, Dance«, *Critical Inquiry* 21 (Sommer 1995), S. 748–774.

9 Breuer und Freud, *Studien über Hysterie*, a. a. O., S. 10, 20.

10 Kay H. Blecker und Joe P. Tupin, »Hysteria and Hysterical Structures: Development and Social Theories«, in: Mardi J. Horowitz (Hg.), *Hysterical Personality*, New York 1977, S. 130.

11 *DSM III*, American Psychiatric Association (Hg.), Washington 1987, o.S.

12 Gunnar Brandell, *Freud: A Man of His Century*. Übs. von Ian White, Hassock 1979, S. 35, 38. Siehe Lis Møller, »The Analytical Theatre: Freud and Ibsen«, *Scandinavian Psychoanalytic Review* 13 (1990), S. 113.

13 Max Nordau, *Entartung*, Bd. II, a. a. O., S. 153, 269.

14 Henrik Ibsen, *Dichter über ihre Dichtungen*, Bd. II, hg. von Werner Arpe, München 1972, S. 185.

15 Charles Spencer, *Daily Telegraph* (9. Mai 1991).

16 John Peter, *Sunday Times* (30. Juni 1991).

17 Fiona Shaw, Publikumsgespräch im Royal National Theatre, London 20. August 1993.

18 Fiona Shaw, »The Post-Feminist Myth«, *the sphinx*, London 1991, S. 53.

19 Zu Kritiken über Hedda Gabler siehe Michael Billington, *The Guardian* (5. September 1991); Maureen Patton, *Daily Express* (5. September 1991); Rhoda Koenig, *Punch* (11. September 1991); Milton Shulman, *Evening Standard* (4. September 1991) und Christopher Edwards, *Spectator* (7. September 1991).

20 Kerry Powell, *Wilde and the Theatre of the 1890s*, Cambridge 1990, S. 79.

21 William Mann, *Richard Strauss: A Critical Study of the Operas*, London 1964, S. 50 f.

22 Sander L. Gilman, *Disease and Representation: Images of Illness From Madness to AIDS*, Ithaca 1988, S. 168 f.

23 Siehe Janet Walker, *Couching Resistance: Women, Film, and Psychoanalytic Theory*, Minneapolis 1993, S. 52.

24 Siehe Felicia McCarren, »The ›Symptomatic Act‹«, a. a. O., S. 772 f.

25 Dianne Hunter, »Representing Mad Contradictoriness«, in: James Redmond (Hg.), *Dr. Charcot's Hysteria Shows«. Themes in Drama*, New York 1993, S. 101.

26 Mady Schutzman, »Dr. Charcot's Hysteria Shows«, *Women and Performance* 5 (1990), S. 183 ff.
27 Breuer und Freud, *Studien über Hysterie*, a. a. O., S. 236 f.
28 Evans, *Fits and Starts*, a. a. O., S. 216 f.
29 Judith Roof, »Marguerite Duras and the Question of Feminist Theater«, in: Feldstein und Roof, *Feminism and Psychoanalysis*, a. a. O., S. 327.
30 Kim Morrissey, *Dora: A Case of Hysteria*, London 1994, S. 30.
31 Siehe Elaine Showalter, »›Mrs. Klein‹: The Mother, the Daughter, the Thief, and Their Critics«, *Woman: A Cultural Review* 1 (Sommer 1990) S. 144–148.
32 Lizzie Francke, »Funny Girls«, *The Guardian* (12. April 1994), S. 17.
33 Cixous und Clément, *La jeune née*, a. a. O., 1975, S. 13.
34 Siehe Paul Smith, »Action Movie Hysteria, or Eastwood Bound«, *Differences* 1 (1989), S. 103, 105.
35 Barbara Creed, »Phallic Panic: Male Hysteria and Dead Ringers«, *Screen* 31 (Sommer 1991), S. 133.
36 Lynne Kirby, »Male Hysteria and Early Cinema«, *Camera Obscura* 17 (1991), S. 124, 128.
37 Ed Sikov, *Laughing Hysterically: American Screen Comedy of the 1950s*, New York 1994, S. 190 f.

Das Chronische Müdigkeitssyndrom

1 Olivia Fane, »He Said: You Can Walk. And She Could«, *The Independent* (4. April 1994), S. 18.
2 Liz Hunt, »Despair in a Doll's House«, *The Independent* (17. Mai 1994), S. 19.
3 J. Seligmann, P. Abranson, P. Shapiro, D. Gosnell und M. Hager, »The Malaise of the Eighties«, *Newsweek* (7. Oktober 1986), S. 105 f.
4 Anthony K. Komaroff, »Clinical Presentation and Evaluation of Fatigue in CFS«, in: Stephen E. Straus (Hg.), *Chronic Fatigue Syndrome*, New York 1994, S. 61.
5 Luisa Dillner, »Doctor at Large: Inject Some Fun to Beat Fatigue«, *The Guardian* (19. Mai 1995), S. 10.
6 Arthur Kleinman und Stephen E. Straus, »Introduction«, *Chronic Fatigue Syndrome*, Bericht der CIBA-Konferenz 12. – 14. Mai 1992, London 1993, S. 3.
7 Karyn Feiden, *Hope and Help for Chronic Fatigue Syndrome*, New York 1990, S. 3.

8 Komaroff, »Clinical Presentation ...«, a. a. O., S. 52.
9 Simon Wessely, in: Straus (Hg.), *Chronic Fatigue Syndrome*, London 1993, S. 338.
10 Ebd.
11 Siehe auch Hillary Johnson, »Journey Into Fear: The Graving Nightmare of Epstein-Barr Virus«, *Rolling Stone* (16. Juli und 13. August 1987).
12 »America's Next Epidemic«, Anzeige für *Osler's Web* in *New York Times Book Review* (31. März 1996), S. 5.
13 Hillary Johnson, *Osler's Web*, a. a. O., S. 6.
14 Feiden, *Hope and Help*, a. a. O., S. 29.
15 Johnson, *Osler's Web*, a. a. O., S. 33.
16 Jon Kaplan, zit. in: Johnson, *Osler's Web*, a. a. O., S. 51.
17 Simon Wessely, »New Wine in Old Bottles: Neurasthenia and ›ME‹«, *Psychological Medicine* 20 (1990), S. 35-53.
18 George M. Beard, *Nervous Exhaustion*, 1880; ders., *American Nervousness*, 1881.
19 Zit. ebd., S. 44, »Neurasthenia and Modern Life«, *British Medical Journal* (1909).
20 Wessely, »New Wine ...«, a. a. O., S. 47.
21 Johnson, *Osler's Web*, a. a. O., S. 118.
22 Simon Wessely, »The History of Chronic Fatigue Syndrome«, in: Straus (Hg.) *Chronic Fatigue Syndrome*, a. a. O., S. 29.
23 Johnson, *Osler's Web*, a. a. O., S. 50, 65 f., 138.
24 Hillary Johnson, »Journey Into Fear«, a. a. O.
25 Ebd., S. 65 f.
26 Ebd., S. 138.
27 David S. Bell, *The Doctor's Guide to Chronic Fatigue Syndrome*, Boston 1995, S. 8 f.
28 Feiden, *Hope and Help*, a. a. O., S. 63 ff.
29 Ebd.
30 *USA Today* (Februar 1993).
31 Ryn Murphy, »Whatever Happened to Cher?« *McCall*'s (Mai 1994), S. 108 ff.
32 Betsy Kraus, *Library Journal* (15. Juni 1992), a. a. O., S. 94.
33 Wessely, »History of Chronic Fatigue Syndrome«, a. a. O., S. 24.
34 Wessely, »New Wine ..., a. a. O., S. 20.
35 Lawrence B. Altman, »Study Ties Chronic Fatigue Syndrome to Abnormality in the Control of Blood Pressure«, *New York Times* (27. September 1995), S. 16.
36 Bell, *The Doctor's Guide*, a. a. O., S. 232.

37 Zit. in Johnson, *Osler's Web*, a. a. O., S. 146.

38 Deanne Pearson, »Unwillingly to School«, *The Times* (20. August 1995), S. 23.

39 Johnson, *Osler's Web*, a. a. O., S. 612, 629.

40 Gail McLean und Simon Wessely, »Professional and Popular Views of Chronic Fatigue Syndrome«, *British Medical Journal* 308 (19. März 1994), S. 776 f.

41 Ebd.

42 Wessely, »History of Chronic Fatigue Syndrome«, a. a. O., S. 39.

43 Siehe Komaroff, »Clinical Presentation …, a. a. O.

44 Bell, *The Doctor's Guide*, a. a. O., S. 52 f.

45 Wessely, »New Wine …«, a. a. O., S. 39.

46 Shorter, *Moderne Leiden*, a. a. O., S. 527 f.

47 Siehe Johnson, *Osler's Web*, a. a. O., S. 348, und Shorter, ebd., S. 527.

48 Ebd., S. 680.

49 Carol Midgley und Liz Jenkins, »BBC Defends Rantzen Over TV ›Shout In‹ Claim, *The Times*, (7. August 1996), S. 27.

50 Lisa O'Carroll und Nick Pryer, »Trial by TV for the Doctor Who Dared to Disagree with Esther«, *Evening Standard* (6. August 1996), S. 3.

51 Zit. in Johnson, *Osler's Web*, a. a. O., S. 260, 684 f.

52 Ebd., S. 684 f.

53 Arthur Kleinman, in: Straus (Hg.) *Chronic Fatigue Syndrome*, a. a. O., S. 327 f.

54 Ebd., S. 329.

55 David Mechanic, in: Straus (Hg.) *Chronic Fatigue Syndrome*, a. a. O., S. 327 f.

56 Wessely, »New Wine …«, a. a. O., S. 50.

57 Johnson, *Osler's Web*, S. 684.

58 Deanne Pearson, »Unwillingly to School«, a. a. O., S. 23.

59 Ebd.

60 Johnson, *Osler's Web*, a. a. O., S. 680.

Das Golfkriegssyndrom

1 David France, »The Families Who Are Dying for Our Country«, *Redbook* (September 1994), S. 117.

2 Ebd., S. 116.

3 Melanie McFadyean, »Soldier On«, *The Guardian Weekend* (27. Mai 1995), S. 25 ff.

4 Gregory Jaynes, »Walking Wounded«, *Esquire* (Mai 1994) S. 71.

5 Edward Pilkington, »Gulf War Veterans Fear for their Families«, *The Guardian* (12. Juni 1995), S. 4.

6 Jaynes, »Walking Wounded«, a. a. O., S. 71.

7 Jonathan Freedland, »Cover-up Alleged as US Denies Gulf War Syndrome Exists«, *The Guardian* (3. August 1995), S. 2.

8 France, »The Families Who Are Dying for Our Country«, a. a. O., S. 148.

9 Ebd., S. 116.

10 Zit. in: Kenneth Miller, »The Tiny Victims of Desert Storm«, *Life* (November 1995), S. 62.

11 Jaynes, »Walking Wounded«, a. a. O., S. 73.

12 France, »The Families Who Are Dying for Our Country«, a. a. O., S. 147.

13 Ebd., S. 117.

14 »Report Offers No One Cause for Gulf War Illness«, *New York Times* (14. Dezember 1994).

15 »Study of 19,000 Finds No ›Gulf War Syndrome‹«, *New York Times* (4. April 1996), S. 11.

16 Michael Evans, »Gulf War Syndrome Inquiry Supported«, *The Times*, (28. Juli 1995), S. 4.

17 Simon Wessely, »What Is This Mystery Illness Which We Call Gulf War Syndrome?« *The Times* (27. Juli 1995).

18 Laura Flanders, »Bringing the War Home«, *The Women's Review of Books (*11 Juli 1994), S. 10.

19 Laura Flanders, »A Lingering Sickness«, *The Nation* (23. Januar 1995), S. 96.

20 Ebd., S. 96.

21 Miller, »The Tiny Victims of Desert Storm«, a. a. O., S. 46–62.

22 France, »The Families Who Are Dying for Our Country«, a. a. O., S. 147 f.

23 »Comprehensive Clinical Evaluation Program (CCEP) for Gulf War Veterans«, hg. vom US-Verteidigungsministerium, August 1995.

24 Wessely, »What Is This Mystery Illness Which We Call Gulf War Syndrome?«, a. a. O.

25 Joseph P. Kennedy, 21. September 1992, in: *Illness of Persian Gulf Veterans*, S. 30.

26 Paul Cotton, »Veterans Seeking Answers to Syndrome Suspect They were Goats in Gulf War«, *JAMA* 271 (1994), S. 1561.

27 Richard A. Kulka et al., *Trauma and the Vietnam War Generation*, New York 1990, S. 232.

Wiedergewonnene Erinnerung

1 Herman, *Die Narben der Gewalt*, a. a. O., S. 45.

2 Ebd., S. 50.

3 Bessel A. Van der Kolk und Onno Van der Hart, »The Intrusive Past: The Flexibility of Memory and the Engraving of Trauma«, in: Cathy Carruth (Hg.), *Trauma*, Baltimore 1995, S. 176.

4 Herman, *Die Narben der Gewalt*, a. a. O., S. 171.

5 Ebd., S. 170 f.

6 Ebd., S. 247. Der Begriff »unstory« stammt von Lawrence Langer, *Holocaust Testimonies: The Ruins of Memory*, New Haven 1991, S. 39.

7 Herman, *Die Narben der Gewalt*, a. a. O., S. 249.

8 Ebd., S. 262.

9 Armstrong, *Der doppelte Mißbrauch*, a. a. O., S. 221.

10 Katy Butler, »You Must Remember This«, *The Guardian* (23. Juli 1995).

11 Frederick Crews, *The Memory Wars: Freud's Legacy in Disrepute*, New York 1995, S. 159.

12 Webster, *Why Freud Was Wrong*, a. a. O., S. 511.

13 Armstrong, *Der doppelte Mißbrauch*, a. a. O., S. 222. Die Übersetzung wurde an dieser Stelle leicht verändert.

14 Claudette Wassil-Grimm, *Diagnosis for Disaster*, New York 1995, S. 350.

15 Siehe Elizabeth Loftus und Katherine Ketcham, *Die therapierte Erinnerung. Vom Mythos der Verdrängung bei Anklagen wegen sexuellen Mißbrauchs*, Hamburg 1995.

16 Yapko, *Fehldiagnose: sexueller Mißbrauch*, a. a. O., S. 32 f.

17 Richard Ofshe und Ethan Watters, *Die mißbrauchte Erinnerung. Von einer Therapie, die Väter zu Tätern macht*. Übs. von Matthias Reis und Birgit Brandau, München 1996, S. 459–471.

18 Ebd.

19 Bass und Davis, *Trotz allem,* a. a. O.
20 Ebd., S. 24.
21 Armstrong, *Der doppelte Mißbrauch.*, a. a. O., S. 63, Fußnote.
22 Diane Russell, *The Secret Trauma*, New York 1986, S. 10.
23 Bass und Davis, *Trotz allem,* a. a. O., S. 29 ff.
24 Maya Angelou, *Tell Me Why the Caged Bird Sings*, New York 1991.
25 Lisa Watts, »The Career Price of Sexual Abuse«, *Harvard Magazine* (Oktober 1994), S. 18, 20.
26 Bass und Davis, *The Courage to Heal*, a. a. O., S. 21.
27 Mike Lew, *Als Junge mißbraucht. Wie Männer sexuelle Ausbeutung in der Kindheit verarbeiten können.* Übs. von Frank Höfer, München 1993, S. 89, 92.
28 Ebd., S. 207.
29 Ebd., S. 213.
30 Bass und Davis, *The Courage to Heal*, a. a. O., S. 410.
31 Ebd., S. 532.
32 Judith Herman, »Backtalk«, *Mother Jones* (März/April 1993), S. 4.
33 Katy Butler, »Did Daddy Really Do It?«, *Los Angeles Times Book Review* (5. Februar 1995), S. 11.
34 *New York Times Book Review* (3. Januar 1993).
35 Jane Smiley, *Tausend Morgen*. Übs. von Hannah Harders, Frankfurt/M. 1992, S. 290, 353.

Multiple Persönlichkeiten

1 Hacking, *Multiple Persönlichkeit,* a.a. O., S. 56.
2 Ebd., S. 56 f.
3 Flora Rheta Schreiber, *Sibyl. Persönlichkeitsspaltung einer Frau.* Frankfurt/M. 1994.
4 Mark Pendergrast, *Victims of Memory: Incest Accusations and Shattered Lives*, Hinesburg 1995, S. 155.
5 Hacking, *Multiple Persönlichkeit,* a. a. O., S. 72.
6 Richard Kluft, »Treatment of Multiple Personality Disorder: A Study of Thirty-Three Cases«, *Psychiatric Clinics of North America* 7 (1984), S. 69–88.
7 C. A. Ross, »Epidemiology of Multiple Personality Disorder and Dissociation«, *Psychiatric Clinics of North America* 14 (1991), S. 503–518.
8 Colin Ross, zit. in: Ofshe und Watters, *Die mißbrauchte Erinnerung*, a. a. O., S. 317.

9 Ray Aldridge-Morris, *Multiple Personality: An Exercise in Delusion*, London 1989, und Harold Merskey, »The Manufacture of Personalities: The Production of Multiple Personality Disorder«, *British Journal of Psychiatry* 160 (1992), S. 337.

10 Paul McHugh, »Multiple Personality Disorder«, *Harvard Medical School Newsletter* (Herbst 1993); zit. in: Ofshe und Watters, *Die mißbrauchte Erinnerung*, a. a. O., S. 322.

11 *DSM-IV*, a. a. O., S. 552.

12 Ebd., S. 553.

13 Hacking, *Multiple Persönlichkeit*, a. a. O., S. 48. Die Übersetzung wurde an dieser Stelle leicht verändert.

14 James M. Glass, *Shattered Selves: Multiple Personality in a Postmodern World*, Ithaca 1993, S. xv.

15 Siehe Rosaria Champagne, »True Crimes of Motherhood: Mother-Daughter Incest, Multiple Personality Disorder, and the True Crime Novel«, in: Susan Ostrow Weisser und Jennifer Fleischner (Hg.), *Feminist Nightmares: Women at Odds*, New York 1994, S. 143 f.

16 Armstrong, *Der doppelte Mißbrauch*, a. a. O., S. 72 f.

17 Jean La Fontaine, *Child Sexual Abuse*, Cambridge 1990, S. 107 f.

18 Ofshe und Watters, *Die mißbrauchte Erinnerung*, a. a. O., S. 342.

19 Hacking, *Multiple Persönlichkeit*, a. a. O., S. 99 f.

20 Ian Katz, »Marriage Most Foul«, *The Guardian* (19. Juni 1995), S. 5.

21 Hacking, *Multiple Persönlichkeit*, a. a. O., S. 96 f.

22 Jim Schnabel, »Splits in the Search for Self«, *The Guardian* (9. Juni 1995), S. 5.

23 Ebd.

24 Sherrill Mulhern, »Embodied Alternative Identities: Bearing Witness to a World That Might Have Been«, *Psychiatric Clinics of North America* 14 (September 1991), S. 777 f.

25 Ebd.

26 Margo Rivera, »Am I a Boy or a Girl? Multiple Personality as a Window on Gender Differences«, *Resources for Feminist Research* 17 (1987), S. 41 ff.

27 Sylvia Fraser, *Meines Vaters Haus. Die Geschichte eines Inzests.* Übs. von Sabine Hedinger, Frankfurt/M. 1990, S. 24.

28 Ebd., S. 173.

29 Ebd., S. 261.

30 Ebd., S. 179.

31 Herman, *Die Narben der Gewalt*, a. a. O., S. 137.

32 Fraser, *Meines Vaters Haus*, a. a. O., S. 243.

33 Roseanne Arnold, *My Lives*, New York 1994, S. xiv.
34 Ebd., S. 342.
35 Margaret Atwood, *Die Räuberbraut*. Übs. von Brigitte Walitzek, Frankfurt/M. 1996, S. 329.
36 Hacking, *Multiple Persönlichkeit*, a. a. O., S. 70. Die Übersetzung wurde an dieser Stelle leicht verändert.
37 Pendergrast, *Victory of Memory*, a. a. O., S. 170 f.
38 Sherrill Mulhern, »Satanism, Ritual Abuse, and Multiple Personality Disorder«, *Journal of Clinical and Experimental Hypnosis* 1002 (Oktober 1994), S. 280.
39 Ebd., S. 277.
40 Ebd., S. 279.
41 Ofshe und Watters, *Die mißbrauchte Erinnerung*, a. a. O., S. 344.
42 Ebd., S. 344 und Fußnote 56, S. 344; siehe auch Hacking, *Multiple Persönlichkeit*, a. a. O., S. 166 f.
43 Hacking, *Multiple Persönlichkeit*, a. a. O., S. 74.
44 Ebd., S. 75.
45 Ebd., S. 75.
46 Aldridge-Morris, *Multiple Personality*, a. a. O., S. 107 f.
47 *DSM-IV*, a. a. O., S. 553.
48 *International Society for the Study of Dissociation News* 13, Nr. 3 (Juni-Juli 1995), S. 1–4.
49 Ebd.
50 Ebd.
51 Hacking, *Multiple Persönlichkeit*, a. a. O., S. 306.

Der Satanistische Ritualmißbrauch

1 George Ganaway, »Historical Truth Versus Narrative Truth: Clarifying the Role of Exogenous Trauma in the Etiology of Multiple Personality Disorder and Its Variants«, *Dissociation* 2 (1989), S. 205–220; zit. nach Hacking, *Multiple Persönlichkeit*, a. a. O., S. 152.
2 David K. Sakheim und Susan E. Devine, *Out of Darkness: Exploring Satanism and Ritual Abuse*, New York 1992, S. xi.
3 Leslie Bennetts, »Nightmares on Main Street«, *Vanity Fair* (Juni 1993), S. 45.
4 Bass und Davis, *The Courage to Heal*, a. a. O., S. 421.
5 Michael Horsnell und Robi Dutta, »Inquiry Dismisses Satanic Abuse as Evangelical Myth«, *The Times* (3. Juni 1994), S. 4. Siehe Jean La Fontaine, »The Extent and Nature of Organized Ritual Abuse:

Research Findings«, Her Majesty's Secretarial Office, P. O. Box 276, London SW8 1994.

6 Ganaway, »Historical Truth Versus Narrative Truth«, a. a. O., S. 207.

7 John Briere, *Therapy for Adults Molested as Children*, New York 1989, S. 128.

8 Mulhern, »Satanism, Ritual Abuse, and Multiple Personality Disorder«, a. a. O., S. 267.

9 Glass, *Shattered Selves*, a. a. O., S. 105 f.

10 Ebd.

11 Claudette Wassil-Grimm, *Diagnosis for Disaster*, New York 1995, S. 6 f.

12 »A Woman's Memories from Childhood Lead to Murder Charges«, *New York Times* (25. November 1994), S. 27; Ian Katz, »A Deadly Memory«, *The Guardian Review* (28. Dezember 1995), S. 2.

13 Bennetts, »Nightmares on Main Street«, a. a. O., S. 52.

14 Siehe Alan Dundes (Hg.), *The Blood Libel Legend: A Case Book in Anti-Semitic Folklore*, Madison 1991.

15 Jeffrey S. Victor, *Satanic Panic: The Creation of a Contemporary Legend*, New York 1993, S. 286.

16 Bass und Davis, *The Courage to Heal*, a. a. O., S. 428.

17 Leslie Wilson, »Salem's Lot«, *London Review of Books* (23. März 1995), S. 16.

18 Bass und Davis, *The Courage to Heal*, a. a. O., S. 518 ff.

19 Ebd.

20 Bennetts, »Nightmares on Main Street«, a. a. O., S. 48.

21 Debbie Nathan und Michael Snedeker, *Satan's Silence: Ritual Abuse and the Making of a Modern American Witch Hunt*, New York 1995, S. 120 ff. Die Analyse stützt sich auf eine von der US-Regierung finanzierte Studie des National Center on Child Abuse and Neglect.

22 Ebd.

23 Ebd., S. 4.

24 Linda Alcoff und Laura Gray, »Survivor Discourse: Transgression or Recuperation?« *SIGNS* 18 (Winter 1993), S. 297.

25 Nathan und Snedeker, *Satan's Silence*, a. a. O., S. 6 f.

26 Ebd., S. 247.

27 Sherrill Mulhern, »Investigating Allegations of Ritualistic Sexual Abuse« (22. Oktober 1989, Achte Nationale Konferenz über den Mißbrauch und die Vernachlässigung von Kindern, Salt Lake City, Utah), S. 3.

28 Jean La Fontaine, »The Extent and Nature of Organized Ritual Abuse: Research Findings«, a. a. O.

29 Patrick Casement, »The Wish Not to Know«, *Treating Survivors of Satanist Abuse*, London 1994, S. 23.

30 Mulhern, »Investigating Allegations«, a. a. O., S. 4.

31 Ebd.

32 Ebd.

33 Ira Levin, *Rosemaries Baby*. Übs. von Herta Balling, München 1995, S. 163.

34 Mulhern, »Satanism, Ritual Abuse, and Multiple Personality Disorder«, a. a. O., S. 279.

35 Pendergrast, *Victims of Memory*, S. 17 f.

36 Ebd.

37 Walter Goodman, »Who Programmed Mary? Could it Be Satan?« *New York Times* (24. Oktober 1995) S. 18.

38 Judith Peterson, »When the Therapists Who Have Sat with Shattered Souls Are Themselves Shattered«, *Treating Abuse Today* 4 (März/April 1994) S. 26 f.

39 Siehe Ofshe und Watters, *Die mißbrauchte Erinnerung*, a. a. O., S. 290 f. Die Übersetzung wurde an dieser Stelle leicht verändert.

40 Ebd., S. 292.

41 Ebd., S. 293.

42 Ebd., S. 300.

43 Joan Coleman, »Satanic Cult Practices«, in: Valerie Sinason (Hg.), *Treating Survivors of Satanist Abuse*, London 1994, S. 242 f.

44 Ebd.

45 Ebd., S. 251.

46 Horsnell und Dutta, »Inquiry Dismisses Satanic Abuse as Evangelical Myth«, S. 4.

47 Valerie Sinason, »Introduction«, in: Lawrence Wright, *Remembering Satan*, London 1995, S. vii. Das Buch erschien bei Serpent's Tail. Das Vorwort ist in der deutschen Ausgabe *Erinnerungen an Satan. Ein Vater wird angeklagt* (übs. von Mechthild Sandberg-Ciletti, Berlin 1994) nicht enthalten.

48 Ebd.

49 Sherrill Mulhern, »Satanism and Psychotherapy: A Rumor in Search of an Inquisition«, in: James T. Richardson, Joel Best und David G. Bromley (Hg.), *The Satanism Scare*, New York 1991, S. 145–172.

50 Ben Macintyre, »Beast That Runs Wild in US Imagination«, *The Times* (4. Juni 1994), S. 4.

51 Dorothy Rabinowitz, »Verdict in Wenatchee«, *Wall Street Journal* (15. Dezember 1995), und Timothy Egan, »Pastor and Wife are Ac-

quitted of All Charges in Sex-Abuse Case«, *New York Times* (12. Dezember 1995), S. 24.

52 Nathan und Snedeker, *Satan's Silence,* a. a. O., S. 281.

53 Kenneth V. Lanning, »A Law-Enforcement Perspective on Allegations of Ritual Abuse«, in: Sakheim und Devine, *Out of Darkness*, a. a. O., S. 109-146.

Entführung durch Außerirdische

1 Keith Thompson, *Engel und andere Außerirdische. UFO-Phänomene in neuer Deutung*. Übs. von Esther Matille und Brigitta Neumeister-Taroni, München 1993, S. 215. Die Übersetzung wurde leicht verändert.

2 Carl Gustav Jung, *Geheimnisvolles am Horizont. Von Ufos und ähnlichen Phänomenen*, Düsseldorf 1992.

3 Siehe ebd., S. 96–101.

4 Jacobs, *Geheimes Leben.*, a. a. O., S. 19.

5 Ebd., S. 345.

6 Ebd., S. 89.

7 Ebd., S. 52.

8 Ebd., S. 98.

9 Ebd., S. 125.

10 Ebd., S. 318, 330.

11 John E. Mack, *Entführt von Außerirdischen*. Übs. von Will de Blôme, München 1995, S. 14 f.

12 Ebd.

13 Ebd., S. 553.

14 Ebd., S. 563.

15 C. D. B. Bryan, *Close Encounters of the Fourth Kind: Alien Abduction, UFOs, and the Conference at MIT*, New York 1995.

16 James Wollcott, »I Lost It in the Saucer«, *New Yorker* (31. Juli 1995), S. 77.

17 John Mack, »Vorwort«, in: Jacobs, *Geheimes Leben,* a. a. O., S. 9 ff.

18 C. D. B. Bryan, a. a. O., S. 229.

19 Mack, *Entführt von Außerirdischen*, a. a. O., S. 14.

20 Jacobs, *Geheimes Leben,* a. a. O., S. 53.

21 Ebd., S. 110.

22 Bryan, *Close Encounters of the Fourth Kind*, a. a. O., S. 225.

23 Jacobs, *Geheimes Leben,* a. a. O., S. 207.

24 Mack, *Entführt von Außerirdischen*, a. a. O., S. 265.

25 Bryan, *Close Encounters of the Fourth Kind*, a. a. O., S. 50 f.
26 Siehe Douglas E. Winter, *Faces of Fear*, New York 1985, S. 192–206.
27 Whitley Strieber, *Die Besucher. Eine wahre Geschichte*. Übs. von Joachim Körber und Angelika Felenda, München 1994, S. 121.
28 Ebd., S. 141.
29 Ebd., S. 145.
30 Ebd., S. 143.
31 Ebd., S. 224, 47.
32 Ebd., S. 29 f.
33 Siehe Thompson, *Engel und andere Außerirdische*, a. a. O., S. 302 f.
34 Tom Hodgkinson, »Why It's Easier to Believe in UFOs Than God«, *The Guardian* (11. Juli 1995), S. 15.
35 Katz, »Aliens Land on Main Street«, *The Guardian* (25. Juli 1995), S. 3.
36 Siehe William H. Honan, »Harvard Investigates Tenured Professor Who Wrote of Aliens«, *New York Times* (4. Mai 1995), S. 18; Christopher B. Daly, »Psychiatrist for Alien ›Victims‹ Cleared by Harvard«, *International Herald Tribune* (5./6. August 1995), S. 1.
37 Thompson, *Engel und andere Außerirdische*, a. a. O., S. 284.
38 Mack, *Entführt von Außerirdischen*, a. a. O., S. 23.
39 Ebd., S. 24.
40 John Carpenter auf der MIT-Konferenz, zit. in: Bryan, *Close Encounters of the Fourth Kind*, a. a. O., S. 30.
41 Anne Enright, »Diary«, *London Review of Books* (21. September 1995), S. 25.
42 Mack, *Entführt von Außerirdischen*, a. a. O., S. 25.

Hexenjagd

1 Nathaniel Hawthorne, *Der junge Nachbar Brown*, in: Hawthorne *Des Pfarrers schwarzer Schleier. Unheimliche Geschichten*. Übs. von Hannelore Neves, Vera Pagin und Siegfried Schmitz, München 1985, S. 73 f.
2 Ebd., S. 83.
3 Ebd., S. 87 f.
4 Miller, *Hexenjagd*, a. a. O., S. 273.
5 Hacking, *Multiple Persönlichkeit*, a. a. O., S. 101 f.
6 Pendergrast, *Victims of Memory*, a. a. O., S. 461, 477.
7 Webster, *Why Freud Was Wrong*, a. a. O., S. 520.
8 Zit. in: Wright, *Erinnerungen an Satan*, a. a. O.

9 Herman, *Die Narben der Gewalt*, a. a. O., S. 255.
10 James William Gibson, *Warrior Dreams: Paramilitary Culture in Post-Vietnam America*, New York 1994.
11 Miller, *Hexenjagd*, a. a. O., S. 352.
12 Charles Mackay, *Extraordinary Popular Delusions and the Madness of Crowds*, Ware 1995, S. 554.
13 Garth L. Nicolson, »Gulf War Illness Linked to Fatigue Syndrome«, *New York Times* (10. April 1996).
14 Dorothy Rabinowitz, »The Forces of Dimness«, *Wall Street Journal* (1. April 1996). Dank an Dr. Jacqueline Mislow für diesen Hinweis.
15 Wayne R. Anderson, »The X-File Factor«, *New York Times* (29. August 1996), S. 25.
16 Miller, *Hexenjagd*, a. a. O., S. 250.

REGISTER

~~16,95~~

9,—